刑事手続における審判対象

辻 本 典 央 著

成 文 堂

Prozeßgegenstand in Strafsachen

Norio TSUJIMOTO

Seibundo, 2015

はしがき

　刑事手続における審判対象とは。本書は、刑事訴訟法理論におけるこの重要問題について、筆者のこれまでの研究を総括すべく、一書にまとめたものである。

　私がこの問題に関心を持つようになったのは、大学院生時代に、関西の研究会で2つの判例の報告を割り当てられたことがきっかけであった。第1は、訴因変更の必要性が問題となった最高裁平成13年決定（第8章）であり、第2は、常習一罪を構成しうる複数の窃盗行為がそれぞれ単純窃盗罪として2度に分けて起訴された最高裁平成15年判決（第9章）である。この2件の判例に触れることにより、「訴因」と「公訴事実の同一性」という2つの概念の重要性を認識し、その解明に向けた研究を動機付けられたのである。

　当時、私は、弁護人論をテーマとする修士論文（辻本典央「ドイツにおける刑事弁護人の法的地位論について」(1)法学論叢154巻1号51頁、(2)154巻2号118頁（2003年)）の作成に追われていた。そのような状況の中、全く異なる研究テーマに取り組むことは、一見すると無謀であったかもしれない。しかし、当時関西の学界を率いておられた故中山研一先生より、研究者として1つの問題を追究することは大事であるが、全体を見渡すこともまた必要であるとのご指導をいただいた。これに背中を押されるように、新たな領域に踏み込んでいったのである。研究者としての職を得てからも、このお言葉は、銘記されたままである。

　その後も、論文や判例評釈を公にし、また、学会や研究会等で研究報告を重ねるごとに、多くの方々からご教示をいただいた。そのすべてが私の研究の糧となったことは、言うまでもない。本書執筆にあたり、諸兄のご指導を踏まえて、既出論文を全面的に再構成した。逐一のご教示を参考に、それへの回答を示した部分や、従来の見解を改めた箇所もある。

　そして、私が現在、刑事法学界の末席を占めさせていただいていることについて、最も感謝を述べなければならないのが、鈴木茂嗣先生である。先生は、厳しくも温かいご指導を下さり、そして、常に一人の研究者として接し

て下さった。本書をご指導への御礼として献呈させていただけるのであれ
ば、幸甚に絶えることはない。

　なお、本書出版にあたり、2014年度近畿大学学内研究助成金（刊行助成）
を受けた。常に良好な研究環境が提供されることに、感謝する次第である。
また、厳しい出版事情の折、本書出版をお引き受けいただいた成文堂の阿部
耕一社長及び同編集部の篠崎雄彦氏に、御礼申し上げる。

　2015年3月　今後も、さらなる努力を続け、研究の発展に邁進することを誓う。

あきのの里に降る名残雪を眺めながら

辻　本　典　央

目　次

はしがき　*(i)*

文献凡例　*(ix)*

既出論文　*(x)*

序　章

Ⅰ．本書の課題 ………………………………………………………… *1*

Ⅱ．本書の構成 ………………………………………………………… *1*

第1編　訴因論

第1章　訴因の意義・機能

Ⅰ．訴因の意義 ………………………………………………………… *5*

　1　訴因の本質　*(5)*

　2　「訴因」と「公訴事実」の関係　*(6)*

　3　本書の立場　*(7)*

Ⅱ．訴因の機能 ………………………………………………………… *7*

第2章　訴因の特定性

Ⅰ．訴因の特定性に関する判例 ……………………………………… *9*

　1　白山丸事件（昭和37年大法廷判決）　*(9)*

　2　吉田町覚せい剤使用事件（昭和56年決定）　*(12)*

　3　前原遺体白骨化事件（平成14年決定）　*(17)*

　4　阿倍野区麻薬特例法違反事件（平成17年決定）　*(19)*

Ⅱ．有罪判決における「罪となるべき事実」 ……………………… *22*

Ⅲ．学理の状況 ………………………………………………………… *25*

iv　目　　次

第3章　請求原因事実としての「罪となるべき事実」

Ⅰ．民事訴訟における要件事実論 ……………………………… *28*

   1　総　　説　*(28)*

   2　要件事実論の意義　*(29)*

   3　要件事実の特定性・具体性　*(31)*

Ⅱ．要件事実論に基づく「罪となるべき事実」の分析 ……………… *32*

   1　刑事訴訟における要件事実論　*(32)*

   2　請求原因事実としての「罪となるべき事実」　*(33)*

   3　「罪となるべき事実」の特定性　*(34)*

   4　「罪となるべき事実」の明示性　*(34)*

   5　小　　括　*(35)*

Ⅲ．具体例の検討 ………………………………………………… *36*

   1　単純一罪　*(36)*

   2　包括一罪　*(38)*

   3　傷害致死罪　*(40)*

第4章　訴因の特定性に対する外在的制約

Ⅰ．問題の所在 …………………………………………………… *44*

Ⅱ．刑事手続における被害者保護 ……………………………… *45*

   1　総　　説　*(45)*

   2　2007年改正　*(46)*

   3　被害者匿名化の新たな動向　*(48)*

Ⅲ．検　　討 ……………………………………………………… *48*

   1　起訴状における被害者匿名化　*(48)*

   2　訴因の明示・特定性との関係　*(49)*

   3　被告人の防御保障との関係　*(50)*

   4　小　　括　*(51)*

第2編　公訴事実の同一性論

第5章　ドイツにおける所為概念に関する議論

Ⅰ．所為概念の意義 ……………………………………………………… 57

   1　刑事手続における所為の機能　*(57)*

   2　所為に関する諸原則　*(58)*

Ⅱ．所為の実質的内容 …………………………………………………… 65

   1　所為の単一性　*(66)*

   2　所為の同一性　*(87)*

Ⅲ．学理の展開 …………………………………………………………… 94

   1　所為の統一性　*(94)*

   2　実体法との関係　*(97)*

   3　所為の具体的決定基準　*(100)*

Ⅳ．小　　括 …………………………………………………………… *114*

第6章　公訴事実の単一性

Ⅰ．問題の所在 ………………………………………………………… *116*

Ⅱ．公訴事実の同一性について ……………………………………… *117*

   1　概念の機能・意義　*(117)*

   2　概念の内容　*(118)*

Ⅲ．公訴事実の単一性について ……………………………………… *118*

   1　日本の議論　*(118)*

   2　ドイツの議論　*(120)*

   3　検　　討　*(123)*

Ⅳ．小　　括 …………………………………………………………… *125*

第7章　狭義の同一性

Ⅰ．判　　例 ··· *126*

1　基本的事実の同一性　*(126)*

2　個別事例ごとの分析　*(127)*

Ⅱ．学　　理 ··· *131*

1　帰属のアプローチ（事実的基礎説）　*(131)*

2　比較のアプローチ（機能概念説）　*(135)*

3　被告人の防御の観点　*(138)*

4　鈴木説　*(139)*

Ⅲ．検　　討 ··· *146*

1　検討の構造　*(146)*

2　比較のアプローチについて　*(146)*

3　帰属のアプローチについて　*(149)*

4　小　　括　*(150)*

第3編　審判対象論

第8章　訴因変更の必要性について

Ⅰ．問題の所在 ··· *154*

Ⅱ．従来の議論 ··· *155*

1　訴因の本質論　*(155)*

2　被告人の防御　*(157)*

3　審判対象の画定　*(159)*

Ⅲ．現在の議論状況 ··· *160*

1　青森保険金目的放火・口封じ殺人事件（平成13年決定）　*(160)*

2　学理上の評価　*(162)*

3　長崎自殺目的放火事件（平成24年決定）　*(163)*

Ⅳ．検　　討 ··· *165*

1　識別説と事実記載説との関係　*(165)*

目　次　*vii*

　　2　具体例の検討　*(166)*

第9章　形式裁判と訴因の関係

Ⅰ. 問題の所在 ……………………………………………………… *172*
Ⅱ. 八王子常習特殊窃盗事件（平成15年判決）………………… *172*
　　1　事件の概要　*(172)*
　　2　判　　旨　*(173)*
Ⅲ. 常習特殊窃盗罪 ………………………………………………… *175*
　　1　常習特殊窃盗罪の性質　*(175)*
　　2　同種先例と問題点の整理　*(177)*
Ⅳ. 検　　討 ………………………………………………………… *179*
　　1　一事不再理効の客観的範囲　*(179)*
　　2　前訴確定判決の拘束力　*(181)*
　　3　訴因の拘束力　*(182)*

第10章　罪数論と手続法との交錯

Ⅰ. かすがい現象の問題点 ………………………………………… *186*
　　1　かすがい現象の意義　*(186)*
　　2　かすがい現象の問題点　*(188)*
Ⅱ. かすがい現象への対応 ………………………………………… *189*
　　1　実体法的アプローチ　*(189)*
　　2　訴訟法的アプローチ　*(195)*
Ⅲ. 検　　討 ………………………………………………………… *198*

第11章　刑事手続における審判対象

Ⅰ. 狭義の審判対象 ………………………………………………… *203*
　　1　訴因対象説の意義　*(203)*
　　2　訴因外事実の考慮　*(204)*

viii　目　次

Ⅱ. 広義の審判対象 ……………………………………………………… *207*

　　1　公訴事実の同一性の意義　*(207)*

　　2　一事不再理効との関係　*(208)*

第12章　事例研究

Ⅰ. 訴因変更手続と公訴時効停止効（久留米制限超過利息受領事件）……… *209*

　　1　事件の概要　*(209)*

　　2　研　　究　*(211)*

Ⅱ. 一事不再理効の成否（宇部店舗放火事件）………………………………… *225*

　　1　事件の概要　*(225)*

　　2　研　　究　*(228)*

Ⅲ. 訴因の明示・特定性、不適正訴因の補正（大津石油会社過重労働事件）… *235*

　　1　事件の概要　*(235)*

　　2　研　　究　*(239)*

文献凡例

青柳	青柳文雄『刑事訴訟法通論・5訂版・下巻』(1979年)
井戸田	井戸田侃『刑事訴訟法要説』(1993年)
大塚・総論	大塚仁『刑法概説総論・第4版』(2008年)
大塚・各論	大塚仁『刑法概説各論・第3版増補版』(2005年)
小田中	小田中聰樹『ゼミナール刑事訴訟法(上)—争点編—』(1987年)
小野・講義	小野清一郎『刑事訴訟法講義・全訂第3版』(1933年)
小野・概論	小野清一郎『新刑事訴訟法概論』(1948年)
岸	岸盛一『刑事訴訟法要義・再版』(1963年)
白取	白取祐司『刑事訴訟法・第7版』(2012年)
鈴木	鈴木茂嗣『刑事訴訟法・改訂版』(1990年)
鈴木・総論	鈴木茂嗣『刑法総論〔犯罪論〕・第2版』(2011年)
鈴木・構造	鈴木茂嗣『刑事訴訟の基本構造』(1979年)
鈴木・続構造	鈴木茂嗣『続・刑事訴訟の基本構造・上』(1996年)
高田	高田卓爾『刑事訴訟法・2訂版』(1984年)
田口	田口守一『刑事訴訟法・第6版』(2012年)
田宮	田宮裕『刑事訴訟法・新版』(1996年)
田宮Ⅰ	田宮裕編著[田宮裕]『刑事訴訟法Ⅰ』(1975年)
団藤	団藤重光『新刑事訴訟法綱要・7訂版』(1967年)
団藤・総論	団藤重光『刑法綱要総論・第3版』(1990年)
団藤・各論	団藤重光『刑法綱要各論・第3版』(1990年)
平野	平野龍一『刑事訴訟法・法律学全集』(1958年)
平野・総論	平野龍一『刑法総論Ⅱ』(1975年)
平野・訴因	平野龍一『訴因と証拠』(1981年)
平場	平場安治『刑事訴訟法講義・改訂再版』(1955年)
松尾	松尾浩也『刑事訴訟法』上(新版・1999年)下(新版補正第2版・1997年)
三井	三井誠『刑事手続法Ⅱ』(2003年)
光藤	光藤景皎『刑事訴訟法』(1)(2007年)(2)(2013年)
宮下	宮下明義『新刑事訴訟法逐条解説Ⅱ』(1949年)
宮本	宮本英脩『刑事訴訟法大綱』157頁(1936年)
山口	山口厚『刑法総論・第2版』(2007年)
大コメ	河上和雄他編『大コンメンタール刑事訴訟法・第2版』(5)(2013年)(6)(8)(2011年)
注解	平場安治他『注解刑事訴訟法・全訂新版・中巻』(1982年)
実務講座	団藤重光編『法律実務講座刑事編』(1)(1953年)(5)(1954年)
○○古稀	各記念論文集

＊法令・文献の略記等は、基本的に、法律編集者懇話会編『法律文献等の出典の表示方法』(2014年版)に従った。

＊判例の事件名は、三井誠編『判例教材刑事訴訟法・第4版』(2011年)を参照した。

既出論文

第1編　訴因論
①訴因の研究―訴因の特定性について／近畿大学法学54巻4号171頁（2007年）
②訴因の研究―請求原因事実としての「罪となるべき事実」／犯罪と刑罰23号53頁（2014年）
③起訴状における被害者の匿名記載について考える―訴因の明示・特定性に対する外在的制約／季刊刑事弁護78号79頁（2014年）

第2編　公訴事実の同一性論
④「公訴事実の同一性」概念について／近畿大学法学(1)53巻2号332頁（2005年）、(2)54巻3号246頁（2006年）、(3)55巻2号95頁（2007年）
⑤公訴事実の単一性について／刑法雑誌48巻2号208頁（2009年）

第3編　審判対象論
⑥訴因の研究―訴因変更の必要性について／近畿大学法学53巻1号68頁（2005年）
⑦訴因変更の必要性／研修774号3頁（2012年）
⑧判例研究：公訴事実に動機が記載された場合における訴因変更の必要性（大阪高判平12・7・21判時1734号151頁）／近畿大学法学53巻2号174頁（2005年）
⑨判例研究：過失犯における訴因変更の必要性（最決平15・2・20判時1820号149頁）／近畿大学法学54巻3号98頁（2006年）
⑩罪数論と手続法との交錯―かすがい現象について／鈴木茂嗣先生古稀祝賀論文集・下巻541頁（2007年）
⑪判例研究：常習窃盗罪における一事不再理効・形式裁判における訴因の拘束力（最判平15・10・7刑集57巻9号1002頁）／近畿大学法学54巻3号124頁（2006年）
⑫判例研究：訴因変更手続と公訴時効停止効（最決平18・11・20刑集60巻9号696頁）／近畿大学法学55巻4号253頁（2008年）
⑬判例研究：一事不再理効の成否（最決平22・2・17集刑300号71頁）／近畿大学法学62巻1号141頁（2014年）
⑭判例研究：訴因の明示・特定性、不適正訴因の補正（最判平21・7・16刑集63巻6号641頁）／近畿大学法学62巻2号49頁（2014年）

＊上記引用に際して、「辻本○数字」として表記する。

序　章

I．本書の課題

　本書は、タイトルのとおり、刑事手続における審判対象の探求を課題とする。

　この問題は、刑事訴訟の構造及び本質を問うものとして、時代や国境を越えて議論されてきた。近時もなお、判例・学理において新たな問題が提起され、依然として、刑事訴訟理論における最重要問題の1つである。

　本書は、以上の議論状況において、従来の実務及び先行研究を踏まえた上で、一定の回答を示すものである。その際、「訴因」及び「公訴事実の同一性」という2つの重要概念について、その意義・機能を十分考慮した上で、その内容の解明を試みる。両概念は、とかく難解なものである。特に、裁判員裁判の時代において、このような考察は、十分な意義を認められることであろう。

II．本書の構成

　本書は、全体を3つの編で構成する。

　第1編は、訴因論として、その意義・機能を踏まえた内容を示す。ここでは、訴因という日本に独特の制度ゆえに、日本の判例・学理がその検討対象となる。

　第2編は、公訴事実の同一性論を検討する。やはり、本概念の意義・機能に言及した上で、その内容の検討にあたっては、特に、ドイツの議論を考察する。そこでは、古くから判例・学理において多くの議論が重ねられ、日本とは異なる視点も提示されており、比較法的考察の意義は大きい。

　最後に第3編は、前2編を踏まえて、審判対象論という観点からそれぞれ

の概念を再考察する。また、そこで得られた知見を基に、近時の判例に対する検討も行う。

　なお、本書は、既出論文をそのまま収録するという手法を採っていない。なぜなら、自説を明確にするために、全体を再構成する必要があったからである。もっとも、脚注引用の諸文献は、本文との整合性を考えて、該当部分の初出時のままとした箇所もある。それゆえ、新たな文献や資料への言及が不十分な箇所があることは、否めない。機会を待って、いずれフォロー・アップする予定である。

褐色調

第1編

第1章　訴因の意義・機能

　検察官は、公訴提起に際して起訴状に「公訴事実」を記載するが、その際に、「訴因」を明示しなければならない (刑訴256条2項・3項)。訴因論は、刑事訴訟における重要問題の1つである。本章では、後の考察に備えて、その意義・機能を確認し、予め私論を提示する。

I．訴因の意義

1　訴因の本質

　訴因とは、「それについて検察官が審判を請求する、検察官の主張である」[1]。検察官は、公訴提起によって、刑事訴訟の原告たる一方当事者として犯罪を訴追するのであるが、その際、「構成要件に該当する事実、すなわち『罪となるべき事実』」を主張し、その審判を裁判所に申し立てるのである[2]。それゆえ、かつては、刑事訴訟の審判対象如何の議論が活発に繰り広げられた。その際、公訴事実対象説も有力に主張されたが[3]、現在では、刑事訴訟の当事者主義的構造から必然のものとして、訴因を審判対象と理解する訴因対象説が支配的となっている[4]。

　そして、訴因のこのような定義を前提に、その本質如何の議論においても、事実記載説が支配的となっている[5]。かつては、法律構成説[6]も有力に主張された。しかし、法律解釈・適用は裁判所の権限に属するものであり、

---

1)　平野131頁。
2)　平野131頁。
3)　岸46頁、横川敏雄「審判の範囲と訴因及び公訴事実」実務講座(5)819頁。
4)　代表的なものとして、平野132頁、高田411頁、田宮190頁、松尾・上174頁、田口315頁。
5)　田口316頁は、「訴因対象説からは、訴因は犯罪事実そのものを記載したものとなる」として、論理必然的に、事実記載説が導かれるとする。
6)　宮下162頁。これを汲む同一罰条説として、岸盛一「刑事訴訟法の基本原理」実務講座(1)14頁。

6 第1編 訴因論

訴訟の構造において、原告側である検察官は、事実の主張を求められるものである。それゆえ、訴因の本質も、必然的に、その事実記載にあるとされているのである（第8章）[7]。

2 「訴因」と「公訴事実」の関係

「訴因」と「公訴事実」（刑訴256条2項・3項）の両概念の関係は、如何に理解されるべきか。

旧刑訴法291条1項において「公訴ヲ提起スルニハ被告人ヲ指定シ犯罪事実及罪名ヲ示スヘシ」と定められていたように、両概念は、法律上に規定されていなかった。もっとも、判例・学理上、古くから「公訴事実」[8]乃至「公訴犯罪事実」[9]という概念が一般的に使用されてきた。これに対し、「訴因」は、現行刑訴法下において初めて登場した概念である[10]。

現行法に入り、「訴因」と「公訴事実」という概念が刑訴法に導入されたことから、前述のとおり、刑事訴訟の審判対象は訴因か公訴事実かという問題が盛んに論じられた。やはり前述のとおり、当時、特に、裁判官等の実務家を中心に、公訴事実対象説が有力に主張された。しかし、この見解は、間もなく、学理からの強い批判を受け、現在は、判例・学理において、訴因対象説が支配的となっている。

その中で、現行法における訴因と公訴事実の両概念の解釈として、これを統一的に理解すべきとする見解が、有力に主張されている。例えば、「起訴状に書いてあるのは、公訴事実であり、訴因であります。用語が二重になっているのは、刑事事件における審判の対象（＝公訴事実）が、当事者主義的なもの（＝訴因）であることを示すためにほかなりません」[11]、或いは、「〔審判対象について〕訴因説を妥当であるとする限り、現行法にある『公訴事実』は、旧法下で展開された公訴事実とは内容を異にするだけでなく、積極的な実質を伴った概念ではないことになる。〔原文改行〕したがって、もし『訴因』

7）　平野131頁。

8）　宮本157頁。

9）　小野・講義194頁。

10）　規定の立法経緯について、松尾浩也『刑事法学の地平』（2006年）122頁。

11）　松尾（前掲注10）70頁。

のほかに『公訴事実』があるために解釈論上の混乱をひきおこしているのであれば、立法論としては、『公訴事実』の語を現行法の条文から削除するのが筋であろう」[12]などの主張が見られる。これらは、両概念が同義であるとの理解を前提に、「公訴事実」概念の無意味さを強調するものである。

3　本書の立場

　訴因の本質を事実記載面に認めるとしても、それは単に、裸の事実として構想されるべきではない。後述（第3章）のとおり、本書は、訴因を民事訴訟における「請求原因事実」とパラレルに理解するが、これによると、原告である検察官より主張されるべき事実とは、当該犯罪構成要件に該当すべく構成された事実であり、その際には、単に事実的側面だけでなくその法律構成面も重要となる[13]。

　訴因を単なる事実的側面だけでなく、法律構成面にも重点を置くべきであると解するならば、訴因と公訴事実の両概念を同視することはできない。規定文理上も、公訴事実の記載にあたり訴因を明示すべきものとされているのであり、前者が後者を包摂する関係にあるとしても、両概念が同一であると解することはできない。例えば、「起訴状に記載された事実が真実であつても、何らの罪となるべき事実を包含していないとき」には、公訴棄却の決定が下される（刑訴339条1項2号）。このような場合も、公訴事実は存在するのであり、ただそこに訴因が明示されていない場面が想定されたものである[14]。

II.　訴因の機能

　訴因が審判対象であるとして、それは、次のような機能を持つとされている[15]。

---

12)　三井182頁。
13)　鈴木112頁は、訴因と罰条によって特定された公訴犯罪事実が、審判対象であるという（公訴犯罪事実対象説）。
14)　大コメ(8)［田口守一］318頁。
15)　代表的なものとして、田宮186頁。

8 第1編 訴因論

　第1に、訴因は裁判所の審判権限を画する機能を有する。つまり、訴因の概念によって審判対象を限定するのであるから、そこから識別された要素には、裁判所の審判権限が及ばない。

　第2に、そのような審判対象識別の裏返しとして、被告人の防御すべき範囲も、訴因によって画されることになる。つまり、被告人としては、訴追側の攻撃内容が明示されることで、それに応ずべき防御範囲も自ずと限定されるのであり、その範囲を逸脱した認定がなされないという意味で、不意打ちの不利益を免れることができるのである。

　本書は、このような通説的理解を前提にしつつも、その意味において再検討が必要と考える（第11章）。

第2章　訴因の特定性

　検察官は、公訴提起に際し、起訴状に公訴事実を記載して被告人の犯罪事実を主張するが、その際、「訴因を明示し」、「罪となるべき事実を特定……しなければならない」（刑訴256条3項）。このようなルールを、一般に、訴因の特定性という。

I．訴因の特定性に関する判例

　訴因の特定性について判断された判例として、次の4件が重要である。

1　白山丸事件（昭和37年大法廷判決）

　本件は、昭和33年7月に中国からの引揚船として京都府の舞鶴港に到着した白山丸に乗船していた旅客の中に密出国の疑いがある者が発見され、出入国管理令違反（当時）の罪によって起訴された事案である[16]。本罪の構成要件は、有効な証印を受けないで「出国」することであり、出国行為の日時・場所・方法の特定が要請される。しかし、密出国という犯罪の性質上、被告人より自白が得られない限り、検察官として右要素を詳らかにできないという事情があった。それゆえ、本件の起訴状には、犯行日時として「昭和27年4月頃より同33年6月下旬までの間」、犯行場所として「本邦より」、犯行方法として「本邦外の地域たる中国に出国したものである」と記載された。そこで、このような記載によっても、訴因の特定性が満たされるのかが問題となった。

　当時、本件以外でも下級審で多くの裁判が下されていたが、公訴を不適法とし公訴棄却とするものと、公訴を適法とするものとで、激しく対立してい

---

16)　白山丸関係では、本件の他に数十名が各地の裁判所に起訴されたが、これ以外に、昭和34年12月に同じく中国から本邦に到着したギーセンカーク号でも同様の事件が発覚し、やはり多くの者が起訴されている。

10　第1編　訴因論

た[17]。

　まず、不適法とする裁判例として、その先例となったのが、東京地裁昭和35年判決[18]である。同地裁は、12名の被告人について、犯行日時に1年乃至6年の幅のある訴因について、「出国の時期がきわめて漠然と示されているだけで、あとは罪となるべき事実が法文の字句そのまま記載されているにすぎない。……こうなっては、特定とは結局名ばかりのものであるといっても過言ではない」と判示し、外国からの帰国が立証されるから外国への出国も推認されるため訴因は特定されているとの検察官の主張についても、「右の推認は、証拠調の過程において初めて重要な意義をもつ〔ものであり、〕……公訴事実の特定は、証拠調以前の問題である」として、訴因不特定を理由に公訴棄却判決を下した。その後、神戸地裁昭和35年判決[19]は、被告人の防御の観点を強調し、他方、浦和地裁昭和35年判決[20]は、訴因の識別機能を詳細に分析した上で、それぞれ公訴棄却としている。

　これに対して、犯行の日時等に幅のある訴因の記載も有効であるとする判断が多数を占めていた。例えば、仙台高裁昭和34年判決[21]は、「被告人の出国行為が1回である趣旨であることが明らかであり、……被告人が2回以上出国したかも知れないという疑は全然存しない……密出国罪の特異性からして、密出国が1回であり、2回以上であるかも知れないという疑がない限り」訴因の特定性は認められると判示し、福岡高裁昭和34年判決[22]は、「6年の期間内に被告人が本件以外に中国に密出国したとの疑をさしはさむべき余地はなく、検察官も亦かかる前提の下に本件を起訴していること」が明らかであると判示し、各々訴因の特定性を肯定している。これらは、起訴状表示の期間内における密出国が1回であり、2回以上であるかも知れないという疑いのない限り訴因の特定性を具備したものとする見解である（1回性明

---

17)　当時の下級審裁判例について、高田卓爾「訴因の特定—いわゆる白山丸事件上告審判決を中心として—」判評328号10頁参照。
18)　東京地判昭35・2・26判時215号7頁。同旨として、大分地判昭35・4・8判時222号13頁。
19)　神戸地判昭35・6・14下刑2巻5＝6号897頁。
20)　浦和地判昭35・11・28下刑2巻11＝12号1452頁。
21)　仙台高判昭34・4・14高刑12巻4号447頁。
22)　福岡高判昭34・7・16判時199号7頁（本件控訴審判決）。

白性説)。他方、浦和地裁昭和34年判決[23]は、「帰国に対応する1回の出国を指すものであることが明らかである」と判示し、福岡高裁昭和35年判決[24]は、「出国と帰国との1回必然的連関（2回出国して1回帰国するということはありえず、又1回出国して2回帰国するということもありえない。）よりして被告人の出国を問題とする本件公訴事実としては、訴訟法の要求する程度には特定されている」と判示し、東京高裁昭和36年判決[25]は、「帰国した事実に対応する出国即ち右帰国に最も接着する日時における出国の事実を起訴した趣旨と解すべきことは明らかであって……右帰国に対応する出国はただ1回であることは物理上当然だからである」と判示している。これらは、帰国時の検査で適法な証印を受けずに出国したことが摘発されたという事情から、検察官は当該帰国に対応する出国行為を起訴したものであり、そのような行為は論理的にただ1回しか存在しえないとの理由で、訴因の特定性を肯定する見解である（帰国対応出国行為説）。以後、この帰国対応出国行為説が、下級審での主流となっていった。

　以上の対立において、最高裁[26]は、大法廷で審理の上、次のとおり判示し、本件のような幅のある記載でもなお訴因の特定性に関して適法であると結論付けた。すなわち、「犯罪の日時、場所及び方法は、これら事項が、犯罪を構成する要素になっている場合を除き、本来は、罪となるべき事実そのものではなく、ただ訴因を特定する一手段として、できる限り具体的に表示すべきことを要請されているのであるから、犯罪の種類、性質等の如何により、これを詳らかにすることができない特殊事情がある場合には、前記法の目的を害さないかぎりの幅のある表示をしても、その一事のみを以て、罪となるべき事実を特定しない違法があるということはできない。……本件密出国のように、本邦をひそかに出国してわが国と未だ国交を回復せず、外交関係を維持していない国に赴いた場合は、その出国の具体的顛末〔に〕についてこれを確認することが極めて困難であって、まさに上述の特殊事情のある場

---

23)　浦和地判昭34・9・17下刑1巻9号2036頁。
24)　福岡高判昭35・8・23下刑2巻7＝8号1016頁。
25)　東京高判昭36・5・18高刑14巻3号158頁。
26)　最大判昭37・11・28刑集16巻11号1633頁。

12 第1編 訴因論

合に当るものというべく、たとえその出国の日時、場所及び方法を詳しく具体的に表示しなくても、起訴状及び右第一審第1回公判の冒頭陳述によって本件公訴が裁判所に対し審判を求めようとする対象は、おのずから明らかであり、被告人の防禦の範囲もおのずから限定されているというべきであるから、被告人の防禦に実質的な障碍を与えるおそれはない」(圏点筆者)。つまり、最高裁大法廷によると、「特殊事情」がある場合には、犯罪の日時等について幅のある記載がなされたとしても、訴因の特定性は肯定されるというわけである。なお、奥野裁判官の補足意見では、帰国対応出国行為説が主張されている。

本判決について、最高裁調査官解説[27]は、法廷意見は、補足意見で支持された帰国対応出国行為説の採用を明示するものではなく、1回性明白説と位置付けられるものであるが、帰国対応出国行為説とも矛盾するものではないと説明している。また、同解説は、訴因を不適法とする見解について、「極めて論理的であるが、当該具体的事案にそぐわないものがある」と批判し、具体的結論の妥当性が追求されるべきことを主張している。

白山丸事件(及び、同種事件)は、特に、社会主義諸国との国交が未だ回復していない時代の事件であり、また、出入国管理令(当時)による制限の合憲性が激しく議論されていたという点からみても特殊な事例である。それゆえ、今後同種の事件が頻発することは想定できない。しかし、多くの事案にみる訴因の特定性に関する議論は、最高裁大法廷判決の帰結に至るまで、刑訴法理論に与えた影響は大きい。

2 吉田町覚せい剤使用事件 (昭和56年決定)

本件は、被告人は昭和54年10月3日に別罪の被疑事実で逮捕されたが、同罪に関する被告人方等の捜索に際して注射器が発見されたこと、被告人の腕に注射痕が認められたことなどから、覚せい剤自己使用罪の嫌疑が生じ、被告人から尿の任意提出を受けてこれを鑑定したところ、覚せい剤の成分が検出されたため、同罪で公訴提起された事案である。もっとも、捜査段階にお

---

27) 川添万夫・昭37最判解刑229, 235頁。

いて、被告人は覚せい剤使用について否認し又はあいまいな供述を繰り返していたこと、被告人の覚せい剤自己使用について目撃者等の証拠が得られなかったことなどから、被告人の本罪犯行について、その詳細が解明されなかった。そこで、検察官は、覚せい剤が体内に採りこまれてから排出されるまでの期間を考慮し、公訴事実において、犯行日時を逮捕された日から遡って1週間、すなわち、「昭和54年9月26日ころから同年10月3日までの間」、犯行場所を「広島県高田郡吉田町内及びその周辺において」、覚せい剤自己使用の方法を「注射又は服用して施用」と記載した。公判では、このような犯行日時等に幅のある記載について、なおも訴因の特定性が認められるかが争点となった。

本件と同様の事案について、犯行日時等に幅のある訴因の記載例は当時からしばしば見られたが、本件1審[28]及び控訴審[29]を含めて、下級審裁判例では、訴因を適法とする見解が支配的であった[30]。すなわち、本覚せい剤自己使用罪の特殊性ゆえに、犯行の日時等を詳らかにできない「困難な事情」、或いは、「特殊な事情」が認められること、公判では主として体内から析出された覚せい剤についてその使用行為の有無が争点となるため被告人の防御に実質的な障害はないことなどを理由に、訴因の特定性の要件には反しないというわけである。また、東京高裁昭和55年判決[31]が、「被告人が逮捕された日時に最も近接した時点での自己使用1回を起訴したものである旨の検察官の釈明」も理由に挙げるなど、下級審には、既に「最終行為説」（後述）の立場を明示するものも見られた。

最高裁[32]も、本決定において、「検察官において起訴当時の証拠に基づきできる限り特定したものである以上、覚せい剤使用罪の訴因の特定に欠けるところはない」と判示し、訴因の特定性を認めている。本件について、最高裁調査官解説[33]は、本罪の特殊性ゆえに幅のある訴因の記載も「実際上やむ

---

28)　広島地判昭55・3・12刑集35巻3号124頁。
29)　広島高判昭55・9・4刑集35巻3号129頁。
30)　名古屋高判昭54・2・14判時939号128頁、東京高判昭54・10・24判時973号132頁。
31)　東京高判昭55・2・28・高刑33巻1号72頁。
32)　最決昭56・4・25刑集35巻3号116頁。
33)　金築誠志・昭56最判解刑103, 106頁。

14　第1編　訴因論

をえない事情に基づくものであることは承認せざるをえない」として、白山
丸事件判決で示された特殊事情要件が本罪でも考慮されたものであることを
示している[34]。この特殊事情要件の解釈については、学理上、「単なる捜査
の困難や、被害者、相手方のいないことは、他の犯罪類型でもあり得ること
であり、……この側面のみを覚せい剤使用罪の『特殊事情』と捉えると、捜
査の困難や否認・黙秘は、具体性・明確性を欠く起訴状の記載を他の犯罪類
型にまで一般化する理由となるとの考え方が生じ得るが、それは適切でな
い」として、むしろ、白山丸事件と共通の特殊事情としては、「入国の事実
や覚せい剤の検出という証拠のみによって犯行の存在自体が推認可能である
という特殊な性質を持った犯罪類型である」点に求められるべきであるとの
見解も見られた[35]。

　その上で、調査官解説でも述べられているように、本罪について、数日乃
至1週間程度の期間内に2回以上覚せい剤を使用した可能性が否定できない
という点が問題である。白山丸事件では、犯行の日時等の記載に幅があった
としても、例えば、当該帰国に対応する出国行為は論理的に1回しかありえ
ないとの理論（帰国対応出国行為説）によって訴因の特定を認めることも可能
であったが、このような考え方を直ちに本罪に転用することはできない。も
っとも、尿検査の結果から体内への摂取自体は確実であることから、処罰の
要請を確保すべく、その理論構成について、次のような対立が見られる。

　まず、本罪は、裁判実務上、各使用行為について一罪が成立し、複数の使
用行為は併合罪の関係にあるとの理解を前提に、問題の解決を訴訟法上のレ
ベルに求めるアプローチが見られる。例えば、本件調査官解説は、「本件の
ような公訴事実は、1回の使用行為を起訴した趣旨であることは明らかであ
る。その意味で、事件の単一性に疑問はない。表示された日時、場所の範囲
内で2回以上使用したことの、単なる一般的な可能性があるというだけで
は、訴因不特定とするべきではない」[36]と述べ、そもそも実体乃至具体的訴
訟状況における証拠関係において1個の行為のみ存在することを前提に、訴

---

34)　小林充「覚せい剤使用罪における訴因の特定」判タ989号4, 5頁も同旨。
35)　酒巻匡・警研62巻6号31, 36頁。
36)　金築（前掲注33）110頁。

因の特定性が満たされると説明している。同解説は、さらに、「他の事実との区別は、審理の過程において、2回以上使用したことが具体的に明らかになった場合（この場合、どの事実を起訴したのか明らかになるように、訴因を補正すべきことになる。）に行うことにならざるを得ないし、またそれで足りると解すべきである」として、訴訟における訴因の特定性の問題を証拠状況にリンクさせることを主張する。学理上も、例えば、「同一排出期間における複数使用の一般的・抽象的可能性があるというだけでは訴因不特定にならない……概括的訴因のまま審理を進め、複数の使用行為が具体的に明らかになったときに、他の使用行為から識別・特定すれば足りる」として、調査官解説の見解を支持する見解が見られる[37]。しかし、このような理解に対しては、実体乃至証拠状況から訴因の特定性を議論する構造は、現在の審判対象についての理解（訴因対象説、主張吟味型訴訟観）と相容れない[38]、「起訴状に記載することを求められる『公訴事実』とは検察官が証明できると考えて記載した事実であって、実際に起こったが証明できない事実ではない」[39]、といった批判が見られる。

　これに対して、例えば、犯行日時等に幅のある記載について、複数の使用行為の可能性を前提にしつつ、なおも訴因の特定性を基礎付けようとする見解が見られる。すなわち、検察官の訴追意思は、通常、尿検査より得られた資料に対応する直近・最終の使用行為に限定されていると理解する見解（最終行為説）、又は、尿検査により反応が出た以上、一定の期間内において最低1回は使用行為が行われたことは確かであり、検察官としてはその点を捕捉して起訴したものと理解する見解（最低1回行為説）がそれである。実務上は、最終行為説が支配的見解であるとされ[40]、前掲東京高裁昭和55年判決でも明示されている。しかし、これらの見解に対しては、いずれも複数の使用行為を前提とし、その特定性も非常に観念的であるという批判が見られる。また、実務上支配的とされる最終行為説は、確かに、期間中のどれか1回の

37）　上口裕「覚せい剤使用罪における訴因の特定と変更」小田中古稀・上（2005年）187, 191頁。
38）　鈴木・続構造273頁。
39）　渥美東洋「訴因の特定・明示の意味」研修445号3, 12頁。

使用行為という最低1回行為説に比べて、抽象的ではあれどなおも特定性を認めることは可能である。しかし、被告人の尿検査によって析出された証拠資料は、必ずしも最終の1回行為によって摂取されたものとは限らないとして、立証の困難性・不可能性も指摘されている[41]。さらに、最終行為説にせよ、最低1回行為説にせよ、「既判力の事後的特定などという矛盾を残す点で、両立可能な複数の使用の可能性を残す起訴状の記載は、やはり訴因明示の要請をみたしていない」との批判も見られる[42]。

　以上のような、訴訟法の観点からのアプローチに対し、実体法の罪数論からのアプローチも見られる。すなわち、一定の期間内に行われた複数の覚せい剤自己使用行為について、これを継続犯[43]又は包括一罪[44]として理解することによって、各々の行為間の識別・特定性を不要とする見解である。特に、後者は、「通常問題とされるような2週間程度の期間内に、しかも覚せい剤体内保有中に、重ねてこれを使用するような行為は、連続一罪として包括一罪の関係にあると解してよいと思われる。そして、そうであれば、検察官が尿中に検出された覚せい剤の使用行為を起訴する趣旨であるかぎり、それが1個の行為であろうと数個の行為であろうと、全体としては使用覚せい剤との関連でそれらの行為が特定されているのであるから、一応訴因の特定として最低限の要求はみたされているといってよいであろう」[45]として、本最高裁決定の結論自体は支持できるとする。もっとも、論者自身が認めるとおり、このような理解はあくまで識別の観点において是認されるにとどま

---

40)　小林（前掲注34）9頁。小林は、但し「最終使用ということが常に訴因特定の基準となるものではない」、「最終行為説は、複数の使用の具体的可能性がある場合であって、しかも、日時、場所、方法等による訴因の特定が不可能であるときに最終使用という基準をも補充的に考慮すべきであるという趣旨に理解すべきで」あるとして、最終行為説の適切な理解を主張する。佐藤嘉彦「覚せい剤自己使用罪における訴因の特定について」同法57巻6号61, 75頁は、最終行為説が妥当であるとしつつ、「被告人の防御権の行使に遺漏なきを期し、不当な再訴を排斥する解釈・運用が図られる必要はある」として、手続的な配慮を要求する。

41)　鈴木・続構造274頁。

42)　松宮孝明・刑訴法百選・第7版98, 99頁は、端的に訴因を不適法とすべきであると主張する。

43)　荒木伸怡「覚せい剤使用罪における訴因」警研54巻7号56, 67頁。

44)　鈴木・続構造279頁。

45)　鈴木・続構造285頁。

り[46]、被告人の防御の観点からさらなる検討を要する[47]。

　前述のとおり、その理論的問題点はともかく、本最高裁決定により、覚せい剤自己使用事件に関する訴因の特定性の問題については一応の決着が図られ、以後、実務では次の段階に議論の重点が移っている。例えば、訴訟の具体的過程において被告人の最終行為として一定の行為が具体化された場合、証拠調べにおいてさらにこれと異なる事実が発覚したときには、訴因変更等によって裁判所の審判の範囲を拡張・変更できるか（公訴事実の同一性如何）という点が問題とされている。この点について、最終行為として特定された行為との使用態様が異なることから、特定後の行為との択一的認定の可能性を否定した事案[48]、当初犯行日時として特定されていた訴因を、同時期の複数の行為を含みうる幅のある期間への訴因変更の可能性を否定した事案[49]などが見られる。

3　前原遺体白骨化事件（平成14年決定）

　本件は、傷害致死被告事件であるが、公訴提起に際し、暴行態様、傷害の内容、死因等について概括的に記載された訴因の特定性が問題となった事案である。本件では、所在不明となっていた被害者が死体で発見されたことが端緒となって捜査が開始されたのであるが、死体が既に白骨化していたことから鑑定によっても正確な死因が解明されなかったこと、被告人の詳細な自白が得られなかったこと、2名の共犯者のうち1名が既に死亡していたことなどから、検察官としては、公訴提起に際し、右事実について詳らかにできなかったという事情が認められている。もっとも、犯行の日時及び場所については、被害者が最後にビジネスホテルで被告人らと共に投宿したことが目撃されていたこと、及び、共犯者の1名が同ホテルの客室内で被告人と共に被害者と口論になり暴行したことを供述したことから、詳細に特定されていた。さらに、当初の訴因では、暴行の手段自体は不明とされていたものの、

---

46)　田宮『日本の刑事訴追』（1998年）312頁。
47)　後藤昭「現代刑事法学の視点―原著者コメント」法時59巻8号120頁。
48)　札幌高判昭58・5・24高刑36巻2号67頁。
49)　大阪高判平元3・7判タ704号284頁。

18　第1編　訴因論

死因については特定されていた。1審[50]は、被告人と被害者死亡との因果関係について立証されていないとして、傷害罪についてのみ有罪判決を下した。これに対して、検察官が控訴し、被告人の単独犯又は共犯であることの択一的事実、及び、死因について当初の「頭蓋冠、頭蓋底骨折の傷害……に基づく外傷性脳障害」に「頭蓋冠、頭蓋底骨折に基づく外傷性脳障害又は何らかの傷害」という内容の予備的訴因の追加を請求した。控訴審[51]は、この予備的訴因について傷害致死罪の成立を認めた。被告人側が上告し、この予備的訴因は特定性を満たしていないと主張した。

　最高裁[52]は、次のように判示し、上告を棄却した。すなわち、「予備的訴因は、暴行態様、傷害の内容、死因等の表示が概括的なものであるにとどまるが、検察官において、当時の証拠に基づき、できる限り日時、場所、方法等をもって傷害致死の罪となるべき事実を特定して訴因を明示したものと認められるから、訴因の特定に欠けるところはない」。

　本決定に対して、例えば、「手段不明の暴行」及び「何らかの傷害により死亡させた」との記載は、単に「暴行」や「傷害」という法的概念を述べたに過ぎず、訴因記載の事実が概括的というよりも、むしろこれらの事実がそもそも表示されていないとする批判が見られる[53]。これに対して、本決定の最高裁調査官解説[54]は、「訴因あるいは同項の罪となるべき事実が特定しているといえるためには、これらに表示された被告人の行為が当該犯罪の構成要件に該当するものであると認識することができ、他の犯罪事実と区別できる程度に特定されている必要がある……（被害者を死亡させるという行為は1回しかあり得ないから、他の犯罪事実との区別という点は問題にならないであろう。）」と説明している。また、同解説は、前述の批判に対して、「訴因中に法的概念（法文ないし構成要件）と同じ表現を用いて事実を表示した部分があるからといって、その点のみをもって訴因の特定を否定することは適当でないであろう。……傷害致死罪における『暴行』や『傷害』については、本件のよう

---

50)　福岡地判平11・12・21刑集56巻6号353頁。
51)　福岡高判平12・12・26刑集56巻6号366頁。
52)　最決平14・7・18刑集56巻6号307頁。
53)　中川孝博・法セ579号110頁。
54)　平木正洋・平14最判解刑141, 149, 154頁。

第2章 訴因の特定性 *19*

に、これらの具体的内容を立証できなくても、人の死亡という犯行の結果が発生している関係で、傷害致死罪の構成要件に該当する被告人の行為の存在を立証することが可能な場合があるといえるから、これらの具体的内容を訴因に表示することが不可欠であるとはいえない」と反論している。

4 阿倍野区麻薬特例法違反事件（平成17年決定）

本件は、被告人が共犯者と共に実行した営利目的での覚せい剤所持及び譲渡の事実について、当初は、数個の事実が日時・場所・方法において特定されて起訴されたが、公判の途中で、犯行期間を拡張し、不特定多数名を譲渡の相手方とする犯行事実を付加した上でこれらを麻薬特例法違反とする趣旨の訴因変更が行われた事案である。このような手続によって、変更後の訴因の特定性が問題となった。1審[55]は、変更後の訴因に応じて有罪判決を下した。被告人側が控訴したが、控訴審[56]がこれを棄却したことから、さらに上告した。

最高裁[57]は、適法な上告理由にあたらないとした上で、特に、訴因の特定・明示性について職権で次のように判示し、上告を棄却した。すなわち、「国際的な協力の下に規制薬物に係る不正行為を助長する行為等の防止を図るための麻薬及び向精神薬取締法等の特例等に関する法律5条違反の罪（以下「本罪」という。）は、規制薬物を譲り渡すなどの行為をすることを業とし、又はこれらの行為と薬物犯罪を犯す意思をもって薬物その他の物品を規制薬物として譲り渡すなどの行為を併せてすることを業とすることをその構成要件とするものであり、専ら不正な利益の獲得を目的として反復継続して行われるこの種の薬物犯罪の特質にかんがみ、一定期間内に業として行われた一連の行為を総体として重く処罰することにより、薬物犯罪を広く禁圧することを目的としたものと解される。このような本罪の罪質等に照らせば、4回の覚せい剤譲渡につき、譲渡年月日、譲渡場所、譲渡相手、譲渡量、譲渡代金を記載した別表を添付した上、『被告人は、平成14年6月ころから平成16

---

55) 大阪地判平16・9・28刑集59巻8号1432頁。
56) 大阪高判平17・2・22刑集59巻8号1436頁。
57) 最決平17・10・12刑集59巻8号1425頁。

20 第1編　訴因論

年3月4日までの間、営利の目的で、みだりに、別表記載のとおり、4回に
わたり、大阪市阿倍野区王子町2丁目5番13号先路上に停車中の軽自動車内
ほか4ヶ所において、Cほか2名に対し、覚せい剤である塩酸フエニルメチ
ルアミノプロパンの結晶合計約0.5gを代金合計5万円で譲り渡すとともに、
薬物犯罪を犯す意思をもって、多数回にわたり、同市内において、上記C
ほか氏名不詳の多数人に対し、覚せい剤様の結晶を覚せい剤として有償で譲
り渡し、もって、覚せい剤を譲り渡す行為と薬物その他の物品を規制薬物と
して譲り渡す行為を併せてすることを業としたものである。』旨を記載した
本件公訴事実は、本罪の訴因の特定として欠けるところはない」。

　本件は、特に、覚せい剤譲渡等を「業とした」（麻薬特5条）という構成要
件について、その訴因の特定性が問題となった。麻薬特例法は、その1条に
よると、「薬物犯罪による薬物犯罪収益等をはく奪すること等により、規制
薬物に係る不正行為が行われる主要な要因を国際的な協力の下に除去するこ
との重要性にかんがみ、並びに規制薬物に係る不正行為を助長する行為等の
防止を図り、及びこれに関する国際的約束の適確な実施を確保するため……
覚せい剤取締法〔等〕に定めるもののほか、これらの法律その他の関係法律
の特例その他必要な事項を定める」ことを趣旨とする。とりわけ、本件で問
題となった5条は、その立法関係者[58]によると、覚せい剤取締法等のいわゆ
る薬物4法における「専ら不正な利益の獲得を目的として行われるこの種の
薬物犯罪〔組織的継続的な不正取引〕については、単一の薬物の不正取引ごとに
罪を定めその営利目的犯の加重処罰規定を設ける従来の処罰体系の枠を超え
たより悪質な行為類型として、その実態に即した加重処罰規定を設ける必要
があること、また、このような類型の犯罪については、従来の単発行為の犯
罪構成要件を前提として没収規定を適用した場合、個々の行為ごとの訴因と
の厳格なリンクが求められる結果、総体としては一定期間内に犯された薬物
犯罪の不法収益であることの証明ができたとしても個々の行為との結びつき
の証明ができないときは、その不法収益を没収できないことになり、不法収
益のはく奪の面で犯罪の実態に即した十分な対応が困難であることも考慮し

58）古田・齋藤編［古田佑紀］『大コンメンタールI薬物五法〔麻薬特例法〕』（1994年）
　　29頁。

て」設けられたものである。そして、同条に定められた「……を業とした」という犯罪類型は、「業として……した」と規定される場合とは異なり、所定の行為が「反復継続して行う意思の下に、業態的、営業的活動と認められる形態で」行われることが必要であるが、「逆にこれらの行為が行われたことが認められ、かつ業とする意思の発露と見られる行為が認められる以上、密輸出入等の行為が具体的に特定できなくても、理論的には本罪の成立を妨げない」と説明されるように[59]、本罪はいわゆる「業態犯」である。そこから、「5条所定の一連の行為は、個別行為の個数に応じて数罪が成立するのではなく、5条違反の一罪を構成し、それは1個の業態として本来的一罪と考えられる」との理解を前提として、本罪の起訴に際し、「実務上、本件事案〔の〕……ような訴因構成が最近の通例となっていた」[60]。

　もっとも、このような特殊性を踏まえて本罪を「1個の業態犯」と理解するとしても、「実務的にはある程度の数、密輸出入や譲受け、譲渡しの行為が特定していなければ、適用が難しい場面が少なくないであろう」との指摘[61]にも見られるとおり、公訴事実に記載される訴因についてどの程度まで特定性が要求されるべきかは、依然、問題である。また、本件の当初訴因のように、単なる営利目的所持及び譲渡という覚せい剤取締法違反の罪として起訴する場合、一定期間内において複数の犯罪事実が想定されうることから、個別の行為について特定されていなければならないが、これらの行為を重く処罰する規定が適用されることにより、個別行為の特定性が要求されなくなるというのは疑問である。これらの問題点は、前述の覚せい剤自己使用罪に関する議論や、他の集合犯規定との関係を念頭においた検討が必要である。

---

59)　古田（前掲注58）30頁。
60)　島根悟・警論59巻5号175, 181頁。
61)　古田（前掲注58）30頁。

22　第1編　訴因論

Ⅱ．有罪判決における「罪となるべき事実」

　以上、訴因の特定性が問題となった4件を概観した。そこでは、白山丸事件判決で示された、訴因に記載されるべき日時・場所・方法等について詳らかにできない特殊事情の存在を要件に、犯行日時等について幅のある又は概括的な記載も適法であるとする判断が下されてきた。もっとも、個別事案において具体的にどのような記載が要求されるべきであるかは、なお不明である。そこで、次に、有罪判決における「罪となるべき事実」についての特定性が問題となった裁判例を概観する。公訴事実における罪となるべき事実と、有罪判決において明示されるべき罪となるべき事実とは、基本的に同一のものと理解されている[62]。従って、事例の集積がある後者の問題に関する判例の理解は、訴因の特定性を考察する上でも重要である。

　まず、罪となるべき事実の解釈として正面から判断された、昭和24年の2判例が注目される。すなわち、最高裁大法廷昭和24年（2月9日）判決[63]は、廃止前の連続犯の成否が問題となった事案において、「罪となるべき事実とは、犯罪構成要件に該当する具体的事実であって、法令適用の基礎となるべき事実を指すものである」と判示し、各個の行為の内容を一々具体的に判示することを要しないとしている。また、最高裁昭和24年（2月10日）判決[64]は、「罪となるべき事実とは、刑罰法令各本条における犯罪の構成要件に該当する具体的事実をいうものであるから、該事実を判決書に判示するには、その各本条の構成要件に該当すべき具体的事実を該構成要件に該当するか否かを判定するに足る程度に具体的に明白にし、かくしてその各本条を適用する事実上の根拠を確認し得られるようにするを以て足るものというべく、必ずしもそれ以上更にその構成要件の内容を一層精密に説示しなければならぬものではない」と判示している。これによると、例えば、常習賭博罪におけ

---

62)　平野・訴因102頁、池田修・昭61最判解刑269頁、香城敏麿『刑事訴訟法の構造』（2005年）288頁。香城は、「判決において格別の判示をしなくても理由不備とならないような事実であれば、訴因の特定のためにも必要不可欠ではない」と述べている。
63)　最大判昭24・2・9刑集3巻2号141頁。
64)　最判昭24・2・10刑集3巻2号155頁。

る賭博行為の詳細を記述する必要はない。

このようにして、最高裁は、早い時期に、罪となるべき事実に関する重要な判断を示している。このような理解に基づいて、例えば、犯行日時は、「主として犯行の同一性を特定する事項たるに止り、罪となるべき事実に該当しないものである」[65]、「元来罪となるべき事実そのものではなく、単に犯行の情況又はその同一性を示すべき事項たるに過ぎない」[66]として、それ自体が特定される必要はないとされてきた。また、犯行態様についても、賭博罪について、そのルール及び方法等を具体的に記載せず単に「三枚」[67]又は「名古屋花、後先、又はハンカン」[68]とのみ記載すること、或いは、殺人（未遂）罪について、その方法を単に「有形力を行使して」建物から被害者を落下させたと記載すること[69]でも、それぞれ足りるとされている。さらに、共犯事件について、「判文上共謀の事実を明確にさえすれば、共犯者の何人が実行行為の際、その如何なる部分を分担したかは、これを特に明示しなくとも、罪となるべき事実の判示として、間然するところはない」[70]との理解に立って、共犯者間の実行行為の分担等の事実について特定を要しないとされている[71]。

罪となるべき事実の特定性は、罪数論にも影響を受ける。例えば、複数の犯罪行為が包括一罪として評価される場合、各行為について必ずしも詳細に記載される必要はないと理解されている。例えば、貸金業取締法違反（「貸金業者でないのに貸金業を行った」）について、「右の罪が講学上集合犯と呼ばれるものの一種で、その行為が数個あっても構成要件の性質上それらの行為は包括して一罪をなすにすぎないということである。いいかえれば、この場合、

65）　最判昭23・12・16刑集 2 巻13号1816頁。

66）　最判昭24・ 4 ・14刑集 3 巻 4 号547頁。

67）　最判昭23・ 8 ・11刑集 2 巻 9 号1150頁。

68）　最判昭26・ 1 ・25集刑39号685頁。

69）　最決昭58・ 5 ・ 6 刑集37巻 4 号375頁。

70）　最判昭23・ 1 ・15刑集 2 巻 1 号 4 頁。

71）　最大判昭23・11・10刑集 2 巻12号1512頁、最判昭24・ 1 ・11刑集 3 巻 1 号 7 頁、最判昭25・ 4 ・20刑集 4 巻 4 号602頁、最判昭25・10・26刑集 4 巻10号2185頁も同旨。なお、本文後掲（第 8 章）最決平13・ 4 ・11刑集55巻 3 号127頁は、共犯者間における実行分担について、審判対象の画定の観点からは訴因変更を要しないと判断したが、これも同様の理解に立つものである。

24 第1編 訴因論

たとえ行為は数個であっても、それが起訴されるときには合してただ1個の訴因をなすということである。……被告人の行ったといわれる数個の行為は、そのそれぞれが各別の訴因を構成するものではなく、合して一の訴因をなすのであるから、起訴状の記載としては、これらが全体として他の事実と混同することのないように特定されていなければならないと同時に、この程度において特定されていれば足りる」との理解から、「一罪をなす数行為の行われた期間をその始期及び終期をもって具体的に特定し、なおその回数・場所・相手方の一人の氏名及び合計人数・貸付合計金額・利息の大要等をも表示しているのであるから、少くともその訴因全体についてはこれを他と識別しうる程度に特定がなされたものと認めることができる」のであり、それゆえ、個別行為についての詳細な特定は不要であるとされている[72]。また、常習賭博罪について、「多数の賭博遊技機を設置した遊技場を経営する者が、不特定多数の遊技客との賭博を反履継続した場合につき、右遊技場の営業継続期間の全般にわたって行われた各賭博行為を包括した一個の常習賭博罪と認定する際は、右の〔期間及び場所を摘示し、例示的に個別の行為を列挙する〕程度の判示で常習賭博罪の罪となるべき事実の具体的摘示として欠けるところはない」として、個々の賭博行為の特定は不要とされている[73]。さらに、いわゆる街頭募金詐欺事件についても、これが「個々の被害者ごとに区別して個別に欺もう行為を行うものではなく、不特定多数の通行人一般に対し、一括して、適宜の日、場所において、連日のように、同一内容の定型的な働き掛けを行って寄付を募るという態様のものであり、かつ、被告人の1個の意思、企図に基づき継続して行われた活動であったと認められる。加えて、このような街頭募金においては、これに応じる被害者は、比較的少額の現金を募金箱に投入すると、そのまま名前も告げずに立ち去ってしまうのが通例であり、募金箱に投入された現金は直ちに他の被害者が投入したものと混和して特定性を失うものであって、個々に区別して受領するものではない」と

---

72) 東京高判昭27・5・27高刑5巻5号870頁。東京高判昭29・9・29高刑7巻9号1450頁、名古屋高判昭30・1・25高裁刑特2巻1＝3号20頁も同旨。

73) 最決昭61・10・28刑集40巻6号509頁。本件1審（東京地判昭59・11・5刑集40巻6号514頁）は、個別行為の特定を必要としていた。

して包括一罪性を認めた上で、「その罪となるべき事実は、募金に応じた多数人を被害者とした上、被告人の行った募金の方法、その方法により募金を行った期間、場所及びこれにより得た総金額を摘示することをもってその特定に欠けるところはない」とされている[74]。

　以上、裁判実務は、罪となるべき事実の特定性の判断に際して、審判対象画定の観点を重視し、当該事実がその画定に必要不可欠のものといえるか否かを基準とする（識別説）。そして、訴因の特定性に関しても、同様に理解されている。

Ⅲ．学理の状況

　学理上、かつては、判例の動向に反して、罪となるべき事実とは、構成要件に該当する具体的事実であり、日時・場所・方法などの記載は、その必須事項であって、それ自体に特定性を求める見解が有力であった[75]。例えば、「罪となるべき事実は現実の事実であると共に具体的な事実である。したがって日時、場所もまたその要素をなすといわなければならない。方法に至ってはなおさらである。罪となるべき事実から方法を抜き去ってしまったのでは、罪となるべき事実は全く抽象的な事実となってしまうであろう」[76]と主張されている。論者は、その根拠として「わが法が、……検察官の申立の内容を、換言すれば検察官が審判の対象たらしめようとしている事柄を、裁判所および被告人に提示することを要求したものに外ならない。〔原文改行〕訴因が右のようなものである結果、それはその存在が確定されれば直ちに有罪を認定しうるような事実の記載でなければならない。換言すれば、いずれかの構成要件を充足する事実が掲げられていなければならない」[77]という点を挙げている。それゆえ、これも、審判対象の識別・明確化という側面に重点をおいた見解であり、依然として識別説の範囲を出るものではない。しか

74）　最決平22・3・17刑集64巻2号111頁。
75）　高田481頁、平野・訴因102頁、松尾・下146頁。
76）　平野・訴因104頁。
77）　平野・訴因102頁。

26　第1編　訴因論

し、さらに「わが法は、訴因が審判の対象であるという立場を完全に貫いて
はいないので、訴因の持つ、被告人防禦の便宜というその機能的側面は、よ
り重視されなければならない」[78]とも述べられており、少なくとも、判例の
ように審判対象の識別・明確化という観点のみを強調する見解とも異なる。

　他方、「訴因は被告人・弁護人にとって防禦の対象である点にこそ真の意
義がある」として、正面から被告人の防御の観点を重視する見解（防御権説）
も見られる[79]。この見解によると、例えば、共謀共同正犯における謀議の事
実について、識別説とは異なり、「共謀共同正犯の場合、実行行為者と目さ
れた被告人はともかく、共謀のみに関与したとされる被告人にとって、防禦
を全うするには共謀の日時、場所、内容等の明示は必須であることにな
る」[80]。このように、防御権説は、審判対象の識別・明確化という機能を超
えて、被告人の防御の保障という機能から重要となる事項をも、訴因及び罪
となるべき事実に必須の記載事項と理解する[81]。

　近時、新たな見解も提示されている。例えば、殺人被告事件について、単
に「被告人は被害者Aを殺害した」とのみ訴因に記載された場合、これは
明示性が欠けているため、そのような起訴は無効であると主張される[82]。す
なわち、「『罪となるべき事実』として、特定の構成要件に該当する具体的事
実の記載が要求される実質的な理由は、それが有罪判決の根拠となる事実で
あるにもかかわらず、特定の構成要件に該当する具体的事実が明らかにされ
ていない場合には、犯罪が成立したことにつき合理的な疑いを超える証明が
なされているということが通常ありえないから」である、仮に特定被害者に
対する殺人行為は1個であるから、前述のような記載でも他行為との識別
（特定）は果たされているとしても、これは罪となるべき事実の記載とは認め
られない、というのである。論者によると、これは、訴因それ自体とは別個

---

78)　平野・訴因113頁。
79)　三井164頁。
80)　三井164頁。
81)　久岡康成「起訴状の役割及び訴因の機能と防禦―Accusationの性質及び理由の告知
　　を受ける権利（ECHR 6 §3（a））と2012年EU指令を参考に―」立命345＝346号646頁
　　は、ヨーロッパ法の研究を踏まえて、訴因の機能を「弾劾の性質と理由の告知」に認
　　める。
82)　川出敏裕「訴因の機能」刑ジャ6号120, 124頁。

の観点から検討されるべき問題であるとされている[83]。或いは同様に、訴因の明示性について、これを裁判所に確信を抱かせるだけの最低限の具体的事実の摘示の要請であり、他行為との識別とは異なる訴因の審判対象設定機能から導かれるものであるとし、これは、訴因の（できる限りの）特定性とは区別されるべき問題である[84]、との主張も見られる。すなわち、訴因の審判対象設定機能から、このような「有罪を認定しうるような事実の記載」が要請される[85]、というのである。

　筆者も、既に、訴因の明示性と特定性の問題を明確に区別し、訴因の明示性は検察官の訴追意思を明らかにすべき機能をもち、罪となるべき事実として各構成要件に該当する具体的事実が記載されていない場合、訴因の明示性に欠けるため違法であると述べている[86]。すなわち、かつては、「罪となるべき事実」の記載において、他の犯罪事実との識別を超えた事実の具体性が要請されるとし、識別説と防御権説との理論対立において後者が支持されるべきであり、それによって、訴因の本質を事実記載と解することと整合するとの見解を示してきた[87]。しかしその後、識別説の立場からも、他の犯罪事実との識別だけでなく、1個の犯罪内部での識別まで要求されるはずであり、実質において識別説と防御権説とではそれが訴因の機能における視点の違いに過ぎないのではないか、との試論を提示した[88]。例えば、被告人が被害者から100万円の金銭を奪ったとの社会的事実について、それが窃盗であるのか又は詐欺であるのかという意味では、当然に区別（つまり、1個の事実内での識別）が必要である、というのである。その上で、本書では、「罪となるべき事実」は民事訴訟における請求原因事実に該当するとの理解から、各法律要件を充足する具体的事実の明示が要請されるものとの見解を提示したい。この点について、次章で詳述する。

---

83)　川出（前掲注82）124頁。同旨の見解として、加藤克佳「訴因の特定」法教364号15,
　　17頁。
84)　堀江慎司「訴因の明示・特定性について」研修737号3,6頁。
85)　堀江（前掲注85）5頁。
86)　辻本②67頁、橋本雄太郎編著［辻本典央］『刑事訴訟法入門』（2011年）124頁。
87)　辻本⑥131頁、同①171頁。
88)　辻本⑦3頁。

28　第1編　訴因論

第3章　請求原因事実としての「罪となるべき事実」

　訴因制度は日本に独特の制度であり、従来の議論において、比較法などに基づく客観的検証が十分に行われてはこなかった。本章では、このような問題意識から、民事訴訟上の要件事実論に着目し、学際的に刑事訴訟上の議論の再検討を試みる。このようなアプローチは、刑事訴訟学理上も、既に先行業績が重ねられている[89]。「裁判」の本質において刑事訴訟と民事訴訟とで通底する点も多く、検討の必要性及び重要性は否定できない。

I．民事訴訟における要件事実論

1　総　　説

　要件事実とは、「ある法律効果の発生要件に該当する具体的事実であり」[90]、要件事実論とは、「民事訴訟において主張・立証されるべき事実を実体法上の法律効果の発生と関連付けて考える考え方」[91]をいう。民事訴訟は、原告が訴訟物として提示した実体法上の権利の存否を確定することによって、当事者間の紛争解決を図るものである[92]。その際、双方当事者が自身の求める結論に向けた法律効果を生じさせるための事実を主張・立証すること

---

89)　鈴木茂嗣『犯罪論の基本構造』(2012年) 29頁以下等は、犯罪論を「実体構造論」と「認定構造論」とに二分し、後者(「認定論的犯罪要件」)の検討にあたっては、民事訴訟上の要件事実論との共通性を主張する。また、鈴木説に対する刑訴法学からの分析を加えるものとして、宇藤崇「刑事訴訟における要件事実についての一考察―鈴木茂嗣の『構成要件論』構想を手がかりに」鈴木茂嗣古稀・下 (2007年) 101頁。実務家による文献として、佐藤嘉彦「刑事訴訟と民事訴訟の交錯―訴因の特定・変更等に関する問題を中心として」同法60巻7号783頁。

90)　司法研修所民事裁判教官室(以下、「司研」)『増補民事訴訟における要件事実・第1巻・増補版』(1986年) はしがき。

91)　伊藤滋夫『要件事実の基礎』(2000年) 14頁。

92)　これは、実務上支配的見解とされる旧訴訟物理論を前提とした定義である。司研『民事判決起案の手引・10訂版』(2006年) 34頁、伊藤滋夫『事実認定の基礎―裁判官による事実判断の構造―・補訂版』(2000年) 21頁。

第3章 請求原因事実としての「罪となるべき事実」 *29*

が求められる。裁判所は、それぞれの主張を裏付ける立証から当該事実の存否を判断し、法律効果の発生如何に基づいて判決を下すわけである。

　民事訴訟では、このように、民法等の実体法で予定される法律効果の発生要件を充足する具体的事実が「要件事実」として理解される。この要件事実は、権利の発生、障害、消滅、阻止に分けて分類され、それぞれ双方当事者において自身に有利な法律効果の発生要件事実について主張・立証責任が分担される（法律要件分類説93)）。例えば、売買代金請求訴訟においては、原告たる売主側は、請求権の発生根拠である売買契約成立の事実を主張・立証し、被告たる買主側は、原告が主張する事実を否認するか、又は、抗弁事実を主張・立証することになる。後者の抗弁に該当するのは、例えば、錯誤無効（障害）、弁済（消滅）、同時履行の抗弁（阻止）等である。

　民事訴訟における事実認定は、このようにして、原告が設定した訴訟物の存否をめぐり、その法律効果を発生させる法律要件に該当する事実、つまり、要件事実の主張・立証を通じて行われる。それゆえ、民法上の各種法律要件をめぐり、その要件事実が何かという問題は、事実認定の側面から民事訴訟の本質を決定付けるものであり、民事法実務教育の中核を構成している94)。

2　要件事実論の意義

　要件事実論は、民事訴訟において、次のような意義を有している。

　第1に、要件事実論は、民事訴訟における紛争解決に向けて争いとなる法律効果の発生如何を決定付けるにあたり、裁判所の判断対象を客観化するものである。ある法律効果は、そこで要求される法律要件を充足することによって発生するものである以上、判断者である裁判所は、当該要件の充足如何を判断すれば、客観的に、結論である法律効果の発生如何を決定することができる95)。

---

93)　司研（前掲注90）5頁。
94)　伊藤滋夫（前掲注91）277頁、伊藤滋夫・山崎敏彦『ケースブック要件事実・事実認定・第2版』（2005年）はしがき。
95)　司研（前掲注90）2頁。

30 　第1編　訴因論

　第2に、裁判所の判断構造が客観化されることで、その判断過程も可視化されることになる。それゆえ、紛争当事者である原告及び被告は、自身の求める法律効果を得るためには、当該法律効果を発生させるべき要件事実を主張・立証すればよい。これによって、攻撃防御の対象も明確にされることになる。例えば、売買代金請求訴訟で、売主たる原告は、売買契約の成立を根拠付ける事実を主張・立証し、これに成功すれば、請求が認められることになる。他方、買主たる被告は、これを阻止するためには、売買契約の成立自体を争うか（否認）、又は、契約成立と両立するが権利の行使を妨げるべき法律効果の発生に向けて抗弁を主張・立証しなければならない。例えば、既に代金を弁済したとの事実（権利消滅）を抗弁として主張・立証すれば、原告の請求が棄却されることになる[96]。

　第3に、このようにして、事実認定の観点から法律効果発生要件を根拠付ける事実の主張・立証が要求されるということになれば、当該事実が訴訟において存否不明となった場合のルール（証明責任規範[97]）も設定されうる。例えば、前述の例で、売買契約の成否について、被告が成立の事実を否認し、一定の証拠を提出することにより、裁判所として当該要件事実の存否を決定できないという事態が生じうる。このような場合、立証責任が問題となるのであるが、立証責任はある事実が存否不明の場合に一方当事者に敗訴の不利益を負わせる規範である以上、そこに一定の合理性・公平性が認められなければならない[98]。そのためには、各要件事実が一定の法則に従って予め分配され、両当事者にも攻撃防御の機会が十分配慮されていることが必要となる。前述のとおり、民事訴訟実務上、基本的に、いわゆる法律要件分類説により、権利の発生に関しては原告が、その障害・消滅・阻止については被告が、それぞれ立証責任を負うとされている[99]。これにより、訴訟当事者においては、立証責任のルールに基づいて、訴訟の具体的場面においてなすべき訴訟活動も決定され、裁判所においては、仮に要件事実の存否が不明の場合

---

96)　司研（前掲注90）20頁。
97)　新堂幸司『新民事訴訟法・第5版』（2011年）602頁。
98)　新堂（前掲注97）610頁。
99)　司研（前掲注90）5頁。

でも、裁判回避の事態を避けることができる。

3 要件事実の特定性・具体性

　以上のとおり、要件事実論は、裁判所の事実認定と、紛争当事者相互の主張・立証活動の対象を確定させるものである。このように、要件事実は、民事訴訟の事実的側面を構成するものであるが、これもまた「事実」であることから、どの程度にまで特定・具体化されなければならないかが問題となる。この問題について、民事訴訟上、事実の特定性と具体性が分けて論じられている[100]。

　事実の特定性とは、「当該事実が他の事実と識別できる要素をもっている状態」[101]をいい、他方、事実の具体性とは、「当該主張が、主張された事実から当該要件事実の主張であることが明確に認識できること」（を最小限必要とする）ものである[102]。例えば、原告と被告との間に複数の債権・債務関係が存在するとして、当該訴訟で請求されているのはどの債権であるかを示すものが特定性である。他方、例えば、売買代金請求訴訟おいて、当該請求の対象とされている債権（を基礎付ける事実）の特定性については争いがないが、それが原告の請求権発生を認めうる売買契約成立に該当する事実として正しく主張されているかは、事実の具体性の問題である。

　なお、事実の特定性の問題に関しては、ドイツの民事訴訟理論においてかつて争いがあった[103]。旧訴訟物理論からは、「識別説」が主張され、新訴訟物理論からは、「事実記載説」が主張されている[104]。識別説とは、まさに、他の請求権との識別に必要な限りで事実の特定性を要求し、これで足りるとする見解であり、事実記載説は、識別説と比べて事実的側面を重視し、当事者間の攻防に重要な事実について広く特定を要求する見解である。民事訴訟上、両説の対立は、訴訟物理論を前提にして、訴訟物段階で法律要件に沿った特定性が考慮されているか否かという点を背景としている。実務を支配す

---

100)　伊藤滋夫（前掲注91）137頁以下。
101)　伊藤滋夫（前掲注91）143頁。
102)　伊藤滋夫（前掲注91）137頁。
103)　小山昇『小山昇著作集第1巻・訴訟物の研究』（1994年）2頁以下参照。
104)　三ケ月章『民事訴訟法・法律学全集』（1959年）104頁参照。

32　第１編　訴因論

る旧訴訟物理論からは識別説で足りるとされているが、これは、既に訴訟物の主張レベルで相対的に事実の明確性が要求されていることが前提である[105]。

Ⅱ．要件事実論に基づく「罪となるべき事実」の分析

1　刑事訴訟における要件事実論

　刑事訴訟も、民事訴訟と同様、事実認定と法適用を本質とする裁判である。それゆえ、前述した民事訴訟上の要件事実論は、基本的に、刑事訴訟でも妥当する[106]。

　刑事訴訟では、検察官より提示された公訴事実に該当する犯罪を被告人が実際にも行ったかという点が、審判されることになる。これが肯定されるとき、所定の刑罰規定が適用され、量刑判断を経て、具体的刑罰が言い渡される。検察官による公訴提起の本質について、現在では、これを実体審判請求権の行使であると理解するのが一般的となっている[107]。民事訴訟における訴権論では、現在、紛争解決説が通説的見解となっている。これは、実体法が整備されている現在においては、法的紛争解決を裁判所に求めるという意味で理解されており[108]、いわば裁判所の実体審判を請求するものと解してよい。それゆえ、刑事訴訟における公訴提起と民事訴訟における訴え提起はその本質において共通し、これに応答すべき裁判所の役割も同じく共通する。従って、裁判の事実構成の側面においては、刑事訴訟においても、「要件事実」論に基づく分析は、必要かつ重要である。

---

105)　新堂（前掲注97）220頁。

106)　例えば、田宮Ⅰでは、「第５編公訴」の箇所で１章を割いて「訴訟物」という標目で訴因及び公訴事実に関して講じられている。

107)　実体的審判請求権説の内部でも、犯罪嫌疑の存在を公訴提起の条件とするかをめぐり、これを不要とする見解（平野龍一『捜査と人権』（1981年）189頁、同・訴因11頁）と、必要とする見解（高田106頁、井戸田129頁、松尾・上149頁、鈴木127頁）とに分かれる。

108)　兼子一『新修民事訴訟法体系・増補版』（1967年）25頁、三ケ月（前掲注104）6頁、伊藤眞『民事訴訟法・第４版補訂版』（2014年）19頁。

2 請求原因事実としての「罪となるべき事実」

要件事実論に基づいて「罪となるべき事実」を位置付けるならば、これは、民事訴訟における請求原因事実に該当する。民事訴訟では、前述のとおり、原告が、判決を求めるその実体法上の権利の存在を根拠付ける法律要件該当の事実、すなわち、権利を発生させる事実（請求原因事実）を主張・立証しなければならず、他方、被告は、この請求原因事実を否認するか、又は、請求原因事実と両立するが請求権を否定させるべき抗弁を提出することによって争うことになる。

民事訴訟のこのような事実的側面における構造は、刑事訴訟においても基本的に妥当する。刑事訴訟では、支配的見解によると、検察官が主張する訴因が審判対象であるとされている[109]。訴因とは、検察官による、被告人が行ったとされる犯罪構成要件該当の具体的事実の主張である。この訴因記載の具体的事実の存否をめぐり、裁判所が審判し、被告人が防御するという関係にある。被告人は、訴因記載事実を認めた上で、なおも、これと両立しうる「正当防衛」や「責任無能力」といった阻却事由を主張し、無罪を求めることもできる。これは、民事訴訟でいう「抗弁」に該当する。それゆえ、刑事訴訟では裁判所が職権でこれらの抗弁事実（犯罪阻却事由）を認定することがありうるとしても、基本的には、訴因記載の具体的事実が認定されれば、被告人側から抗弁が提出されない限り、原告たる検察官の請求が認められる（有罪判決が下される）ことになる（刑訴335条2項参照）。

このようにして、「罪となるべき事実」は、原告側の主張及びこれに対する裁判所の応答として位置付けられるべきものであり、民事訴訟上の「請求原因事実」と共通する。検察官は、刑事裁判における原告として、請求原因事実たる「罪となるべき事実」を法律要件（刑事では犯罪構成要件）に従って主張・立証し、裁判所は、その主張された具体的事実がやはり法律要件を充足させるものであるかを審判するのである。

---

109) 平野131頁、松尾・上174頁、田宮190頁、田口315頁。

3 「罪となるべき事実」の特定性

　「罪となるべき事実」は、刑事訴訟における請求原因事実として、その特定性については如何なる意味において理解されるべきか。識別説は、訴因の本質的機能を他の犯罪事実からの審判対象の識別に認めて、訴因の特定性はその限りで足りるとするのに対して、防御権説は、識別機能を超えて、被告人に対する防御権保障までも訴因に固有の機能として認めるものである（第2章）。

　前述のとおり、民事訴訟理論においても同様の対立があり、やはり「識別説」が通説となっている。民事訴訟において、当該請求権が原告・被告間の他の法律関係（債権・債務関係）と識別されることを必要とし、かつ、特定性としてはそれで足りるということである。この特定のためには、基本的に、日時・場所・方法等を以て事実が特定されることを要するが、そのような要素はあくまで請求権の特定のため要求されるものに過ぎない。逆に、請求権が何らかの方法で識別されているならば、必ずしも、日時・場所・方法等自体が具体的に特定されている必要はない。このような理解は、まさに、刑事訴訟理論における識別説にも通底する。

　もっとも、民事訴訟理論における識別説は、あくまで旧訴訟物理論を前提にした見解であることに、注意が必要である。そこでは、個別の法律関係に基づいた実体法上の権利が訴訟物とされ、前提として、当該実体法上の権利関係を根拠付ける事実の主張（明示性）が既に要求されている。このことは、刑事訴訟理論においても、「罪となるべき事実」を刑事裁判における請求原因事実と位置付けるならば、同様の理論が妥当すべきものと理解させる。

4 「罪となるべき事実」の明示性

　訴因は、公訴事実の記載において「明示」されなければならない。「罪となるべき事実」が請求原因事実であるとの理解からは、判決も、訴因としての主張に対する応答として、やはり「罪となるべき事実」を明示するものでなければならない。

　例えば、殺人罪として「罪となるべき事実」を構成する場合、極端にいえば被害者さえ特定されていれば、人の死亡は1回限りのものである以上、論

第3章　請求原因事実としての「罪となるべき事実」　*35*

理的にはこれで他の犯罪事実との識別は果たされている。しかし、これを殺人罪の訴因として明示するためには、さらに、当該事実が殺人罪の構成要件に該当するものとして構成されなければならない。例えば、故意によるものか過失によるものか、或いは、傷害致死であるのかによって、訴因は全く異なるのであり、殺人罪として明示するためには、その法律要件（犯罪構成要件）を充足する事実が全て記載されなければならない。訴因の明示性とは、このように、具体的請求（主張）を根拠付ける事実（請求原因事実）が、原告たる検察官の主張、及び、判断者たる裁判所の応答において具体性を以て記述されることを要求する規範である。

　刑事訴訟理論上、従来、「罪となるべき事実」を請求原因事実として理解し、そこから具体的記載（明示性）が要求されるという形で、自覚的に議論されてきたわけではない。もっとも、既に早くから、「罪となるべき事実は現実の事実であると共に具体的な事実である。したがって日時、場所もまたその要素をなすといわなければならない。方法に至ってはなおさらである。罪となるべき事実から方法を抜き去ってしまったのでは、罪となるべき事実は全く抽象的な事実となってしまうであろう」[110]との前提から、「訴因が右のようなものである結果、それはその存在が確定されれば直ちに有罪を認定しうるような事実の記載でなければならない。換言すれば、いずれかの構成要件を充足する事実が掲げられていなければならない」[111]と述べられるなど、訴因の具体的記述要請という意味で、本書と同様の理論構成が見られた。

5　小　　括

　以上、本項における検討から、次の結論が導かれる。

　(1)「罪となるべき事実」の特定性は、他の犯罪事実との識別として必要であり、かつ、それで足りる。

　(2)「罪となるべき事実」は、刑事訴訟における請求原因事実であり、原告（検察官）の主張及び裁判所のそれに対する応答として、民事訴訟と共通

---

110)　平野・訴因104頁。
111)　平野・訴因102頁。

のルールに服する。特に、法律要件である犯罪構成要件を充足することを根拠付ける事実は、訴訟の具体的進展にかかわらず、最低限度の具体性を以て明示されなければならない。

このような理解からは、実体法上の構成要件の解釈が、訴因の明示性の具体的基準となる。一般的に（結果犯の場合）、犯罪構成要件は、①主体、②客体、③実行行為、④結果、⑤因果関係から成る。従って、訴因の明示にあたっても、これら各要素が漏れ落ちなく、具体的に記述されなければならない。もっとも、個別要素がどの程度具体的に記述されていれば、ここで要求される最低限度の基準を満たすかは、犯罪類型ごとに異なりうる。例えば、実行行為について、「何らかの方法で」との記述も、これが殺人罪として、被害者の死因（例えば、窒息死）が示されていれば、これとの対応において明示性は満たされている。他方、これが窃盗罪として、被告人が被害者から100万円を奪ったことは示されているが、その実行行為が「何らかの方法で」とのみ記述されるときは、他の財産犯（例えば、詐欺罪や強盗罪）との区別において要求されている法律要件（密かな占有侵害）の記載が欠けているため、訴因の明示性も満たされていない[112]。

Ⅲ．具体例の検討

1　単純一罪
（1）事実の特定性
　民事訴訟で、例えば、ＸがＶに100万円の給付を求める訴え（給付訴訟）を提起したとする。この場合、原告Ｘは、被告Ｖとの関係で、（仮にＸとＶとの間に複数の契約関係があり得たとして）今回の訴えがどの債権債務関係について提起されたものであるのかを明らかにするため、債権の特定をしなければならない。具体的には、当該債権が発生したことを根拠付ける法律行為が行われた日時・場所・方法等を以て、どの債権が訴訟物として提示されているのかを特定すべきことが要求される。もっとも、この場合、日時・場所・方

---

112)　従って、単なる「法律要件」の記載では足りない。堀江慎司「訴因の明示・特定について―再論」研修793号3頁以下参照。

第3章　請求原因事実としての「罪となるべき事実」　*37*

法等はあくまで特定の手段であり、特定されるべきは、訴訟物たる法律関係である。それゆえ、必ずしも、日時・場所・方法等の個別の事実が全て厳密に特定して記載される必要はない。例えば、日時として「平成25年1月頃」といった概括的な記載方法によっても、他の要素から十分識別できるのであれば、特定性の要請は満たされている。

　このような意味での事実の特定性は、刑事訴訟でも基本的に異ならない。例えば、前掲（第2章）「白山丸事件」では犯行の日時が約6年間の幅のある記載がなされたのであるが、被告人が検挙されるきっかけとなった帰国に対応する出国行為は論理的に1回のみ可能であるという要素から、他の犯罪事実との識別は既に果たされている。また、覚せい剤自己使用罪において、犯行日時を一定期間とする幅のある形で記載されたときその間複数回の使用行為がありうるとしても、覚せい剤反応が検出された尿検査に対応する最終1回の行為である（最終1回行為説）と解することで、他の（最終行為以前の）犯罪事実との識別は果たされている。他方、例えば、高速道路走行中の速度違反という事案では、同一運転機会でもいったん法定速度に減速し再度超過速度に達した場合には複数の犯罪が認められるとの理解[113]を前提にすると、時間、場所が概括的に（例えば、平成25年10月1日に東名高速道路上）のみ記載されているような場合には、他の犯罪事実との識別が果たされておらず、特定性は満たされていない。

（2）事実の明示性

　訴訟に上程された事実が他の（犯罪）事実と識別されているとしても、さらに、法律要件を充足するものとして具体的に記述されていなければならない。民事訴訟でいえば、例えば、金銭消費貸借契約に基づく貸金返還請求訴訟として訴訟物が構成される場合、原告は、請求原因事実として、民法の規定によって法律効果を発生させる法律要件を充足する形で、事実を具体的に主張しなければならない。この例でいえば、金銭消費貸借契約の成立と期限の経過を示す事実が示されていなければ、ここでの法律要件を満たさない。請求対象がどの債権であるかは特定していても、その請求を根拠付ける請求

---

113)　最決平5・10・29刑集47巻8号98頁。

38 第1編 訴因論

原因事実が具体的に示されていない限り（例えば、返還約束の事実が記載されていないような場合[114]）、主張自体が失当となり、原告の請求は棄却される。

　刑事訴訟でも、「罪となるべき事実」を請求原因事実として理解するならば、例えば、検察官が公訴事実において被告人が被害者から100万円の金銭を奪ったとの事実のみを示した場合、そこに日時・場所等の事項が記載されていれば、他の犯罪事実との識別は果たされている。しかし、それが窃盗又は詐欺のいずれによるかの法律構成に従って、当該構成要件に該当する具体的事実が示されていなければ、訴因の明示性は果たされていない。窃盗罪の場合、「他人の財物を窃取した」（刑235条）との構成要件に従い、「被告人Ｘは、被害者Ｖが自宅金庫に保管していた現金100万円を、その金庫を合い鍵で開錠したうえで、不法領得の意思を持って窃取した」といった形で（さらに、日時・場所等の要素で他の犯罪事実と識別して）、具体的事実として記載されなければならない。他方、殺人罪の公訴事実として、例えば、窒息死等死因は具体的に示されているが、その実行方法が判明しないときには、「何らかの方法で」といった記載でも、訴因の明示性は満たされているといってよい。

　このように、「罪となるべき事実」の明示性は、特定性とは異なる側面から要請されるものである。「罪となるべき事実」は請求原因事実として訴訟における主張応答の対象とされることからすると、この要請は、まさに訴因の本質的機能に基づくものである。

2　包括一罪

　判例は、街頭募金詐欺の事案において、「その罪となるべき事実は、募金に応じた多数人を被害者とした上、被告人の行った募金の方法、その方法により募金を行った期間、場所及びこれにより得た総金額を摘示することをもってその特定に欠けるところはない」として、募金者（被害者）が個別にどのような態様で金銭を交付したかは（日時・場所等も含めて）具体的に特定される必要がないとしている[115]。最高裁は、その理由として、当該事案が包括一罪として評価されるべきものであることを挙げている。このような見解

---

114)　司研（前掲注90）276頁。
115)　最決平22・3・17刑集64巻2号111頁。

第3章　請求原因事実としての「罪となるべき事実」　　*39*

は、少なくとも実務上は、異論がないようである[116]。

　確かに、被告人が一定期間、同態様で継続的に募金詐欺を実行したという事案で、これが包括一罪として評価されるべきであるならば、他の犯罪事実との識別（特定性）は果たされている。覚せい剤自己使用の事案でも、一定期間の反復使用行為を包括一罪として処理するのであれば[117]、同様に、他の（期間の）犯罪事実との識別はできている。

　もっとも、包括一罪も、個別の犯罪事実としては独立であり、ただ犯罪結果の違法評価として包括的に一罪とされるとの理解（評価上一罪）[118]によるならば、包括一罪の内部でも個別行為の具体的な記載が要求されるはずではないか。例えば、一定期間内に複数回の覚せい剤を使用したとしてこれが包括的に一罪として評価されるという場合、これは、あくまで具体的にA事実、B事実、C事実が認められてこれを包括的に処罰するというのであって、各事実の内容が曖昧にされてよいというわけではない[119]。包括一罪との評価は、個別の事実の具体性（明示性）まで不要とさせるものではない。つまり、包括して一罪と評価されるべき個別の犯罪事実は、それぞれが請求原因事実として、具体的明示を要求されるものである。

　このように、「罪となるべき事実」は請求原因事実であるとの理解を前提にするならば、包括一罪として訴訟で評価されうるのは、あくまでその内容が具体的に明示されたものだけであり、それ以外の事実は評価から除外されているといわなければならない。つまり、訴訟において包括一罪として主張応答される場合も、個別の事実が明示される必要がある。例えば、街頭募金詐欺罪の場合においては、被告人が被害者を欺罔し、被害者がその瑕疵ある意思決定に基づいて金銭を被告人に交付したという法律要件を充足する具体的事実が、請求原因事実たる「罪となるべき事実」として記載されていなければならない[120]。

---

116)　大コメ(5)[古田佑紀・河村博] 194頁。

117)　鈴木・続構造279頁。

118)　鈴木・総論275頁以下、西田典之『刑法総論・第2版』（2010年）414頁。

119)　例えば、数分程度の間隔で数回の使用をしたという場合に、これを1個の事実と評価することはあるとしても、それは単純一罪の範囲如何という問題であり、包括一罪の問題ではない。

40　第1編　訴因論

3　傷害致死罪

（1）傷害致死罪の「罪となるべき事実」

　単純一罪であるが、結果的加重犯である傷害致死罪（刑205条）について、その請求原因事実である「罪となるべき事実」は如何に記載されるべきか。

　傷害致死罪は、法律要件として、犯人が被害者に暴行して傷害させ、よって、最終的に死亡させることが必要である。ここで主観的要件は満たされているとして、客観的要件においては、傷害罪（刑204条）と比べて「死亡」の加重結果が求められること、殺人罪（刑199条）と比べて「傷害」の中間結果が要求され、そのために、暴行と傷害、傷害と死亡という二重の因果性が要求されることに、それぞれ違いがある。特に、殺人罪との比較においては、最終的に被害者を死亡させるという点で共通するが、傷害致死罪は、あくまで「傷害」し、その結果として「死亡」させることが法律要件とされているのに対して、殺人罪は、結果として「死亡」のみが法律要件とされている点に違いがある。具体的には、例えば、犯人が被害者を暴行して内蔵損傷の傷害を与え、その部位の失血多量を原因に死亡（心停止）させたという場合、法律要件としては、実行行為である「暴行」と、最終結果である「死亡」に共通点はあるが、傷害致死罪では中間結果である「傷害」の事実が法律要件とされる点において、両罪に違いが認められる。

（2）裁判例の検討

　（ⅰ）　最高裁[121]は、前掲（第2章）「前原遺体白骨化事件」において、「被告人は、単独又はA及びBと共謀の上、平成9年9月30日午後8時30分ころ、福岡市……のビジネス旅館……において、被害者に対し、その頭部等に手段不明の暴行を加え、頭蓋冠、頭蓋底骨折等の傷害を負わせ、よって、そのころ、同所において、頭蓋冠、頭蓋底骨折に基づく外傷性脳障害又は何らかの傷害により死亡させた」との（予備的）訴因について、「原判決によれば、第1次予備的訴因が追加された当時の証拠関係に照らすと、被害者に致

---

120)　もちろん、評価対象とされるべき具体的に明示された事実のみで十分可罰的である場合、それに基づいて有罪判決を下すことは可能である。また、明示されなかったが、実体として包括的に評価されるべき事実については、「公訴事実の同一性」が認められるため訴因追加は可能であり、かつ、一事不再理効もその範囲に及ぶ（第6章）。

121)　最決平14・7・18刑集56巻6号307頁。

死的な暴行が加えられたことは明らかであるものの、暴行態様や傷害の内容、死因等については十分な供述等が得られず、不明瞭な領域が残っていたというのである。そうすると、第1次予備的訴因は、暴行態様、傷害の内容、死因等の表示が概括的なものであるにとどまるが、検察官において、当時の証拠に基づき、できる限り日時、場所、方法等をもって傷害致死の罪となるべき事実を特定して訴因を明示したものと認められるから、訴因の特定に欠けるところはないというべきである」と判示し、実行行為及び結果について一定程度幅のある（概括的な）記載によっても訴因の特定性は満たされていると判示した。

本決定の判示を、請求原因事実としての「罪となるべき事実」という理解から分析してみよう。ここでは、実行行為である「暴行」は、手段不明とされているが、被害者に対する頭部への傷害結果とあいまってみると、頭部への強い打撃などの方法で行われたものと理解できる。また、傷害結果は、「頭蓋冠、頭蓋底骨折等の傷害」と具体的に明示されており、死亡結果も、「頭蓋冠、頭蓋底骨折に基づく外傷性脳障害又は何らかの傷害により死亡」として、傷害との因果性を示す形で記載されている。確かに、記述としては、「手段不明の」、「等」といった概括的な内容を持つ表現が使用されているが、「暴行→（因果性）→傷害→（因果性）→死亡」という請求原因事実として要求されるべき事実要素は、一定の明示性を以て記載されている。また、被害者の死亡という1回限りの事実であることから、その特定性（識別）も満たされている。

（ⅱ）　他方、福岡高裁平成23年判決[122]は、やはり傷害致死被告事件において、原審の「罪となるべき事実」の記載には明確性を欠く点で違法であると判断した。

1審（裁判員裁判）[123]は、殺人（共同正犯）の公訴事実について殺意を否定し、傷害致死罪と認めたのであるが、その際に、「罪となるべき事実」として、「被告人X及び被告人Yの両名は、共謀の上、平成21年5月8日午前3時ころから同日午前8時ころまでの間、福岡市……のA方において、A（当

---

122)　福岡高判平23・4・27判タ1382号366頁。
123)　福岡地判平22・8・10（LEX/DB 文献番号25471187）。

42   第1編　訴因論

時27歳）に対し、かわるがわるその背部、腹部、胸部等を多数回にわたり手
拳で段打したり、足蹴にするなどの暴行を加え、さらに、同日午後4時ころ
から同日午後5時ころまでの間、同人に対し、同様の暴行を加え、よって、
同日午後6時23分、福岡市……所在の甲病院において、同人を出血性ショッ
クにより死亡させた」と記載した[124]。被告人側が控訴したところ、本判決
は、次のように判示して、原審判示を違法とした[125]。すなわち、「傷害致死
罪の構成要件は、『身体を傷害し、よって人を死亡させた』というものであ
るから、同罪に該当する事実を（罪となるべき事実）として認定するには、同
罪の構成要件の不可欠の要素と解される、①被告人らが加えた暴行の態様、
②それにより被害者の負った傷害の部位、種類、程度等、そして③その結果
被害者が死亡したことを具体的に摘示する必要がある。しかし、1審判決の
（罪となるべき事実）には、①被告人らが、被害者に暴行を加え、よって被害
者を死亡させたとの事実は摘示されているものの、②被害者の負った傷害の
部位、種類、程度等は全く示されておらず、③傷害と死の結果との因果関係
も明示されてはいない。もっとも、上記（罪となるべき事実）には、被害者が
被告人らから暴行を加えられ、よって出血性ショックにより死亡したという
事実が摘示されているが、これは被害者の死の直接の原因（死因）である症
状を摘示したものに過ぎないから、これのみで上記構成要件に該当する事実
の摘示として必要十分であるということはできない（本件の場合、被告人らが、
被害者に暴行を加え、それによって被害者に対し、肝臓挫裂、左肺破裂、肋骨骨折、左右腰椎横突
起骨折等の傷害を負わせて、大量の内出血を生じさせ、その内出血により出血性ショックが引き起
こされた結果、被害者が死亡するに至ったことを、できる限り明示すべきである）」（丸数字筆者）。

　本判決は、このようにして、原審判示においては、特に、傷害致死罪の法
律要件である「傷害」の事実が全く示されておらず、それゆえ死亡結果との
因果性も明示されていないとして、具体的事案において適示されるべき内容
まで示した上で、原審を破棄したものである。その結論において、およそ異

---

124)　1審の認定は、殺人罪の公訴事実について、それとほぼ同内容の事実を認定し、た
　　だ殺意のみ否定するというものであった。
125)　破棄自判し、量刑はそのまま据え置かれた。なお、既に上告棄却（未公刊）とされ
　　ている。

第3章　請求原因事実としての「罪となるべき事実」　　*43*

論はないところであろう。もっとも、原審判示がなぜ違法とされるべきであるのかという点を考えると、2つの構成が想定される。

　第1に、控訴審でも実際に証拠調べが行われているように、被害者の遺体を解剖した結果を記載した検案書及び解剖にあたった医師の証人尋問によって、本件では、傷害の事実を詳らかにすることができたにもかかわらず、原審がこれを判決において記載しなかった点に、「できる限り」の特定性の要請に対する違反が認められるというものである。換言すると、この理解からは、死体が遺棄され、死後数年経って白骨死体で発見されたような事案では、必ずしも当該事実を明示しなくても足りるということになる。

　第2に、請求原因事実としての「罪となるべき事実」という理解からは、法律要件である「傷害」及び「死亡」（加えて、各段階の因果性）は、最低限度の具体性を以て明示されなければならない。請求原因事実は、法律要件とは異なり、抽象的に「傷害した」「死亡させた」というのではなく、それに該当すべき具体的事実として構成されなければならない。犯人が被害者のどの部分をどのように暴行し、それによってどのような傷害が発生し、そこからどのようにして死亡結果につながったかという点である。本判決も、訴因の特定に関して見られたような「詳らかにできない特殊事情」といった考慮はなく、むしろ、「構成要件に不可欠の要素」として「具体的に適示する必要」を挙げている。従って、本判決の評価としては、原審は当該事実内容を詳らかにできるにもかかわらずしなかったからではなく、請求原因事実として記載すべきことが記載されていなかったから違法である、と判断したものといわなければならない[126]。このような請求原因事実として記載すべき必要最小限度の事実は、訴訟の具体的状況に左右されるものではなく、法律要件の充足性を十分根拠付けられるだけの具体性が常に要求されているのである[127]。

---

126)　なお、本文のように理解すると、本判決の結論（破棄自判）を導くためには訴因変更が必要ではなかったか、という疑問も残る。

127)　殺人罪の場合は、実行行為と死亡結果及びその因果性が法律要件であり、中間結果である傷害は法律要件ではない。しかし、通常は、暴行による実行という場合、傷害結果は、因果の過程における重要な間接事実であり、それ自体が罪となるべき事実として記載されるべき必要はないとしても、訴訟の争点として少なくともその顕在化がなされる必要はある。

第4章　訴因の特定性に対する外在的制約

Ⅰ. 問題の所在

　近時、主として性犯罪やストーカー犯罪に際して、検察官が被害者を匿名にして起訴するケースが現れている。例えば、この問題が最初に報道された児童に対する強制わいせつ事件では、検察官は、2次被害を恐れた被害者の両親の意向を受けて、公訴事実欄において被害者名を匿名にし、その年齢のみを記載して起訴した[128]。この事件では、検察官の措置に対して裁判所が異議を唱え、被害者名を記載するよう命令したことから、最終的に、検察官が公訴を取り消した[129]。しかし、その後も、検察官が同様に被害者名を匿名にして起訴する事案が重ねられ、2013年には、少なくとも60件を超える事例があったと報告されている[130]。起訴状におけるこのような取扱いに対して、裁判所の対応も分かれており、被告人の防御保障及び犯罪事実の特定に必要として実名記載を求める場合もあれば、その他の記載によって被害者が特定されているとして完全匿名を認める場合もある、とのことである。

　最高裁（司法研修所）は、この件について、2013年9月に各地の裁判官を集めて意見交換会を開いた。そこでは、匿名化について一定の必要性を認めつつ、被告人の防御保障の観点から、弁護人には実名を知らせる必要がある、証拠や判決では原則として実名記載が望ましい、との意見で一致したようである[131]。他方で、法制審議会「新時代の刑事司法制度特別部会」は、2014年7月、法務大臣答申案として、「新たな刑事司法制度の構築についての調査審議の結果【案】」[132]を決議したが、そこでは、「起訴状や判決書における

---

128)　2013・7・13産経新聞。本件では、被害者の両親が犯人からの逆恨みを恐れて「氏名を出すなら告訴を取り下げる」と地検に伝えたようである（2013・7・19読売新聞）。
129)　2013・10・19読売新聞。
130)　2013・12・31毎日新聞。
131)　2013・9・18毎日新聞。

被害者の氏名の秘匿」が今後の課題として挙げられている。

　従来からも、公訴事実における被害者氏名の記載は、絶対的に要求される
ものではなく、多数の実行行為が包括一罪と評価されるべき場合など、犯罪
類型によっては、その記載に困難があるときは氏名不詳でも足りるとされて
いる[133]。そのような実務は、捜査結果を踏まえて被害者の実名記載が事実
上困難な場合に、訴因の特定性はどこまでの事実記載を要求するか、という
問題を提起するものであった。これに対して、本章で採り上げる実務は、被
害者の実名記載が事実上は可能であるが、被害者保護という訴因の機能とは
別次元の利益を考慮した匿名記載の可否という問題を対象とする。前者が内
在的制約に関する問題であるとすれば、後者は、外在的制約に基づく問題と
いうべきものである。

Ⅱ．刑事手続における被害者保護

1　総　　説

　犯罪被害者とは、狭義では、「犯罪により害を被った者」（刑訴230条参照）、
つまり、「犯罪によって侵害された法益の主体、すなわち犯罪による直接の
被害者」[134]をいうが、広義では、直接の被害者の法定代理人、配偶者、直系
親族、兄弟姉妹等もそこに含まれる（刑訴290条の2、少年5条の2、犯罪被害基
2条2項参照）。

　刑法は、刑罰を媒介として国家と犯罪者との関係を規律するものであり、
これに伴って、刑事裁判も、国家機関としての検察官と犯罪者であるとの嫌
疑をかけられた被告人との間で争われるという構造を持つ。その意味では、
被害者は、刑事手続の当事者ではなく、あくまで第三者としての地位に置か
れる。すなわち、「犯罪の捜査及び検察官による公訴権の行使は、国家及び
社会の秩序維持という公益を図るために行われるものであって、犯罪の被害

---

132)　http://www.moj.go.jp/content/001127393.pdf（最終確認2015・2・20）。
133)　東京高判昭29・10・7判タ43号29頁、大阪高判昭50・8・27高刑28巻3号310頁、
　　最決平22・3・17刑集64巻2号111頁。
134)　団藤356頁。

46　第1編　訴因論

者の被侵害利益ないし損害の回復を目的とするものではなく、……被害者又は告訴人が捜査又は公訴提起によって受ける利益は、公益上の見地に立って行われる捜査又は公訴の提起によって反射的にもたらされる事実上の利益にすぎず、法律上保護された利益ではない」[135]。

　もっとも、被害者は、刑事手続の当事者ではないとしても、その対象たる「事件の当事者」[136]であることは間違いない。刑事司法が被害者をなおざりにするようなものであれば、被害者本人だけでなく、国民全体の信頼も得ることができない。被害者が刑事手続により、さらに2次被害、3次被害にあうようなことがあってはならず、また、刑事手続の運営及び結果に対する満足という側面からも、被害者の保護が考慮されなければならない。そこで、刑事司法において、被害者保護は、被害者等給付金の支給等による手続外での保護を嚆矢としつつ、現在は、公判における心情等に関する意見陳述権の付与（刑訴292条の2）や、直接参加（同316条の33以下）といった、刑事手続への一定の関与も認められるに至っている。これらは、刑事手続の構築にあたり、「犯罪被害者等の視点に立った施策」（犯罪被害基前文）として配慮された結果である。

2　2007年改正

　ここで採り上げる問題との関係で、特に、2007年刑訴法等改正法（「犯罪被害者等の権利利益の保護を図るための刑事訴訟法等の一部を改正する法律」平成19年法95号）が重要である。そこでは、犯罪被害者等の刑事裁判への参加（刑訴316条の33以下）、損害賠償命令の申立て等（犯罪被害保護23条以下）の導入に加えて、被害者の氏名等特定事項に関する情報を保護するための制度も導入された。これは、主として性犯罪事件を対象に、裁判所が氏名・住所等の被害者特定事項を公開法廷で秘匿させることを決定することができ（刑訴290条の2）、この決定が下された事件では、検察官は、起訴状朗読に際して、当該被害者特

---

135)　最判平2・2・20集民159号161頁、最判平17・4・21集民216号579頁。
136)　政府犯罪被害者等基本計画「6．犯罪被害者等基本計画の概要について　重点課題（3）：刑事手続への関与拡充への取組」（平成17年12月）、本多恵美「犯罪被害者等の刑事裁判参加～犯罪被害者等の権利利益保護法案～」立法と調査267号22頁。

第4章　訴因の特定性に対する外在的制約　　*47*

定事項を明らかにしない方法で行うこととされた (刑訴291条3項)。また、証人名等の事前開示にあたり被害者等の名誉や社会生活の平穏が著しく害される虞がある場合には、検察官が弁護人に対して、被害者特定情報の秘匿に向けた配慮を求めることもできるようになった (刑訴299条の3)。但し、「被告人の防御に関して必要がある場合」は、この要請を行うことができず、また、秘匿されるべき情報には、「起訴状に記載された事項」は含まれない。

　従来からも同様の配慮措置がとられてきたが、本規定の導入について、①従来は訴訟関係人の同意が前提とされ、被害者情報の秘匿が必要と思われる場合であっても、常にその保護を図ることができるわけではなかったこと、②被害者特定情報の保護が制度化されることにより、訴訟関係人においてその取扱いに注意が喚起され、被害者の名誉等が害されることが未然に防止されうること、③このような規定が法律上明記されていること自体が、被害者等に安心感を与えることにつながることが、立法理由として挙げられている[137]。

　本規定により、被害者の氏名・住所のほか、具体的事実関係によっては、その勤務先や通学先、配偶者や家族関係等の情報も、被害者を特定させる事項に当たる限り、秘匿の対象となる。秘匿決定が下された事件では、検察官は、被害者の氏名に代えて仮名を使用し、又は、単に「被害者」とのみ呼称する。また、証拠開示に際して秘匿が要請されたにもかかわらず、弁護人がこれに応じなかったときは、弁護士懲戒請求の対象となりうるだけでなく、実際に名誉棄損等の行為が行われたときには、弁護人自身が民事上又は刑事上の責任を問われることになる[138]。

　もっとも、本規定によっても、あくまで起訴状に被害者の氏名が具体的に記載されるべきことが前提であり、そこに記載された事項は、被告人に対して秘匿されることはない。また、住所等の特定事項については、弁護人には開示されなければならず、単に被告人等へのその伝達を控えるよう要請できるに過ぎない。また、当該情報の開示が被告人の防御に必要がある場合に

---

137)　酒巻匡編［白木功］『Q&A 平成19年 犯罪被害者のための刑事手続関連法改正』（2008年）129頁。
138)　白木（前掲注137）130頁以下、大コメ(6)［白木功］267頁。

48　第1編　訴因論

は、秘匿を求めることができない。

3　被害者匿名化の新たな動向

　2007年改正の後も、刑事手続における被害者の匿名化は、その運用において
てさらに進められてきた。そのきっかけは、2012年に発生したいわゆるス
トーカー殺人事件であった。この事件では、犯人が、以前に交際していた女性
にストーカー行為を続けたため脅迫罪で逮捕されたのであるが、その執行に
際して警察官が逮捕状に記載されていた女性の氏名や転居先の市名等を読み
上げたため、相手方女性の所在を知ったのであった。この事件を機縁とし
て、警察庁は、2012年12月に、被害者の意向に配慮して、検察官や裁判官に
も伝えた上で、氏名や住所の不記載等に留意した逮捕状の発付を受けること
（必要に応じて、被害者の旧姓やペンネーム等を利用し、或いは、住所地の記載を都道府
県名にとどめること）、を全国の警察に指示した[139]。

　さらに、被害者を報復等の虞から保護するための動きは、冒頭で述べたと
おり、起訴状における匿名化の要求へと高まってきた。

Ⅲ. 検　討

1　起訴状における被害者匿名化

　被害者保護の観点から、起訴状においてその氏名等の情報を秘匿しておく
べき必要性があることは、現在の刑事手続実務の状況を見る限り、明らかで
ある。このことは、氏名等を匿名とされることによって、被害者のプライバ
シーが保護されるとともに、被告人が逆恨み等によって被害者又はその近親
者の身体生命等の利益を侵害する虞が高まることから、根拠付けられる。ま
た、こういった虞は一部で現実化しており、被害者の利益にとって、単なる
抽象的な危惧感を超える具体的な危険性が生じている。

---

139)　警察庁刑事局刑事企画課長通達（2012年12月20日）「再被害防止への配慮が必要と
　　される事案における逮捕状の請求等について」。

2　訴因の明示・特定性との関係

　他方、被害者名を匿名化することについて、刑事訴訟上の諸原則、特に、訴因の機能との関係で検討が必要となる。

　審判対象画定の観点からは、被害者名を匿名とすることが、訴因の明示・特定性の要請に反するものではないかが問題となる。まず、人を客体とする犯罪類型においては、被告人の行為が特定の人を対象として行われたものであることが、訴因に明示されていなければならない。例えば、殺人罪（刑199条）の場合は「人を殺した」事実、強姦罪（刑177条）の場合は「女子を姦淫した」事実、痴漢行為（例えば、大阪府迷惑行為防止条例6条1号）の場合は「人の身体に触れる」事実の記載において、「人」又は「女子」を示す事実が明示的に記載されなければならない。それゆえ、前述のとおり、通例は被害者の氏名（及び、年齢等）を記載することによって、当該構成要件で予定された事実、つまり、請求原因事実としての訴因が明示されることになる。

　もっとも、ここで、自明であるが、刑法上の犯罪構成要件は、客体として特定人のみを捕捉するのではなく、一般的・抽象的に「人」又は「女子」を保護するものである。それゆえ、被告人の行為が犯罪を構成し、刑罰権の発生を基礎付けるものとして公訴事実を記載するにあたっても、必ずしも、特定人の記載である必要はなく、被告人からみて攻撃の対象たる他人としての「人」又は「女子」であることが記載されていれば、それによっても、訴因としての明示性は満たされうる。例えば、被告人が衆人環視の下で他人を殺害したが、被害者の身元が判明しないという場合（例えば、被害者がホームレス等の身元不明者であった場合）でも、被害者が誰であるかが特定されていれば、その者を氏名不詳者として記載することに問題はない[140]。このことは、強姦罪において被害者が氏名を秘匿したまま被害事実を申告・告訴した場合でも、同様である。

　但し、被告事件が他の事実と識別されなければならないという意味で、訴因の明示性に加えて、特定性が要求される。殺人罪等の犯罪類型に関しては、対象となる被害者の氏名が不詳のままでも、対象となる死体との関係で

---

140)　酒巻匡「被害者氏名の秘匿と罪となるべき事実の特定」町野古稀（2014年）449, 451頁。

50 第1編 訴因論

殺害行為は1回限りという意味では、訴因の特定性に欠けるところはない。しかし、強姦罪や痴漢罪等の類型では、日時・場所等と併せて被害者の氏名が記載されていなければ、通常は、犯罪事実の識別は困難であろう。もっとも、このことは、必ずしも被害者の実名が記載されなければならないことを意味しない。例えば、被害者名を仮名にする、又は、そもそも「被害者」とのみ記載することによっても、他の記載との関係で特定の事件を審判対象とするものであることが判別できる限りで、特定性が認められてよい。

3 被告人の防御保障との関係

刑事訴訟においては、さらに、被告人の防御の保障も考慮されなければならない。起訴状の公訴事実記載において被害者名が匿名化されることにより、被告人の防御にとっては、犯罪事実の成否、証人等の証拠方法、被害弁償を行うことによる情状弁護といった点で、相対的に不利益が生じることが考えられる。但し、これらの防御の必要性は、必ずしも、そこから直ちに起訴状に被害者の実名等が記載されるべきことが要請されるわけではない。必要に応じて、起訴状以外の方法で情報が提供されることで足りる場合もある。

そのためには、やはり、弁護人の存在が不可欠である。被害者の氏名等の特定事項が被告人に秘匿されるべきであるというのであれば、その代替として、被告人の正当な防御利益を保障するために、少なくとも、弁護人には必要な情報が提供されなければならない[141]。例えば、刑訴法299条の3が、被害者特定事項について弁護人には開示した上で、被告人への伝達を控えるよう要求できるとすることは、まさに、弁護人が被告人に代わってその手続的利益を保障すべき地位にあることを前提としている。それゆえ、起訴状において被害者名が匿名で記載される場合には、上記の防御利益を考慮すると、如何なる事件であれ弁護人の存在が不可欠であり、その関与が必要的であると解されなければならない。そして、弁護人には必要な情報を開示した上

---

141) これに対して、酒巻（前掲注140）459頁は、「防禦上の支障が想定できない事案」において、「弁護人にも被害者特定事項を知らせないことができる法制度」の設定が適切であると主張する。

で、被告人への情報開示を控えるべきことを条件付けるというのが、妥当な解決策であると思われる。弁護人としても、被告人との関係だけでなく、社会的正義の実現というその使命から（弁護士1条）、被害者保護の要請に配慮すべき義務を負うものである[142]。但し、弁護人は、あくまで被告人の防御に不可欠と思われる場合には、そのことを裁判所及び検察官に申し出た上で対応を協議し、いたずらに被害者の情報を秘匿することにより、被告人の防御が不当に制限されてはならないことにも、配慮しなければならない[143]。

4 小 括

被害者保護の必要性は、現実に発生している事件を見る限り否定できない。また、前述の具体的事案で被害者の両親が検察官に申し出たように、実名であれば刑事裁判を回避したいとの意思は、これを硬直に実名記載を求めるときは、場合によっては、被害者の裁判を求める権利（憲32条）を（但し、間接的に、又は、反射的に）侵すものとなりかねない。

もっとも、被害者の匿名化は、現行法上可能であるとしても、被告人の防御保障との関係では、従来よりも制限的となることは明らかである。それゆえ、弁護人の関与を必要的とし、その選任手続等も含めた制度化が要請される。他方で、刑事手続に関与する弁護人の側も、被疑者・被告人の手続的利益の保護はその主たる任務であるが、その任務遂行範囲の限りにおいては、被害者の利益にも配慮し、必要に応じて被害者の氏名等の特定事項についてこれを秘匿するべき義務も課されること[144]には、注意しておかなければならない。そのような義務が否定され、又は、違反されるようなことになれ

---

142) このことは、弁護人の法的地位を司法機関と解する考え方になじむ（辻本典央「ドイツにおける刑事弁護人の法的地位論について(1)(2)」論叢154巻1号51頁、2号118頁）。しかし、純粋な代理人であると解した場合でも、被告人が被害者に不当な影響を与える虞がある場合には、当該情報の伝達を控えるべき義務が認められることは、その法的地位と矛盾するものではない。

143) いわゆる「誠実義務」について、佐藤博史「弁護人の真実義務」刑訴法争点・新版32頁、同『刑事弁護の技術と倫理／刑事弁護の心・技・体』(2007) 55頁、後藤昭「刑事弁護における依頼者と弁護士」大塚弁護士30周年 (1998年) 119頁、浦功「弁護人の義務論」後藤他編『実務体系現代の刑事弁護(1)／弁護人の役割』(2013年) 13頁。

144) 2013・10・19朝日新聞。

ば、必然的に、防御に必要、かつ、重要な事実が被疑者・被告人だけでな
く、弁護人にも秘匿されるべきとの議論につながりかねない。それが避けら
れるべきことは、明らかである。

久遠寺の回一休題

第2題

はじめに

「公訴事実の同一性」概念は、刑事手続の客観的範囲を画するものとして、重要、かつ、多様な機能を担っている。本概念は、実定法上、訴因変更（追加・撤回を含む。以下同じ）の限界を画する基準として定められている（刑訴312条1項）。すなわち、変更後の訴因が原訴因との間で公訴事実の同一性の範囲内にある場合には、訴因変更手続を履むことにより「同一の統一的な訴訟手続内において最終的解決を行う」[1]ことが可能である。このように訴因変更の限界が公訴事実の同一性の範囲に限定された根拠について、「一回的解決の相当性」（さらに必要性）、すなわち、「その手続で片づけてしまうべきか」又は「もう一度やり直してよいか」の利益衡量に求める見解[2]や、犯罪単一の範囲における一体的処理及び行為共通の範囲における証拠共通の観点からの同時処理の要請に加えて、同一訴訟課題の解決に際して別訴の提起は被告人への過剰な負担となり、かつ、矛盾判決の不正義を導くという点に求める見解[3]などがみられる。そして、公訴事実の同一性は、「訴訟行為の一回性の原則（目的達成による反復の禁止）」[4]を具体化した基準として、①逮捕・勾留の「事件単位原則」における事件の範囲[5]、②告訴の効力における客観的不可分の原則が妥当する範囲[6]、③訴訟係属の範囲（二重起訴が禁止される範囲）[7]、④公訴提起により公訴時効が停止する範囲[8]、⑤一事不再理効の客観的範囲[9]、をも決すべき概念であるとされている。

公訴事実の同一性概念に関して、従来、様々な議論が積み重ねられてきた。さしあたり、この概念の理解をめぐり、①主に実体法との関係で理解される「公訴事実の単一性」という概念の採否、及び、②狭義の同一性の内容及びその判断基準について、「学説は、さながら覇を競うがごとく多彩にオ

1）　注解［高田卓爾］575頁。
2）　田宮207頁。
3）　鈴木122頁。
4）　田宮94頁。
5）　田宮92頁、平野160頁。
6）　平野90頁。
7）　鈴木122頁。
8）　平野145頁。
9）　鈴木241頁。

ンパレードをくりひろげているかの観」を呈している[10]。刑事手続の各場面で公訴事実の同一性がその決定基準とされている点についても、理論的根拠、特に、刑事訴訟の審判対象とされる「訴因」[11]概念との関係が、解明されなければならない。

本編では、まず、ドイツにおける判例・学理の動向を概観する。これを踏まえて、公訴事実の同一性を、公訴事実の単一性と狭義の同一性に区別して、その内容を考察する。

---

10)　田宮205頁。
11)　田口316頁、田宮190頁、平野132頁、松尾・上174頁、三井178頁など。

第5章　ドイツにおける所為概念に関する議論

　本章は、公訴事実の同一性概念について、その本来担うべき機能の検討に向けた予備的考察として、ドイツにおける「所為（Tat）」及びその同一性（Tatidentität）に関する議論を概観する。

　ドイツにおけるこの問題に関する議論は、公訴事実の同一性に関する議論と非常に近い。それゆえ、日本の学理上、この問題に関するドイツ法の研究は、戦後間もない時期から始まり[12]、今日に至るまで連綿と続いている[13]。また、実体法上の罪数論との関係を踏まえた研究も、盛んに行われてきた[14]。

Ⅰ．所為概念の意義

1　刑事手続における所為の機能

　ドイツ法において、「所為」概念は、刑事手続全体にわたり、その客観的範囲を画する上で決定的な意味を持つ。すなわち、所為が刑事手続全体の基礎であり[15]、訴訟係属及び審理の範囲（StPO＝ド刑訴155条1項）、判決対象の範囲（ド刑訴264条以下）、実体的確定力の範囲（GG＝ド基本法103条3項）が、全てこれを基準にして決定される（秩序違反に対する裁判上の過料手続も同様（OWiG＝ド秩序違反71条1項、84条1項））。従って、公訴の提起を受けた裁判所は、所為の同一性が認められる範囲において審判することができ、また、その範囲

---

12)　高田卓爾『公訴事実の同一性に関する研究』（1953年）、鴨良弼『訴訟対象論序説』（1956年）。

13)　田口守一『刑事裁判の拘束力』（1980年）、吉村弘「『事実』の同一性の問題—西ドイツ刑事訴訟における現状」法政44巻3号65頁、安富潔「西ドイツ刑事訴訟における一事不再理の効力の客観的範囲について」法研51巻9号75頁、山中俊夫「刑事訴訟における訴訟対象論の展開(1)〜(4)」同法33巻3号1頁、5号1頁、34巻2号1頁、36巻5号1頁、松生光正「公訴事実の同一性に関する一考察」姫路2号205頁。

14)　虫明満『包括一罪の研究』（1992年）、只木誠『罪数論の研究・補訂版』（2009年）。

15)　*Beulke*, in FG-BGH 50 Jah., 2000, S. 781.

においては、別訴・再訴が遮断される。

その他、公訴時効の中断（StGB ＝ ド刑78c 条）[16]、議員訴追に関する承諾（ド基本法46条２項）[17]、犯人引渡法上の特定性（Spezialität）[18]、秩序違反法上の抗告対象（ド秩序違反79条１項）[19]、択一的認定が許される範囲[20]についても、所為の同一性を基準とすべきものとされている[21]。

他方、関連事件管轄を基礎付ける「１個の行為」（ド刑訴３条）は、訴訟法上の所為ではなく、実体法上の行為概念が基準とされている[22]。

2 所為に関する諸原則

（1）所為の特定性

所為は、起訴状において、罪となるべき事実として犯行の日時・場所等を具体的に示して記載されなければならず（ド刑訴200条）、単に「法定された犯罪構成要件を記述するだけでは足りない」[23]。このようにして示される所為は、「公判の基礎となり、そこから、裁判所及びその他の関係者、とりわけ被告人が、防御の目的のため、公判及び判決（ド刑訴155条、264条）がどの事実を対象とするのかをはっきり認識できるのでなければならない。〔……また、この所為が〕実体判決の確定力の範囲も決定する。……それゆえ、罪となるべき事実は、起訴状及び公判開始決定において、どの所為を対象としているのかを認識できるほどに特定して示され、……他の同種の可罰的事実から

---

16) BGHSt 22, 105; 29, 315; BayObLG NJW 1964, 1813.
17) BGHSt 15, 274.
18) 引渡しを受けた側はその審判を引渡しの根拠となった犯罪に限定されるとする原則。BGHSt 22, 307; 27, 168; BGH NStZ 1999, 363; BGH NStZ-RR 2000, 333.
19) OLG Hamm VRS 51, 63; OLG Düsseldorf VRS 71, 375; 75, 360; OLG Köln VRS 77, 278; BayObLGSt 1994, 135.
20) BGH NStZ 1981, 33. 択一的認定と所為概念との関係について、*Dreyer*, Wahlfeststellung und prozessualer Tatbegriff -Die strafprozessuale Behandlung alternativer Geschehensabläufe, 1999; 大澤裕「刑事訴訟における『択一的認定』(3)」法協112巻７号83, 125頁参照。
21) *Kröpil* JuS 1986, 211によると、これ以外にも、容疑不十分で捜査が打ち切られる場合（ド刑訴170条２項１号）の範囲や、一部不起訴に対する起訴強制手続（ド刑訴172条）を求めうる範囲なども、所為の同一性が基準になるとされる。
22) BGHSt 11, 130.
23) BGH GA 1967, 184.

十分に識別されていなければならない」[24]。換言すると、「一般的論理則及び経験則上、複数の行為が存在する可能性が現実に排斥される」というほどの特定性が必要である[25]。

　もっとも、所為の特定性は、公訴事実に加えて、起訴状における捜査の本質的結果の記載（ド刑訴200条2項）をも加味した上で、具体的事案において他行為との取り違えの可能性の有無という観点から検討されている。例えば、「被告人は、1958年6月A地区で、3件にわたり、それぞれ別の日に、各々少女を車で誘い、その面前で性器を露出した」との記載は、「被告人が同月内、同地区でこれ以外の行為（児童に対するわいせつ行為）を実行し、しかも、それが警察にまだ認知されていないという可能性はおよそ考えられない」として[26]、或いは、「対象者は、1969年6月23日17時15分、甲通りで、自動車の運転者兼所有者として交通規則違反を実行した」（注釈欄に「対象者は、交通事故に有責的に関与した。他者の損害は300ドイツマルク、自身の損害はない。」）との記載は、「確かに、論理的には他行為との取り違えの危険は存在するが、同一対象者が同一車両で同一時間に同一路上で別の事故にも有責的に関与し、その事実が警察に認知されていないという可能性は、およそ無視しうる程度の可能性にとどまる」として[27]、それぞれの事案で、所為の特定性が肯定されている。

　所為が不特定とされる場合、それが他行為からの識別を不能にさせる程度であれば、直ちに公訴は無効となるが、「単に被告人の防御準備を困難にさせる程度」にとどまるものであれば、公判においても治癒可能（公訴は有効）とされている[28]。

（2）所為の不可分性

　刑訴法上の所為は、その単位において不可分である[29]。1個の所為は、原則として、1回の手続でその全体が審判に付されるのであり、これを分割し

---

24)　BGHSt 10, 137.
25)　*Puppe* NStZ 1982, 230, 235.
26)　BGH GA 1960, 245.
27)　BGHSt 23, 336.
28)　BGHSt 23, 336.
29)　*Meyer-Goßner*, StPO 57 Auf., 2014, § 264 Rn. 1.

60 第2編 公訴事実の同一性論

て他に訴訟係属させること、又は、一部を後の裁判に留保させることは許されない。この点について、既にライヒ裁判所は、「公判裁判所は、1個の所為について、問題となる全ての事実点及び法律点を汲み尽くして審判しなければならず、……一部の事実点又は法律点だけを裁判し、その他の点を後の裁判に留保することは、法的に許されない」[30]と判示している。例えば、被告人が教唆犯を理由に起訴されたとき、裁判所は、これが無罪であるとの心証に至ったとしても、所為の同一性が認められる範囲においては、同罪の共同正犯又は幇助犯の成否をも審理しなければならない[31]。

また、所為の一部を訴追しないという検察官の意思は、基本的に、所為の不可分性に影響を与えないとされている[32]。この点について、連邦通常裁判所第4刑事部1959年判決は、「ある所為が公訴の対象であったかという問題に関して、……検察官の訴追意思がその所為に及んでいたかが決定的である」と判示している[33]。しかし、この事件は、起訴されたものとは異なる所為について、これが起訴状に付随的に記載されていただけであるにもかかわらず、原審が追起訴の手続を経ることなく有罪判決を下したものであり、所為の同一性の範囲について判断された事案ではない[34]。同一所為の範囲においては、「検察官が公判の結果明らかとなった所為を訴追しようとしていたか否か、……は重要ではない。むしろ、裁判所は、公判で判明した事象経過を基礎としなければならない。なぜなら、公判開始決定の対象を構成する所為を変更する権限・義務は、必然的、かつ、無制約に、判決により刑罰権が消耗される範囲に及ぶからである」[35]。

但し、ドイツでも、起訴便宜主義的規定（ド刑訴153条以下）に基づき、1個の所為の一部だけが起訴・審判される場合や、1個の所為の一部が親告罪であるなど、法律上の理由から起訴・審判が限定される場合がある。さら

---

30) RGSt 61, 225.
31) BGH NStZ 2004, 582.
32) BGHSt 2, 371; 46, 130; BGH NStZ-RR 1996, 98; BayObLGSt 1991, 3; OLG Köln NJW 1968, 1893.
33) BGH NJW 1959, 898.
34) BayObLG MDR 1960, 947; BGHSt 16, 200.
35) BayObLG MDR 1960, 947.

に、所為の不可分性に関して、次のような議論が見られる。

第1に、裁判所の事物管轄による限定として、ライヒ裁判所1914年判決は、1個の所為の一部が軍裁判所、他の部分が通常裁判所の管轄に属する場合、両事実はそれぞれ別個の管轄裁判所で審判されなければならないとした[36]。他方、連邦通常裁判所第1刑事部1952年判決は、1個の所為の一部（森林盗伐）が区裁判所、他の部分（加重強盗）が地方裁判所の事物管轄に属する場合、区裁判所は上級裁判所への移送を義務付けられるとする規定（ド刑訴270条）を挙げて、訴訟の分割を否定した[37]。

第2に、所為の一部について裁判の確定力が限定される場合がある。例えば、略式命令の確定について、その範囲が限定的に理解されている[38]。すなわち、実体判決は、所為全体について実体的確定力を生じ、刑罰権を消耗させるのであるが、略式命令にも、「確定判決と同一の効力」が認められている（ド刑訴410条3項）。もっとも、判例上、略式命令には限定的な確定力しかないとされている。すなわち、「問題の所為が略式命令で評価されたよりも重い刑罰法規に違反するものであったことが判明した場合、新たな〔訴追、及び〕有罪判決が許される」というのである[39]。その理由として、「略式命令は、公判が開かれず、裁判所による事実解明が行われることなく下されるものである」[40]、「一事不再理原則は公訴変更の機会を前提とするが、略式命令手続では裁判官はそのような権限を持たない」[41]、「略式命令手続では、裁判官は追及された所為を公訴の範囲を越えて評価する機会を持たない」[42]、「略式命令で審判された軽罪に別の実体法上独立した〔併合罪関係にある〕行為が付け加えられる場合、常に、可罰性は高まる」[43]、といった点が挙げられている[44]。連邦憲法裁判所も、このような実務を追認し、「通常の略式命令手

---

36) RGSt 49, 354.

37) BGH NJW 1953, 393.

38) *Radtke*, Zur Systematik des Strafklageverbrauchs verfahrenserledigender Entscheidungen im Strafprozeß, 1994.

39) RGSt 4, 243; 52, 241; 65, 291; BGHSt 3, 21.

40) RGSt 9, 321.

41) RGSt 15, 112.

42) BGHSt 3, 13.

43) BGHSt 9, 10. 同旨 OLG Stuttgart NJW 1975, 42; OLG Zweibrücken NJW 1975, 128.

続では、裁判官は審判のため提示された所為を刑訴法264条、265条に基づいてその真の不法及び責任内容について十分に調査する権限を持たず、その結果、適切な裁判という公的利益は、制限されざるを得ない。それゆえ、確定略式命令の効果について、主に被告人に有利に作用する法的安定性の原則は、犯罪者の適切な処罰という公的利益に劣後せざるを得ない」と判示している[45]。もっとも、連邦通常裁判所第1刑事部1954年判決は、「略式命令ではなく、通常公判が開かれていたとしても、およそ、残余の個別行為が判明しなかった可能性がある」として、略式命令の確定力を限定しようとする支配的な見解に反対している[46]。

　他方、同じく略式命令が確定した後に初めて、「より重い可罰性を基礎付ける事情」が発生したという場合については争いがある。例えば、被告人が交通事故により被害者に負傷させたとして、過失致傷罪を理由に略式命令が下され、これが確定した後に、被害者が右事故を原因として死亡したという事案について、コーブレンツ高等裁判所は、「略式命令に際しての一事不再理原則の例外は、新たな法的評価を導く事実が略式命令発付の時点で既に存在していたということを条件とする。すなわち、……略式命令手続の代わりに通常手続で審判されていたとしても結論は異ならなかったという場合、確定略式命令に確定判決と同じ効果を与えない理由はない」と判示し、一事不再理効を肯定した[47]。これに対して、シュツットガルト高等裁判所は、コーブレンツ高等裁判所の見解を名指して「一事不再理原則が実体的正義に対する例外であることを看過している」と批判し、「略式命令手続は、簡略的手続である。その特色は、事件の処理が比較的単純であるというだけではなく、同時に、迅速化にも資するという点にもある。つまり、当該事情が考慮されなかったのは、裁判官は所為を包括的に評価することができないというだけでなく、略式命令は公判が実施された場合よりも本質的に早く終結するということも理由にある」として、一事不再理効を否定した[48]。そして、連

44)　OLG Stuttgart NJW 1959, 1380によると、道交法上の警察の戒告処分（ド道交22条）も、略式命令と同じくその確定力は限定的であるとされている。
45)　BVerfGE 3, 248
46)　BGHSt 6, 122. これを支持する評釈として、*Eb.Schmidt* JZ 1954, 706.
47)　OLG Koblenz JZ 1960, 607. 同旨として OLG Karlsruhe NJW 1961, 88.

邦通常裁判所第 1 刑事部も、1962年判決において、「略式命令は、あまり重大ではない事件において簡素化及び迅速化に資する簡略的手続であるが、それは、公判のように、事実の完全な探求及び所為の法的評価にとって重要なあらゆる観点の考慮が保障されているものではない。裁判官は、略式命令を下す場合、略式命令請求における法的評価に拘束される。裁判官は、公判では公訴内容を変更する権限を有するが、略式命令ではそのような権限はない」として、確定力を限定する見解を支持した[49]。しかし、連邦憲法裁判所1983年決定は、連邦通常裁判所の見解を否定し、コーブレンツ高等裁判所と同様に「裁判官は、記録のみに基づく略式命令ではなく、公判に基づいて判決していた場合でも、やはり重大な結果を考慮できなかった」と判示して、一事不再理効を肯定した[50]。このようにして、裁判例における一連の論争は決着をみた。しかし、加重結果が後に発生した場合（つまり、そもそも前訴で加重結果について審判可能性が全くなかった場合）には後訴が遮断され、前訴の段階で既に発生していた場合（つまり、審判可能性があった場合）には後訴が遮断されないというのは、一見してバランスを欠く結論であるように思われる。

　第 3 に、上訴審裁判所は、訴訟法上の所為について、原審の評価に拘束されず、その全体にわたって審判する権限及び義務を有する[51]。もっとも、刑訴法上（ド刑訴316条、318条、327条、343条、344条、352条）、原判決の一部について上訴することが予定されている。この点について、異なる手続で分割して審判されることを禁止されるものであるが、ここでいう「異なる手続」とは、 1 審段階で別々の裁判所に係属する状態を指し、異なる審級間で審判される状態を指すものではないとされている[52]。しかし、後述のとおり、訴訟法上の所為の同一性を基礎付ける要素として既に独立した評価の不可能性という観点が取り込まれているため、 1 個の所為の一部の上訴は基本的に排斥

---

48)　OLG Stuttgart JZ 1960, 608.
49)　BGHSt 18, 141. 同旨として OLG Saarbrücken JR 1969, 430. *Koffka* JR 1969, 431は、この判決の評釈において、結論はともかく、本件のように被害者の死亡が容易に予測されうる場合にまで略式命令が安易に利用され過ぎていると述べ、実務の運用を批判する。
50)　BVerfGE 65, 377.
51)　控訴裁判所について RGSt 62, 130. 差戻し審裁判所について BGHSt 9, 324.
52)　BGHSt 24, 185; 25, 72.

64   第2編　公訴事実の同一性論

される。果たして、連邦通常裁判所第5刑事部2003年判決は、脱税罪及び背任罪で公訴が提起され、原審が脱税罪について無罪判決、背任罪について有罪判決を下したが、検察官のみ無罪部分に対し上訴したという事案について、脱税罪と背任罪は不可分の関係にあり、上訴審裁判所は背任罪についても審判する権限を有するとして、背任罪の有罪判決部分を破棄した[53]。

　第4に、ドイツ刑訴法上、起訴便宜主義の観点から、検察官及び受訴裁判所は、一定の場合、訴追を見合わせ、又は、途中で打ち切ることができる（ド刑訴153条以下）。この規定上の所為は、訴訟法上の所為であると理解されている[54]。それゆえ、賦課又は遵守事項を条件とする手続打切り（ド刑訴153a条）における確定力（但し、法律上限定的である）は、訴訟法上の所為全体に及ぶ。他方で、訴追から除外された行為が起訴された行為との間で訴訟法上1個の所為を構成する場合、裁判所は、検察官の訴追限定判断に拘束されることなく[55]、除外された行為をいつでも手続に取り込むことができる（ド刑訴154a条3項）。つまり、所為全体を起訴するか否かについては、一定の条件の下で検察官の訴追裁量が認められているが、いったん所為の一部でも起訴されたならば、検察官の訴追限定は暫定的なものでしかなく、基本的に所為全体が裁判所の審判権限に服することになる。そして、この裁判所の権限は、さらに実体的真実解明に向けた包括的義務として作用する。例えば、起訴された行為が証明されずそのままでは無罪判決となるような場合、除外された行為を再び手続に取り込むことは、裁判所の義務でもあるとされる[56]。起訴便宜主義に基づく所為の一部打切りは、あくまで暫定的なものでしかなく、そのような処分が行われた場合でも、除外された部分も含めて所為全体が裁判所に訴訟係属するものとされている[57]。

---

53)　BGH NJW 2003, 2924.

54)　BGHSt 25, 388; OLG Nürnberg NJW 1977, 1787.

55)　例えば、検察官が訴訟上別個の所為であると判断し、154条に基づいて手続を打ち切った場合、裁判所は、これを同一の所為であると判断するならば、検察官の処分は154a条によるものと評価し、除外された行為を独自の判断で取り込むことができる（BGHSt 25, 388; BGH NStZ 1995, 540）。

56)　BGHSt 22, 105; 32, 84; BGH NStZ 1985, 515; 1989, 381; BGH NStZ-RR 2001, 263.

57)　BGH NStZ 1989, 381.

Ⅱ．所為の実質的内容

　ドイツ刑訴法上、「判決発見の対象は、公訴において示され、審理の結果明らかとなった所為である」（ド刑訴264条1項）。検察官は、起訴状にその法的評価を付して公訴事実を記載し（ド刑訴200条1項）、受訴裁判所は、被告人に十分な嫌疑があると判断した場合に公判開始を決定する（ド刑訴203条）。裁判所は、このとき、「公判開始決定で基礎とされた所為の評価には拘束されず」（ド刑訴264条2項）、公判における証拠調べの結果を受けて独自に所為を審判する。

　刑訴法上の所為は、その内容として、「公訴及び公判開始決定で示された被告人の個別の行為だけでなく、日常的観察において単一を構成する歴史的事象全体であり、その範囲内で被告人が正犯又は共犯として犯罪構成要件を実現したとされるものを含む。さしあたり調査の範囲を構成するのは、公訴で記述された事象である。しかし、これには、公訴で示された歴史的出来事との間で日常的観察において単一を構成する限りで、当該事情が起訴状で明示されていなかった場合でも、被告人の全ての行態が含まれる」と理解されている[58]。実体刑法上の罪数論との関係については、「判決発見の対象である所為は、歴史的事象であり、公判開始決定で指摘され、その範囲内で被告人が犯罪構成要件を実現したとされるものである。これは、独自の概念であって、実体法上の行為概念よりも広い。訴訟上の意味での所為には、実体法上行為単一であるか行為複数であるかにかかわらず、日常的観察において単一の事象である限りで、被告人の全ての行態が含まれる。これにより、許可された公訴がそこから刑法上の非難を導いた生活事象は、当該事実が起訴状で言及されていなかった場合でも、右生活事象と関連する全ての出来事を包摂する」として、独自のものと理解されている[59]。

　このようにして、所為の内容に関する一般的な理解は見られるが、しかし、具体的事案における判断に際しては、「個別の事情が重要である。決定

---

58)　BGH NJW 2003, 2996.
59)　BGH NStZ 2004, 582.

的であるのは、問題となる行態の間で、それらの刑法上の意義を考慮した上で、実質的に密接な連関が存在するかという点である」ともされている[60]。それゆえ、この問題をめぐっては、従来から激しく議論されてきた[61]。すなわち、所為の実質的内容の如何は、公訴内容変更の限界、つまり、新たに判明した事実を同一手続でどこまで審理に取り込むことができるかという場面では、所為を広く理解すると被告人に不利（逆に訴追側に有利）になるのに対し、裁判確定後の段階、つまり、新たに判明した事実について公訴提起できるかという場面では、所為を広く理解すると被告人に有利（逆に訴追側に不利）になるという関係にある。従って、実体的正義か法的安定性かという、刑事手続の基礎となる両原則のいずれに重きを置くかという意味の利益衡量によっても、容易に結論を導くことができない。

　以下では、具体的事案を類型化し、包括的・網羅的な整理を試みる。その際、比較の便宜上、所為の「単一性」（「両立する犯罪事実の一体性」）[62]、と「同一性」（「訴訟のある時点で公訴事実が1個であるかの問題、すなわちどこまで広がるか（「どこまで同じか」）というはばの問題」）[63]の観点から分類しておく[64]。

1　所為の単一性
（1）実体法的アプローチ

　ドイツでは、従来から、実体法（罪数論）上の行為概念（ド刑52条以下）と訴訟法上の所為概念（ド刑訴155条・264条、ド基本法103条3項）とは独立した関係にあるとされながらも、後者は前者を包摂する関係にある、つまり、実体法上1個の行為である場合常に訴訟法上も所為は1個であるとされてきた[65]。

---

60)　BGH NStZ 2004, 582.
61)　既にライヒ裁判所の時代に、全ての事例において機械的に結論を導く基準を確立することはできないと判示されていた（例えば、RGSt 8, 135）。
62)　鈴木116頁。
63)　田宮202頁。
64)　ドイツの判例・学理上、「Einheit」と「Identität」の表現が用いられ、前者を「単一性」、後者を「狭義の同一性」として分類することも考えられる。しかし、内容的に厳密に使い分けられているわけでもない。それゆえ、本書の分類は、筆者がその内容に鑑みて独自に行ったものである。
65)　BGHSt 8, 92; BGH GA 1970, 84.

このような、訴訟法上の所為の単一性の問題に関して実体法上行為単一の観点から検討するアプローチは、「１個の法律効果をもたらす事実は、その全体が１個の手続の対象でもなければならない」[66]との理解に基づいている。

（ⅰ）自然的行為単一・観念的競合

ドイツ刑法52条１項によると、「同一の行為が複数の刑罰規定に違反し、又は、同一の刑罰規定に複数違反する場合、その行為に対して、刑罰は１個だけ科される」（自然的行為単一・観念的競合）。本規定が適用されるためには、「実行行為が双方の法定構成要件要素を同時に充足する」ことが必要であり、単に実行行為が時間的・場所的に重なっているだけでは足りない[67]。但し、その重なり合いは部分的なもので足り、完全に一致している必要はない。従って、例えば、継続犯（又は、連続犯）と状態犯・即成犯との間でも、行為単一の関係が肯定される。この自然的行為単一性は、実体法の観点からは、評価上一罪類型（後述）より後に検討されるべきものであるが[68]、訴訟法の観点からは、問題となる事象の時間的・場所的接着性ゆえに、こちらから先に検討されるべきものである。

このように、自然的行為単一を前提にして訴訟法上の所為単一性にアプローチされたものとして、盗品関与罪と無許可非金属取引罪[69]、銀行取引における不正担保取戻し罪と不正手形割引罪[70]、（前の詐欺罪で科された）職業禁止に違反した罪と新たな詐欺罪[71]、旅券偽造罪と人身売買罪（未成年者に偽造旅券を交付して不正に入国させ、売春をさせた事案）[72]、誘拐罪と故殺未遂罪及び武器所持罪[73]、などの事案が挙げられる。他方、自然的行為単一を否定することによって、訴訟法上の所為単一をも否定したものとして、住居侵入窃盗罪と故殺未遂罪[74]、１個の広告による複数の出資金詐欺罪[75]、などの事案が挙げ

---

66) BGH NStZ 1997, 508.
67) BGH GA 1961, 346.
68) 鈴木・総論283頁以下。
69) BGH NJW 1953, 553.
70) BGH GA 1970, 84.
71) BGH NStZ 1991, 549.
72) BGH NStZ 1995, 540.
73) BGH NStZ-RR 1996, 98.
74) RGSt 57, 51.

68　第 2 編　公訴事実の同一性論

られる。

　ここで特に、麻薬不法所持罪と麻薬酩酊状態での自動車運転の罪との関係については、高等裁判所において行為単一性を肯定する見解[76]と否定する見解[77]とが対立していた。これを受けて、連邦通常裁判所第 1 刑事部2004年決定[78]は、「両事実は、自然的考察において、実行行為の時間的重なり合いは認められるとしても、 2 個の独立した、個別の犯行決意に基づく身体的意思活動である。行為者は、公道を走行していない場合も、麻薬の事実的支配を失わない」として、否定説を支持している。

（ⅱ）評価上単一

1 ）構成要件上の評価単一性

　犯罪類型の中には、予め多くの行為を包括的に把握し、 1 個の犯罪として評価しているものがある。

　そのようなものとして、特に、麻薬不法取引罪が挙げられる。本罪の「取引」行為の概念は、「営利目的の販売に向けられたあらゆる活動を含み、その際、入手、密輸、販売は、右法的要素を示す限りで法的に独立するものではなく、取引の部分行為である」とされている[79]。これによると、例えば、麻薬を外国で入手し、これをドイツへ輸入し、そこで他者に販売した場合、各々の行為は、麻薬不法取引罪一罪で評価されることになる。また、 1 回の入手（又は、密輸）行為により取得された麻薬の量が複数回に分けて他者に販売された場合も、 1 個の取引として評価される。例えば、代金の支払いと譲受け[80]、途中で逮捕により中断された場合の前後 2 つの受取り[81]、密輸入と

---

75)　BGH MDR 1985, 92.

76)　OLG Oldenburg StV 2002, 240. 同決定は、麻薬不法所持罪は、麻薬の取引、入手、輸入等の行為が証明されない場合のいわば捕集構成要件（Auffangtatbestand）であり、麻薬入手罪が証明される場合には酩酊運転罪との間で行為複数の関係にあると判示していた。しかし、訴訟における証明の状況により行為の個数が決まるという見解には疑問がある。

77)　OLG Stuttgart, 29. September 2003, Az: 2 Ss 356/03, Beschluss（後掲 BGH NStZ 2004, 694の原審）。

78)　BGH NStZ 2004, 694.

79)　BGHSt 30, 28.

80)　BGH StV 1982, 60.

81)　BGH StV 1984, 366.

譲受け[82]、などの関係において評価上の単一性（及び、所為単一性）が肯定されている。これに対して、10グラムの麻薬譲渡しのうち9グラムは有償であったが、1グラムは相手方との性交の見返りに交付したという事案では、後者は前者の取引行為の一部ではないと判断されている[83]。

これ以外では、物価統制令違反（不法商取引罪）の不当買占め行為とその転売行為[84]、監護養育義務違反の複数の非道徳的・暴力的行為[85]、職権濫用罪における複数の盗聴行為[86]、通貨偽造罪と同行使罪[87]、贈賄罪の供与行為と約束行為[88]、などの間に単一性が肯定されている。他方、結社法上の禁止行為違反（禁止結社への寄付）が複数回行われた事案では、同罪がいわゆる組織化犯罪とは異なるとの理由で、単一性が否定されている[89]。

2）接続犯

認識上数罪も、「時間的、場所的に接近し、必ずしも同一法益とはいえないまでも、一体性のある法益の侵害を指向しているために、各行為を包括的に一つの罰条で評価するのを妥当とする場合」、いわゆる「接続犯」として、実体法上単一と評価される[90]。ドイツには接続犯という概念はなく、法的・構成要件的行為の単一性の一類型とされているのであるが[91]、比較上、本類型を別途分類しておく。

例えば、同一機会における複数の窃盗行為[92]、途中1時間30分の中断を挟む2回の飲酒運転行為[93]などについて、単一性が肯定されている。

3）連続犯・継続犯

連続犯とは、自然的に複数の行為が、一定の要件の下（客観的には「実行行

---

82)　BGH StV 1991, 8.
83)　BGH StV 1982, 256.
84)　RGSt 51, 371.
85)　BGHSt 8, 92.
86)　BGHSt 38, 54.
87)　BGH wistra 1993, 193.
88)　BGH NJW 2003, 2996.
89)　BGHSt 43, 312.
90)　鈴木・総論281頁。
91)　虫明（前掲注14）236頁。
92)　RGSt 24, 370.
93)　OLG Celle DAR 1966, 137.

為の同質性」、つまり、構成要件の同一性・法益の単一性・行為事情の類似性、主観的には「故意の単一性」、すなわち、包括故意[94]）で評価単一により実体法上一罪として処理されるものをいう。ドイツでは、法定されていないが、判例・学理上古くから認められてきた法律構成である[95]。例えば、同一地区・時期に複数回にわたりそれぞれ別の者に麻薬を販売した行為について、連続犯（単一性）性が肯定されている[96]。

継続犯とは、法益侵害が継続している間は既遂後もなお犯罪が継続しているものをいう。監禁罪、各種所持罪、禁止団体に構成員として関与する罪などがこれに当たる。法文上は一罪とされているが、時間的に分断すると複数の同種法益侵害行為とみることもできるため[97]、評価上一罪として連続犯と類似の構造を持つ。

連続犯・継続犯は、時間的に長期にわたりうるため、次のような問題がある。

第1に、連続犯・継続犯の終期、すなわち、単一を構成する範囲（連続犯、継続犯の限界）が問題である。例えば、宗教上の理由から兵役及びその代替役務も拒否したとして刑を受け、その後改めての代替役務も拒否したという事案で、連邦憲法裁判所1968年決定は、被告人の「意思決定は、その射程範囲において原理的であり、部分的なものではない」として、確定判決の前後にわたって単一性を認めた[98]。他方、被告人が取引目的でヘロインを所持していたが、いったん第三者にこれを奪われた後、直ちに取り戻して再び所持を継続したという事案で、連邦通常裁判所第2刑事部1997年判決は、単一性を否定している[99]。連続犯・継続犯は、確定判決によって実体法上の単一性が

---

94) 虫明（前掲注14）128頁以下。

95) 団藤・総論444頁は、日本では、昭和22年改正前の刑法55条に、「連続したる数個の行為にして同一の罪名に触るるときは一罪としてこれを処断する」と定められていたが、一般に「法益の単一性」が要求されていなかったことから、これは、ドイツの連続犯とは異なるものであると指摘する。

96) BGH StV 1987, 52. なお、同一地区・時期での営利売春あっせん罪（BGH GA 1958, 366）、窃盗罪（BayObLG JR 1960, 190）なども、当該事案では専ら所為単一性が判断されたにとどまるが、実体法上も連続犯として一罪と認められる事案である。

97) 鈴木・総論280頁。

98) BVerfGE 23, 191. *Evers* JZ 1968, 525は、本決定の理由からは全て無罪とされることになると批判し、結論は支持しつつ、比例性原則の適用を主張している。

第5章　ドイツにおける所為概念に関する議論　*71*

区切られる[100]。さらに、1個の連続犯を構成する複数の行為のうち一部が訴訟条件を満たさない場合、「連続犯に取り込まれるのは、法定構成要件を充足し、それ自体として可罰的な行為だけである」[101]。

　第2に、連続犯の一部が前訴では個別行為として審判された場合、後訴においてなお連続犯として審判できるか。この問題について、当初、連邦通常裁判所第4刑事部1962年判決[102]は、一事不再理効の範囲を実際に審判された個別行為に限定することで、訴訟上の観点からの連続犯の分断を肯定していたが、その後、コーブレンツ高等裁判所1981年決定[103]は、これにはっきりと対立して、連続関係にある全ての個別行為について一事不再理効を肯定した。学理上も、コーブレンツ高等裁判所決定をめぐり、連続犯は、法律に根拠のない創造品に過ぎず、無制約に「1個の所為」と見るべきではないとの批判がある一方[104]、実体法上1個の犯罪の分割は憲法上禁止される二重処罰に当たるとして、支持する見解も見られた[105]。このような状況において、連邦通常裁判所第1刑事部1985年（1月15日）判決[106]が一事不再理効を否定したのに対して、連邦通常裁判所第2刑事部1985年（1月16日）判決[107]がこれを肯定し、わずか1日違いで正反対の判断が下されたことから、議論はますます混迷を深めることとなった。両判決を受けて、学理上、連続犯は、その時間的、場所的離隔ゆえに、訴訟法上の所為概念において立てられてきた自然的考察法になじまない、むしろ、実体法上の行為単一とは全く独

99）　BGHSt 43, 252. *Fürstenau* StV 1998, 482 u. *Erb* NStZ 1998, 253, 254は、本判決は実体法上の行為単一の評価に終始し、訴訟上の観点から十分な検討が行われていないと批判している。他方、*Maatz*, in FS-Meyer-Goßner, 2001, S. 257は、そもそも麻薬取引法上の取引概念の広さが問題であり、個別行為ごとに実体法上の独立性を検討すべきであると主張する。

100）　RGSt 51, 241; BGH StV 1986, 141; OLG Düsseldorf StV 1984, 425; OLG Karlsruhe StV 1998, 28. BGH JZ 1962, 451によると、行政上の過料通知発付は、中断事由にならない。

101）　BGHSt 17, 157.

102）　BGH NJW 1963, 549.

103）　OLG Koblenz NStZ 1981, 195.

104）　*Rieß* JR 1981, 522.

105）　*Maatz* MDR 1986, 285.

106）　BGH NJW 1985, 1174.

107）　BGHSt 33, 122.

72　第2編　公訴事実の同一性論

立して、訴訟法上の観点から所為の同一性が検討されるべきであるとする見解[108]や、不当な結論を回避するためには、根本的に連続犯の制度を見直すことが必要であるとする見解[109]が主張された。その後、一事不再理効を否定する判断が続いたが[110]、なおも、前訴において既に複数の個別行為が審理され、連続犯を認めるべき可能性があった場合には一事不再理効を肯定するという、限定的な見解も見られた[111]。

　第3に、連続犯・継続犯と他の個別犯罪とが結び付いて実行された場合、両者の単一性が問題となる。ドイツでは、前述のとおり連続犯・継続犯と即成犯・状態犯との観念的競合が肯定されているが、これによって、連続犯等がかすがいとなって本来複数の関係にある個別行為までもが実体法上単一に結び付けられることもある（かすがい効果。第10章）。連続犯・継続犯が相当長期にわたりうるものであることから、単一性も相当広い範囲に及ぶことになる。そこで、結論の妥当性と理論的整合性とを如何に図るかが、問題となるのである。

　この点について、まず実体法レベルでかすがい効果を限定しようとする見解が見られる。例えば、かすがいとなる犯罪が非常に軽微な場合、「相互に独立の関係にある重大な可罰的行為が軽微な可罰的行為の従属的部分とみなされることになってしまい、……人の行為に対する社会的・倫理的評価が逆転してしまう」[112]、「自然的考察及び正しい法解釈の原則に反する」[113]といった指摘がなされてきた。もっとも、かすがい効果の否定が直ちに訴訟法上の単一性まで否定させるものではないとする見解も見られた[114]。

　他方、問題となる構成要件の特殊性を強調し、継続犯と状態犯（即成犯）との実体法上の行為単一（又は、訴訟法上の所為単一）を否定しようとする試みも見られる。特に、いわゆる「ドイツ赤軍派（RAF）」構成員であった被告

108）　*Neuhaus* JuS 1986, 964.
109）　*Gössel* JZ 1986, 45.
110）　BGH NStZ 1984, 231; OLG Düsseldorf StV 1987, 241.
111）　BGH NStZ 1989, 381; BGH NStZ 1993, 51.
112）　BGHSt 1, 67.
113）　BGHSt 3, 165.
114）　BGHSt 6, 92. この判断を支持する見解として、*Eb.Schmidt* (Fn. 46) S. 706.

人がその間に実行した複数の犯罪と犯罪組織構成罪（ド刑129条＝当時。現行の
テロ組織構成罪＝ド刑129a条はまだなかった）との関係について、激しく議論され
た。この事件は、被告人は1971年から1972年6月にかけてテロ組織の構成員で
あった（犯罪組織構成罪）が、この間に組織の活動と関連して文書偽造罪を
実行したとして、両罪の行為単一を理由に有罪判決を受け、その後、同じ時
期にやはり組織の活動として謀殺罪等の重罪を実行していたことが発覚した
ため、勾留命令が発せられたという事案である。被告人は、犯罪組織構成罪
をかすがいとして全体が行為単一を形成し、前訴の確定による一事不再理効
を理由に抗告を提起した。カールスルーエ高等裁判所1977年決定[115]は、犯
罪組織構成罪は、「純組織化犯罪」であり、「組織の目的を構成する犯罪の実
行は、刑法129条の構成要件に含まれない。組織構成員がそのような犯罪を
実行した場合、その実行行為は、通常、部分的にも構成員という犯罪構成要
件と重ならない」として、行為単一性を否定し、抗告を棄却した。さらに憲
法抗告が提起されたが、連邦憲法裁判所1977年決定[116]は、罪数判断は制定
法上の問題であるとしてこれを棄却した。学理上、この判断をめぐり、犯罪
組織構成罪も単に組織の構成員であるというだけでなく、組織の目的追求を
促進する何らかの行為を要求し、解釈上そのような行為との間で行為単一の
関係にあることは否定できない[117]、刑法129条は、組織化犯罪であるととも
に、継続犯の性質を持ち、実行行為の重なり合いによる行為単一は否定でき
ない[118]などの反対説と、犯罪の軽重ではなく、刑罰権消耗（前訴手続で共に処
理されたこと）に対する被告人の信頼という観点から検討されるべきであ
る[119]、犯罪組織の構成員たる身分は、およそ組織の目的のため実行された

---

115) OLG Karlsruhe NJW 1977, 2222.
116) BVerfGE 45, 434.
117) *Grünwald*, in FS-Bockelmann, 1979, S. 737, 747. なお、*Grünwald* は、立法論とし
ても、「基本法103条3項を考えると、刑法129条、129a条の犯罪構成要件を維持しつ
つ、同時に刑罰権消耗を限定することは不可能である」として、それによって不当と
思われる結論が生じても、それは基本法103条3項が本来予定したものであると述べる
（aaO., S. 757 f）。
118) *Fleischer* NJW 1979, 1337 ff.
119) *Krauth*, in FS-Kleinknecht, 1985, S. 215. *Krauth* は、その他、スパイ活動の罪（ド
刑99条）のような構成要件上の評価単一、或いは、無免許運転などの継続犯や連続犯
という構成にも、この基準は転用可能であるとする（aaO., S. 240 ff）。

74 第2編 公訴事実の同一性論

犯罪の構成要件要素ではなく、行為単一は否定される[120]などの賛成説とが、激しく対立した。

　この事件は、その後本案審理に入り、ハイデルベルグ地方裁判所1979年判決[121]は、実体法上行為複数の関係にあり一事不再理効は生じていないとの理由で、被告人を有罪とした。被告人が上告したところ、連邦通常裁判所第3刑事部1980年判決[122]は、犯罪組織構成罪と起訴事実（謀殺罪等）とが行為単一の関係にあるとしても、一事不再理効は生じないと判断した。その理由として、刑法129条の罪は、犯罪組織撲滅に向けて訴追を容易にしようとする捕集構成要件的なものであることを趣旨とし、「その犯罪構成要件の特殊な構造ゆえに、他の継続犯とは異なる」のであり、「実体法上1個の行為は、常に……刑訴法264条の意味でも1個の所為であるという原則」は適用されない、と判示されている。さらに憲法抗告が提起されたが、連邦憲法裁判所1981年決定[123]は、「実体法上の行為単一（ド刑52条）と訴訟法上の所為の同一性（ド基本法103条3項）とは、異なる目的を追求するものである」[124]として両制度の独立性を確認した上で、「刑法129条の規定は、時間的に相当離れた出来事も統合しうる。このように広く包摂される構成要件構造において、個別の活動は、それら基本法103条3項の意味で独立した出来事と見うるほどの重みを持ちうる」として、抗告を棄却した。

　このように、連邦通常裁判所及び連邦憲法裁判所の判例は、従来、固く維持されてきた、実体法上行為単一の場合訴訟上も所為は1個であるという原則に例外を認めるものである。これに対して、学理上激しい批判が向けられた。すなわち、実体法上単一行為の一部を後の裁判に留保することは従来から批判もあり、問題となる行為が前訴手続で「現実に」審判されていたか否かで所為の単一性が異なる点は疑問である、また刑法129条の特殊性を強調する連邦通常裁判所に対して連邦憲法裁判所は単一所為の分割を一般化する

---

120)　*Meyer* JR 1978, 35.
121)　LG Heidelberg, 31. Mai 1979, Az: 4 Ks 1/77, Urteil.
122)　BGHSt 29, 288.
123)　BVerfGE 56, 22.
124)　本決定によると、罪数規定は、行為者の責任を調整すべきものであり、所為の同一性は、実体的確定力の範囲を画定すべきものである。

第5章　ドイツにおける所為概念に関する議論　　75

ものである[125]、実体法上単一の行為に対して刑罰が1個という観点から妥当ではない、後訴で問題となる犯罪の軽重によって所為概念の範囲が左右されることにもなる[126]、刑法129条の保護法益を考慮して法益侵害の異質性という観点から行為単一及び所為単一が検討されるべきである、訴訟上の所為が手続の各段階によって異なってしまう（裁判所の職権探知義務と実体的確定力の範囲が異なりうる）ことにもなる[127]、といった見解が見られた。

　以上のように、少なくとも組織化犯罪の領域において、実体法上行為単一の場合常に訴訟上も単一の所為であるという原則に例外が認められたことは、訴訟上の所為をめぐる議論に新たな展開をもたらした[128]。このような組織化犯罪と他の犯罪の結び付きという問題は、近時も、禁止結社に構成員として関与する罪（以下、禁止結社構成罪とする）に関する連邦通常裁判所判例で踏襲されている[129]。学理上も、近時は、肯定的に、少年刑事事件における単一刑原則（ド少年裁判所31条）を見ると競合理論は刑事法体系全体に通底するものではない[130]、「かすがい理論による行為単一」の構成は否定されるべきであり、単一性判断にあたっても事実的要素に審理調査の方向性を加味して検討されるべきである[131]、刑事手続の法的平穏と国家の刑罰権実現という両機能を調和させるには個別行為に関連付けられた規範的基準（不法内容や攻撃方向の比較）からの検討が必要である[132]、といった見解が見られる。

　このようにして、長期に及ぶ継続犯・連続犯と他の重大犯罪との結び付きを解消しようとする試みは、特に、武器所持罪（継続犯）とこれを用いた重罪（殺人罪や加重強盗罪）との関係にも転用されるに至った。ドイツでは、継続犯と即成犯・状態犯との間で行為単一が認められ、武器所持罪と殺人罪な

---

125)　*Rieß* NStZ 1981, 74.
126)　*Grünwald* StV 1981, 326.
127)　*Gössel* JR 1982, 108.
128)　但し、後掲 OLG Düsseldorf NJW 1965, 2070において、既にこのような見解は見られた。
129)　BGH NJW 2001, 2643; BGHSt 46, 349.
130)　*Mitsch* NStZ 2002, 159.
131)　*Paeffgen* NStZ 2002, 281. 例えば、飲酒運転の事犯で、行為者が運転中に他の重罪を実行していたとしても、訴追機関はそのような重罪を調査するきっかけを与えられていない。
132)　*Verrel* JR 2002, 212.

76　第2編　公訴事実の同一性論

どの間でもこれが肯定されているが[133]、例えば、武器所持罪の判決確定後にその武器を用いた殺人罪が判明した場合、両罪の行為単一（これに伴い訴訟上所為単一）ゆえにもはや重大犯罪を理由に審判できないのではないかが問題となる。この問題に最初に取り組んだのが、ハム高等裁判所1985年決定[134]である。裁判所は、武器所持罪と殺人罪との行為単一性を認めた上で、前掲連邦通常裁判所及び連邦憲法裁判所の判例を引用して、刑事政策的及び実体的正義の観点から所為の単一性が否定されるべきとした。本決定は、再び学理上の激しい議論を呼んだ。所為概念は手続の進行次第で相対化されるべきものではないとの批判的見解も見られたが[135]、結論の妥当性だけでなく、実体法上の行為概念と訴訟法上の所為概念の意義の違いを考えると、両概念は一般的に独立的であるべきとの肯定的見解も有力に主張された[136]。そのような中で、この問題を理論的に解決すべく、実体法上の継続犯・連続犯の単一性を再検討し、重大犯罪が途中で実行された場合その部分は前の部分とは別の単位を構成するとして、実体法上複数の行為を認めるとの見解が主張された[137]。はたして、連邦通常裁判所第4刑事部1989年判決[138]が、行為者がこの武器を用いて重大犯罪を実行しようと決意した場合、その時点で継続犯の切れ目を認めることができ、以後別の行為として評価されるべきであると判示したことから、以後もこの見解が支持されている[139]。このような判例の動向に対しては、いずれもその結論を支持しつつ、実体法上の観点からは、継続犯の切れ目を行為者の主観に求めるという理論構成ではなく、

---

133)　BGH NStZ 1985, 515.

134)　OLG Hamm NStZ 1986, 278.

135)　*Grünwald* StV 1986, 243.

136)　*Neuhaus* NStZ 1987, 138.

137)　*Puppe* JR 1986, 205. *Puppe* によると、継続犯は、「純粋継続犯」と「非純粋継続犯」とに区別され、例えば、コレクションで拳銃を所持していた被告人が、ある時点で他者の殺害を決意し、これを実行した場合、拳銃所持という継続犯の性質自体が変質し、この時点で実体法上の単一性が否定される。OLG Zweibrücken NJW 1986, 2841は、武器所持罪について、長期間にわたり占有しその放棄を懈怠したとの不作為と、これを以て新たな犯罪を実行したとの作為とに分けられ、両者は異なる行為を構成するとしており、その構成において *Puppe* の見解と同旨である。

138)　BGHSt 36, 151.

139)　BGH JR 1995, 168; BGH NStZ 1997, 446; BGH NStZ-RR 1999, 8.

第5章 ドイツにおける所為概念に関する議論 77

重大犯罪と継続犯との法定刑の比較から、刑法52条の観点で重大犯罪が処断刑の枠を定めることになる場合、この重大犯罪は継続犯には従属しないものと構成すべきとの見解[140]や、訴訟法上の観点からは、端的に実体法上の行為概念と訴訟法上の所為概念の独立性を肯定すべきとの見解[141]が、それぞれ主張されている。

　その後、今度は、難民手続法上の居所制限違反（継続犯）と移動先で実行された個別犯罪との関係が問題となった。裁判例は、いずれの事案でも、実体法上複数の行為であるとした上で、訴訟上の所為単一性を肯定する見解[142]と、否定する見解[143]とが対立している。

　以上から、連続犯・継続犯は時間的に長期間に及び、この間に実行された個別行為との関係について、多くの問題をもたらしてきた。このうち、連続犯の法律構成は、連邦通常裁判所大刑事部1994年決定[144]により、法律構成について明示の法規定が存在せずその効果において不明確であり、それゆえ行為者に不利益な効果（特に、公訴時効について）も認められることを理由に放棄された。もっとも、連続犯が実体法上放棄され、複数の行為とされたとしても、訴訟上はなお1個の行為として評価されるべきとの主張も見られる[145]。このような見解は、訴訟法上の所為単一性と実体法上の行為単一性が異なるものとの理解に基づく。

（2）訴訟法的アプローチ

　以上のような実体法的アプローチに対して、実体法上複数の場合でも、或いは、実体法上の単一性をそもそも問うことなく[146]、訴訟上の観点からなおも単一性を検討するアプローチが見られる。

（ⅰ）時間的・場所的同時性

　前述のとおり、所為の単一性は、日常的感覚における歴史的事実の単一性

---

140)　*Mitsch* NStZ 1987, 457; *ders* JR 1990, 161.
141)　*Kröpil* DRiZ 1986, 448; *Neuhaus* StV 1990, 342; *Erb* JR 1995, 169.
142)　OLG Stuttgart NStZ-RR 1996, 173.
143)　OLG Hamburg NStZ 1999, 247; OLG Stuttgart Justiz 2001, 497.
144)　BGHSt 40, 138.
145)　*Gubitz* JR 1998, 491.
146)　BGH NJW 1995, 2500.

78   第2編　公訴事実の同一性論

によって基礎付けられる。その際、複数行為間の時間的・場所的同時性が重
要な事実的要素となる。この観点から、例えば、1個の行為による複数の商
標侵害[147]、虚偽申請により難民収容所にスパイとして侵入した場合の詐欺
罪と外国諜報機関との通謀罪[148]、他人から麻薬を預かりその一部を抜き取
った場合の麻薬所持罪と横領罪[149]、同時の麻薬密輸入罪と武器密輸入
罪[150]、内偵中の警察車両から逃走した際の麻薬所持罪と事故現場不法逃走
罪[151]、同じカバン内の極右主義宣伝物品の所持罪と拳銃所持罪[152]、麻薬代
金支払いのための窃盗罪と麻薬所持罪（売人から先に麻薬を受け取り、窃盗を教唆
されていた事案）[153]、麻薬取引に際して危険を感じて取引相手方を殺害した故
殺罪（但し、正当防衛）と武器携帯麻薬取引罪[154]などにおいて、実体法上の行
為単一性を検討することなく、所為の単一性が肯定されている。その際、実
行行為の時間的・場所的同時性による歴史的事実の単一性という事実的要素
が重視され、対象犯罪の法益の違いにかかわらず比較的広く把握される傾向
が認められる。このような事案では、基本的に、既に実体法上の行為単一性
が肯定されるべきものである。

　これに対して、複数行為の刑法上の関係をも考慮し、規範的要素も含めて
単一性が検討される事案も見られる。そのようなものとして、例えば、ケル
ン高等裁判所1982年決定[155]は、被告人が無免許のAに車を貸与し（無免許運
転黙認罪）、また、自分も無免許で別の車を運転した（無免許運転罪）という事
案について、「犯罪相互の内的結びつき」が認められないとして、所為の単一
性を否定している。また、デュッセルドルフ高等裁判所1965年判決は、被
告人による他者の刑事裁判での同一証人尋問における2つの非宣誓供述につ

---

147)　RGSt 61, 236.
148)　BGHSt 9, 10. *Jescheck* JZ 1957, 29は、訴訟上の所為単一性は行為目的の共通性が必
　　要であると批判する。
149)　BGH StV 1981, 127.
150)　BGH NJW 1989, 726.
151)　OLG Frankfurt StV 1994, 119.
152)　BGH NJW 1995, 2500.
153)　OLG Braunschweig StV 2002, 241.
154)　BGH NStZ 2001, 440.
155)　OLG Köln VRS 63, 128.

いて、宣誓供述は宣誓をかすがいとして単一性が認められるのに対して、非宣誓供述はそのような要素がないとして、所為の単一性を否定した[156]。

1）道交法違反と他の犯罪

無免許運転又は飲酒酩酊運転等の道交法違反の罪と、他の重大犯罪との関係については、次のように多くの裁判例がある。

第1に、道交法違反と財産犯の関係については、窃盗罪と強盗罪とで結論が異なっている。すなわち、被告人が窃盗をした後無免許で車を運転して盗品を運搬したという事案では、既に運転前に財物に対する被告人の事実的支配が確立しているとして、所為の単一性が否定されている[157]。これに対して、被告人が無免許で車を運転し、被害者を人気のない場所へ誘い込んで金品を強取した事案[158]や、銀行強盗の現場から逃走したという事案[159]では、窃盗罪とは異なり強盗罪では自動車の使用が重要であるとして、所為の単一性が肯定されている。すなわち、窃盗罪は被害者に密かに財物を持ち去るが、強盗罪は被害者の反抗を抑圧して奪取するものであること、また、自動車の運転が財産犯実行に必要的であるか否かといった点が、両罪の評価を分けたのである。

第2に、道交法違反と性犯罪との関係については、被告人が無免許で運転して被害者を人気のない場所へ連れ込みそこで強姦したという事案について、監禁行為をかすがいとして行為単一性を肯定する見解[160]や、端的に自動車運転は被害者を支配下に置く行為であるとして所為の単一性を肯定する見解[161]が支配的である。もっとも、コーブレンツ高等裁判所1977年判決[162]

---

156) OLG Düsseldorf NJW 1965, 2070. *Oppe* NJW 1965, 2070は、この事案では実体法上の行為単一性が認められるべきであり、規範的観点を重視してこれを訴訟上分割したものと分析している。

157) BGH GA 1961, 346; BGH NJW 1981, 997; BGH NStZ 1997, 508. *Helmken* MDR 1982, 715は、組織化犯罪に関する判例を前提にすると、所為の単一性に対する評価が異なりうると主張する。

158) BGH NStZ 1984, 135.

159) BGH NStZ 1996, 41.

160) BGH MDR 1973, 556 bei *Dallinger*; BGH StV 1981, 116. *Schöneborn* NJW 1974, 734は、かすがいとなる罪が結び付けられる二つの犯罪のうち一方（無免許運転罪）よりも重い場合にかすがい作用を肯定した事案であり、二重処罰回避のため妥当な判断であったとする。

80 第2編 公訴事実の同一性論

は、「両罪は、別個の意思決定に基づいている。被告人が暴力犯罪を決意し、その運転を中断した時点で、彼は、先行する事象とは、行為の態様、脅かされた法益、不法内容の違いによりはっきりと異なる、全く新たな状況におかれている」として、所為の単一性を否定した。これに対しては、被告人は運転中に性的強要罪の犯行を決意し、運転中断はまさにその決意に応じた行為であるから、「全く別の状況」に置かれたものとはいえない、とする批判がある[163]。

2）脱税罪と他の犯罪

脱税罪は、行為者の経済活動の一環として、その準備・実行段階で他の犯罪と重なり合うことが多い。この点に関して、「複数の脱税は、それが同一の申告により又は同時に提出された複数の用紙で申告された場合に限り、行為単一となる。……準備行為の重なり合い、行為者の目的・動機の単一性といった要素は、行為単一を基礎付けない」と理解されており[164]、それが、訴訟法上の所為単一の問題にも影響を与えるものとなっている。

第1に、被告人が経営者として従業員の所得税を源泉徴収しながら、これを不正に届出せず（不申告罪）、これによって徴収分を納付しなかった（脱税罪）事案では、両罪の分離は単一生活事象の不自然な分割に当たるとして、所為の単一性が肯定されている[165]。

第2に、被告人が同一期間内に同一従業員を対象として所得税と社会保険料を源泉徴収しながら、いずれも納付しなかった事案では、当初、一連の高等裁判所判決によって、両犯罪間の内的結合性が欠ける（双方の刑事責任は独立である[166]、所得税は不申告自体が重要であるが社会保険料は不納付が中核である、また、双方は保護法益が異なる[167]）として、所為の単一性が否定されてきた。もっとも、デュッセルドルフ高等裁判所1986年決定[168]は、これに反対し、歴史

---

161) BGH MDR 1975, 544.
162) OLG Koblenz NJW 1978, 716.
163) *Kinnen* MDR 1978, 545.
164) BGHSt 33, 163.
165) OLG Zweibrücken NJW 1975, 128; OLG Stuttgart NStZ 1982, 514. *Müller* NStZ 1985, 397は、外形的結合性は否定できないとしても、両犯罪間の内的結合性は認められないとして批判する。

的事実の単一性ゆえに所為の単一性は否定できないとして、連邦通常裁判所に判断を求めて回付した（ド裁判所構成法121条）。しかし、連邦通常裁判所第3刑事部1987年決定は、事実的重なり合いだけで所為の単一性が基礎付けられるものではないとして、一連の論争に決着をつけた[169]。そして、このような見解は、被告人が社会保険料と財形貯蓄掛金を源泉徴収しながらいずれも納付しなかった事案にも転用されている[170]。

第3に、被告人が不当なコンサルタント料と称して会社の売上税を脱税し、その金額を共犯者に分配した（背任罪）事案では、両罪の結合性ゆえに、所為単一性が肯定されている[171]。

3）不作為犯的類型

不作為犯の行為の個数について、「複数の法違反が1個、かつ、同一の行為、つまり、1個の不作為により実行されたかが問題である。その際、作為犯の場合と同じく、単なる同時性だけでは足りない。むしろ、……不作為により違反された作為義務の観点から、複数の義務が1個、かつ、同一の作為により履行される場合、その不作為は1個の行為であるが、逆に、複数の独立した態様の義務を果たすために複数の作為が必要であった場合、その不履行は複数の不作為、つまり、行為複数である」とされている[172]。例えば、助成金詐欺罪について、被告人が重要な事業についてその取引が不成功に終わったという事実と、その結果として当該地区から撤退するという事実を申告しなかったという事案で、不作為犯では、時間的連関性ではなく、「作為

---

166) BayObLGSt 1985, 131; OLG Köln wistra 1986, 273. *Brauns* StV 1986, 534は、不納付を不作為犯と理解した上で、刑法上の義務違反性の検討が必要と主張する。*Neuhaus* wistra 1986, 273-, wistra 1988,57は、事実的要素（犯行現場、時刻、被害者及び攻撃方向の同一性）、評価的要素（侵害された法益及び不法内容の同一性）、訴訟上特殊な要素（問題となる事象の論理的択一性）の観点から、所為単一性は否定されるべきとして、裁判例を支持する。

167) OLG Stuttgart MDR 1986, 693.

168) OLG Düsseldorf NStZ 1987, 375.

169) BGHSt 35, 14. *Otto* JR 1988, 27は、所為概念の規範化の観点から、具体的には「実体法上の不法の同一性」（不法核心の同一性）の検討が必要であると指摘し、本決定の検討は不十分であると批判している。

170) OLG Celle NJW 1992, 190.

171) BGH NJW 2003, 2924.

172) BGHSt 18, 376.

82　第2編　公訴事実の同一性論

義務を生じさせる状況の間に密接な連関が存在するかが重要である」として、所為単一性が肯定されている[173]。

　不作為犯的類型について、特に、談合事件と関連する企業における監督義務違反の事例が問題となっている。例えば、対象者は、会社役員として、2個の談合事件についてそれぞれに関与した2つの担当営業所所長に対する監督義務違反を問われた事案では、1個の包括的な監督義務違反（ド秩序違反130条）として、所為単一性が肯定されている[174]。

　他方、会社役員の包括的監督義務違反と自身直接の談合関与との関係については、少なくとも直接的関与において監督義務とは異なる個別の行為を含んでいる場合には、所為単一性が否定されている[175]。しかし、その後まもなく、同種の事案について、直接関与の訴追には組織内の包括的監督義務も含まれるとして、判断が覆された[176]。学理上、両事実の行為全体の像は相当異なるものであるにもかかわらず、秩序違反法130条をいわば捕集構成要件として単一性が肯定されたものであり、これによって前者の重要性が否定される傾向にあるとの分析が見られる[177]。いずれにしても、個別具体的事案における態様及び役員の関与形態についての実質的判断が求められる。なお、会社が責任を追及される場合（ド秩序違反30条）、過料通知で指定された役員だけでなく他の役員についても単一性が及ぶとされている[178]。

（ⅱ）時間的・場所的接着性

　実行行為が同時にではなく、時間的・場所的に接着している類型においても、「全体的事象からすると、訴訟上の意味でなおも1個の所為と認められる」場合がある[179]。この類型では、時間的・場所的接着性という事実的要素に加えて規範的要素も重視され、当該事実全体の「所為像」が各行為間で変化したか否かが重要となる。このような観点から、例えば、連邦通常裁判

173）　BGH NStZ 1995, 46.
174）　BGH NJW 1987, 267.
175）　BGH wistra 1989, 109.
176）　BGH wistra 1993, 110.
177）　*Bauer* wistra 1995, 170.
178）　BGH NStZ 1994, 346.
179）　BGH NStZ-RR 2003, 82.

所第1刑事部1959年決定[180]は、堕胎行為の翌日に嬰児を出産しその数分後に殺害した事案において、所為単一性を否定した。同様に、同日に実行された2回の整備不良車両運転[181]、麻薬譲受けとこれを服用した酩酊状態での車の運転[182]、同一被害者について別途2名に対する殺人教唆[183]、脱税品故買罪と道路交通危殆化罪（相手方が代金を支払わずに逃走したためこれを追跡した）[184]などの事案で、所為単一性が否定されている。

1）1回の運転に基づく複数の交通違反

同種違反が1回の運転で断続的に複数回実行された類型は、判断が分かれている。

まず、交差点内での違法追越しとその後の速度違反[185]、制限速度を超過しての禁止区間内追越しとその直後の信号無視[186]、アウトバーン走行中の断続的な複数の速度違反[187]、信号無視とそれに引き続く速度違反[188]などの事案で、所為単一性が肯定されている。他方、アウトバーン走行中の複数回の右側走行義務違反[189]、途中約50分の休憩を挟む2回の飲酒運転[190]、途中の中断を挟む複数回の速度違反[191]、同一機会の2度の速度違反で両地点間に113キロ・1時間16分の離隔があった事案[192]、同じく約40分の離隔があった事案[193]などにおいて、所為単一性が否定されている。

180）　BGHSt 13, 21.

181）　BayObLGSt 1970, 50.

182）　BayObLGSt 1991, 51. *Neuhaus* NStZ 1993, 202は、本件は実体法上1個の行為であるとした上で、これを分割するための条件（両罪間の刑の著しい不均衡性）が欠けると批判する。他方、*Schlüchter* JZ 1991, 1057は、行為の方向性や行為客体の違い等の規範的観点から所為単一性が否定されるとして本判決を支持する。

183）　BGHSt 44, 91. *Sigmund* JuS 1998, 1065 u. *Beulke* NStZ 1999, 26は、自ら複数回実行した場合と異なり、独立の評価が可能であるとして、判決を支持する。

184）　BGH NStZ-RR 2002, 98.

185）　OLG Düsseldorf VRS 71, 375.

186）　OLG Düsseldorf VRS 75, 360.

187）　OLG Düsseldorf DAR 1993, 480; OLG Stuttgart VRS 1993, 363.

188）　BayObLGSt 1994, 135.

189）　BayObLGSt 1968, 57.

190）　OLG Köln NStZ 1988, 568.

191）　BayObLGSt 1997, 17; BayObLGSt 1997, 40.

192）　OLG Thüringen NStZ 1999, 516.

84　第2編　公訴事実の同一性論

　この類型では、①赤信号等の交通条件以外の理由による停車があったか、②具体的状況から行為者が従前とは異なる交通状況に直面していたか、③行為者の統一的意思は存在したか、という要素に着目して判断される傾向が見られる。

　2）道交法違反と他の犯罪

　交通事故を惹起した行為（飲酒運転などによる有責的な道路交通危殆化罪）とそれに引き続く事故現場からの不法逃走罪の関係について、連邦通常裁判所第4刑事部1969年判決は、これを実体法上行為複数であると評価した上で、両罪は、「外形上相互に接続しているというだけでなく、特に、刑法142条3項の場合において事故現場逃走罪の不法・責任内容は、事故へ至った事情を考慮しなければ評価できないものであるため、内的にも密接に結び付いている。自然的考察によれば、特に、本件のように行為者が停止することなく立ち去った場合、別々の手続で分離して評価・判断することは許されない」として、訴訟法上の所為単一を肯定した[194]。本判決の示した両罪の「内的結合性（単一評価の必要性）」という見解は、その後多くの同種事案における裁判例に引き継がれている[195]。

　その他、交通違反に接続して他の犯罪が実行された事例として、事故現場不法逃走罪と追跡してきた事故被害者を轢き殺そうとした謀殺未遂罪[196]、事故現場不法逃走罪と警察の追跡による車両停止命令違反[197]、飲酒検問の突破（道路交通危殆化罪）と追跡してきた警察官を暴行した公務執行妨害罪[198]などの事案で、いずれも所為単一性が肯定されている。

　3）不救助罪と他の犯罪

　被告人が被害者を傷害させた後これを救助することなく立ち去るという事

193）　BayObLGSt 2001, 134. *Seitz* JR 2002, 524は、1回の運転中に制限速度が同一であったような場合には、時間的・場所的な離隔性が所為単一性の基準になるという。

194）　BGHSt 23, 141. 但し、本件では、被告人が逃走中に前の現場から約3キロメートル離れた場所でさらに第2の事故を起こして他人を負傷させた事実については、先行の所為との間で単一の生活事象を構成するものではないとされている。

195）　BGHSt 23, 270; BGHSt 24, 185; BGHSt 25, 72; OLG Nürnberg NJW 1977, 1787.

196）　BGHSt 25, 388.

197）　OLG Hamm MDR 1981, 870.

198）　OLG Stuttgart MDR 1975, 423; OLG Frankfurt NJW 1985, 1850.

第5章　ドイツにおける所為概念に関する議論　*85*

案では、傷害犯人にも不救助罪が適用されること（但し、両罪は行為複数）を前提に、全体が1個の歴史的事実であるとして所為単一性が肯定されている[199]。また、先行行為が重放火罪[200]、強姦（未遂）罪[201]の場合も同様に、所為単一性が肯定されている。このような理解に対して、学理上、不救助罪の保護法益は既に先行する犯罪によって捕捉されているはずであるとの批判も見られる[202]。

(iii) 牽連関係類型

ドイツには牽連犯の規定がないため、複数の犯罪が牽連関係にある場合には、専ら訴訟法上の所為単一性が問題となる。

この類型として、例えば、手形詐欺罪とこれを不当補充した有価証券偽造罪[203]、脱税と税務裁判所の面前での偽証罪[204]、詐欺罪と共犯者に実行を強要するための誘拐罪[205]などの事案で、所為単一性が肯定されている。他方、これを否定した例として、強姦罪とその後に被害者を売春宿に売り渡した行為（人身売買罪）[206]、会社に対する背任罪と法人税脱税などの事案が挙げられる[207]。いずれの事案も、事実的要素よりも、両犯罪間の不法・責任内容に基づく内的連関性が重視されている。

この類型において、特に、贈収賄罪が関係する事案として、例えば、贈収賄がある違法行為の見返りであった場合について、両罪の単一性が認められている[208]。他方、贈収賄罪と談合罪[209]、贈収賄罪と詐欺罪[210]などの事案では、単一事象の不自然な分割には当たらないとして、所為単一性が否定され

---

199)　BGHSt 16, 200; OLG Celle NJW 1961, 1080; BGH NStZ 1997, 127.
200)　BGHSt 39, 164.
201)　OLG Düsseldorf NJW 1983, 767.
202)　*Tag* JR 1995, 133. もっとも、不救助罪は捕集構成要件として理解され、一部（BGHSt 16, 200）を除いて、いずれの事案も先行行為の証明がなされない場合に不救助罪の成立を認めたものである。
203)　RGSt 44, 28.
204)　BGHSt 38, 37.
205)　BGH NStZ 2002, 105.
206)　BGH NStZ-RR 1996, 203.
207)　BGH StV 1996, 433.
208)　BGHSt 10, 396.
209)　BGHSt 41, 385.
210)　BGHSt 43, 96.

ている。

　また、保険金詐欺とその準備行為との関係も、この類型に該当する。当初は、保険金詐欺罪と放火罪[211]又は道路交通危殆化罪（交通事故）[212]との関係について、特に、時間的離隔を理由に所為単一性が否定されてきた[213]。しかし、その後、連邦通常裁判所第4刑事部1999年判決が、「保険金詐欺の不法・責任内容は、詐欺に至った事情を考慮しなければ評価できない」として先行行為との単一性を肯定し[214]、連邦通常裁判所第5刑事部2001年決定[215]も同様に判断している。1998年の第6次刑法改正により、重放火罪（ド刑306b条2項2号）として「他の犯罪を実現する……目的を持って」という規定が導入された。これによって、放火罪と保険金詐欺罪の牽連関係が法定されたことが、所為の単一性判断に影響を与えている。

（iv）共罰的事前・事後行為類型

　評価上単一の類型として、特に、同一法益に向けて複数の行為が前後して行われる場合がある。ここでは、所為単一性の判断においても、規範的要素が重視される傾向にある。

　この類型として、例えば、詐欺罪と横領罪[216]、破産法違反と詐欺罪[217]、出資金詐欺の受領行為と民事裁判における訴訟詐欺[218]などの事案で、損害の同一性を理由に所為単一性が肯定されている。他方、先行する詐欺罪とその被害者が支払を拒否したことに対する恐喝罪との関係については、不法内容の変化及び事実の独立性を理由に所為単一性が否定されている[219]。

211）　RGSt 17, 62.
212）　BGH NStZ 1992, 233.
213）　*Sigmund* JuS 2000, 503は、保険金濫用罪（ド刑265条）は、「所為が……263条で処罰されない場合」という規定により、重詐欺罪（ド刑263条3項2文5号）とは補充関係にあり、ここでいう「所為」とは訴訟法上の意味で理解すべきと主張する。これによると、偽装の保険金請求から訴訟詐欺にまで発展した場合には、所為単一性が否定される方向に傾く。
214）　BGHSt 45, 211. *Sigmund*（Fn. 213）S. 503は、事象の単一性と両犯罪間の内的結合性が考慮された結果であると評釈する。*Radtke* JR 2000, 428は、規範的観点（内的結合性）の強調は所為の不当な拡大をもたらすとして批判する。
215）　BGH NStZ-RR 2002, 259.
216）　RGSt 9, 420.
217）　RGSt 61, 314.
218）　BGH StV 1983, 322.

2 所為の同一性

日本の（狭義の）公訴事実の同一性に倣い、所為の同一性とは、「結果同一および行為共通の場合は非両立の犯罪につき一定の視点からその同一性を」問題とする観点であり[220]、「異なる時点で比べてみて同じ事実といえるかの問題、すなわちどこまでくい違っていてもよいか（「かれこれ同じか」）というずれの問題」[221]と理解しておく。その際、事実が同一犯罪内部で変化した場合と、異なる犯罪の間で変化した場合とに分類する。

（1）同一犯罪内部での変化

（ⅰ）犯行日時・場所の変化

実行行為の内容は同一であるが実行の日時・場所が異なる類型は、主として、起訴状における当該事実記載の拘束力という観点から問題とされている。例えば、連邦通常裁判所第4刑事部2000年判決は、性的濫用罪においてこの点を非常に厳格に解し、検察官が起訴状記載は誤りであったと陳述しているにもかかわらず、「公訴事実を他の記録内容を手がかりにして『解釈』することは、法的に許されない」と判断している[222]。もっとも、基本的には、訴訟の経過に鑑みて一定の「解釈」が許されているようである。

例えば、免許不携帯運転の運転区間[223]、傷害罪の犯行場所[224]、性的濫用罪の犯行日時[225]などについては、所為像に変更はないとして、所為の同一性が肯定されている。これに対して、警察官職務質問の不当拒否行為の日時[226]、麻薬譲渡罪の日時[227]などの事案では、所為の同一性が否定されている。このような起訴事実の解釈について、学理上、起訴状に記載されている「捜査の本質的結果」は公訴提起の構成要素として斟酌してよいが、被告人

219）　BGH NStZ 1983, 87.
220）　鈴木117頁。
221）　田宮203頁。
222）　BGHSt 46, 130. *Krack* JR 2001, 423は、このような厳格判断を起訴状の識別機能からみて妥当と支持する。
223）　OLG Hamm DAR 1957, 162.
224）　BGH NStZ-RR 1998, 304.
225）　BGHSt 44, 256; BGH NStZ 2002, 659.
226）　OLG Koblenz VRS 71, 43.
227）　BGH NStZ-RR 2004, 146.

88 第2編 公訴事実の同一性論

に通知されない記録を参照することは許されないとし、また、解釈によっても所為像が本質的に変化しないということが条件となる、との分析が見られる[228]。

1）連続犯・継続犯の犯行時期

連続犯や継続犯の犯行日時（期間）が起訴状の記載と異なる場合、所為の同一性が否定される傾向が見られる。これに該当するものとして、法定された計量機検査を受検しなかった期間[229]、子どもの養育費不払いの期間[230]、ワイン法違反（虚偽ラベルの貼付）[231]などの事例が挙げられる。

2）交通規則違反

交通規則違反は、他の犯罪類型に比べて日常的・反復的性質を持つため、しばしば起訴状（又は、過料通知）に記載された犯行日時・場所の拘束力が問題となる。

例えば、起訴状又は過料通知に記載された日時が誤りであったことが公判で判明した事案では、所為同一性を肯定する事案（2月26日を2月27日[232]、8時を20時[233]、2月12日を12月12日[234]、12時45分頃を9時頃[235]）と、否定する事案（1970年10月11日5時頃と記載されたが、実際はそれより2週間以上前[236]）とが対立する。他方、併せて場所の記載も誤りであったことが判明した事案（6月14日10時8分にA通りを6月13日10時8分にB通り[237]、同一日時でA通りをB通り[238]）では、いずれも所為同一性が否定されている。

この類型では、起訴状等における犯行日時・場所の誤記が明白であり、被

---

228) *Puppe* NStZ 1982, 230.

229) BayObLG NJW 1953, 1482.

230) OLG Hamburg NJW 1962, 2119.

231) BGHSt 27, 115は、「連続犯が公判開始決定より前に開始されていたこと」が必要であり、それ以後に開始された行為との間で所為同一性は否定されると判示している。

232) OLG Hamm GA 1972, 60.

233) OLG Köln NStZ 1982, 123.

234) OLG Karlsruhe MDR 1982, 248.

235) OLG Celle DAR 1998, 241. *Schäpe* DAR 1998, 241は、本件のような自動車運転中のあおり行為は日常的に行われるものであり、取り違えの危険は大きいと批判する。

236) OLG Stuttgart DAR 1972, 193. BayObLGSt 1974, 58も同旨。

237) OLG Köln NJW 1970, 961.

238) OLG Koblenz VRS 63, 140.

告人においても取り違えの危険がないほど十分認識できるような事情が存在する場合に限り、所為の同一性が肯定されている。

(ⅱ) 実行行為内容の変化

実行行為内容が変化する場合、たいていそれに伴って犯行の日時・場所も変化する。

この類型として、例えば、食料品管理取締法違反において食料品販売契約とその相手方を代理してする契約日以後の取引[239]、盗品譲受けとその隠匿[240]、会社顧客に対する詐欺と会社に対する手数料詐取[241]、不正競争防止法違反における不正入手情報の伝達相手の変更[242]、投資詐欺罪での相手方及び期間等の変更[243]、売上税脱税において年間分の虚偽申告と虚偽月間事前申告などの事案で、所為同一性が肯定されている[244]。

他方、飲酒運転について事故を惹起した部分と単に車庫から公道へ出しただけの部分[245]、背任罪において破産処理に関する任務違背とそれ以外の違背行為[246]、出資金詐欺で金銭の受領とそれ以後の返還免脱[247]、旧東独諜報部員のスパイ活動罪における誘拐の実行とその2か月前の準備行為[248]、収賄罪の金銭受領に対する見返りとしての不正契約見逃しについて基本契約部分とその後の個別契約[249]、拳銃入手・貸与による謀殺罪幇助と実行後の拳銃保管[250]、法人に対する背任について帳簿操作による損害と債権請求懈

---

239) RGSt 51, 127.
240) RGSt 56, 324.
241) OLG Köln NJW 1968, 1893.
242) BGH NJW 1992, 1776.
243) BGH NStZ-RR 2001, 262. この事件に関連して、被告会社顧問として関与していた弁護士について、同じく投資詐欺罪で起訴されたが、実は自分で流用していたという事実については、所為同一性が否定されている（BGH NStZ 2001, 195)。
244) BGH NJW 2005, 836.
245) OLG Düsseldorf NJW 1967, 1768. *Oppe* NJW 1967, 1768は、自然的考察において単一の歴史的事象と評価されるべき事案であったと批判する。
246) BGH StV 1981, 606.
247) BGH NJW 1992, 2838.
248) BGHSt 41, 292. *Schlüchter/Duttge* NStZ 1996, 457は、両事実間の時間的間隔の広さと、行為内容の本質的変化により、行為客体・保護法益などの規範的観点からみて妥当な判断であったと支持する。
249) BGH NStZ 2000, 318.

90　第2編　公訴事実の同一性論

怠[251]などの事案で、所為同一性が否定されている。

本類型においては、時間的・場所的結び付きだけでなく、行為客体や保護法益、行為態様等による所為像の変化という規範的要素が重視される傾向が見られる。

（2）異なる犯罪間での変化

（ⅰ）財産犯と盗品関与罪・処罰妨害罪

窃盗罪等の財産犯とこれに後続する盗品関与罪・処罰妨害罪の関係については、激しい議論が見られる。

当初、ライヒ裁判所は、窃盗の起訴後に盗品関与罪（又は、人的庇護罪）に変更された事案[252]、又は、その逆の事案[253]について、ほぼ無条件に所為同一性を肯定していた[254]。しかし、その後、連邦通常裁判所は、盗品関与罪確定後に重強盗罪で起訴された事案[255]や、窃盗罪で起訴後に処罰妨害罪[256]又は盗品関与罪[257]であることが判明した事案で所為同一性を否定しつつ、他方で、重強盗的恐喝罪共同正犯[258]又は窃盗罪[259]と盗品関与罪との間で所為同一性を肯定したことから、議論は混迷を深めることとなった。これらの判例によると、財産犯と盗品関与罪が時間的・場所的に接着して実行された場合、所為同一性が肯定されている。

さらにその後、強盗罪で起訴された後に盗品関与罪であることが判明した

250）　BGH NStZ 2002, 328.

251）　BGH wistra 2003, 111.

252）　RGSt 5, 249; 12, 187.

253）　RGSt 8, 135.

254）　BGHSt 13, 320も、同一性を肯定していた。

255）　BGHSt 35, 60.

256）　BGHSt 35, 80. *Beulke/Fahl* Jura 1998, 262, 263は、本決定が両事実の択一関係だけでなく、事実的観点をも考慮して所為同一性を否定した点を支持している。他方、*Roxin* JZ 1988, 260は、正犯と従犯とで通常は所為同一性が認められることと比較して妥当ではないと批判している。

257）　BGH NStZ 1999, 363.

258）　BGHSt 35, 86; BGH NStZ 1989, 266. *Wolter* NStZ 1988, 456は、法益の同価値性、行為の方向性が異なるため、前掲BGHSt 35, 60 u. BGHSt 35, 80と同様に、同一性が否定されるべきであったと批判する。他方*Joerden* JZ 1988, 847は、本件はいわば予備的認定の事案であり、同一性肯定を支持する。

259）　BGHSt 35, 172.

事案[260]において、先に強盗罪（又は、窃盗罪等）で起訴された事案では、その逆の場合と異なって、先行犯罪の審判には必然的に後行の（可能性がある）盗品関与罪に対する一体的評価が要請されるとして、所為同一性が肯定されている。

これらの判例によると、両事実間の近接性を基礎にしつつ、統一的判断の必要性という訴訟法上の要請も含めて、所為同一性が判断される傾向が見られる。

（ⅱ）犯罪計画等不届出罪と当該犯罪への関与

ドイツ刑法138条は、所定の犯罪につき、その計画又は遂行について、その結果又は遂行をまだ阻止することが可能な時点で知っていたにも関わらず、警察等当局に届け出なかった者を処罰するものとしている。この規定に関連して、当初は本罪で起訴されたが実は実行犯であった（又は、その逆）という類型について、放火罪[261]、放火教唆罪[262]、殺人教唆罪[263]、強盗的恐喝罪[264]などの事案では、所為の同一性が概ね肯定されている。

本罪は、届出対象犯罪に正犯又は共犯として関与した者を除くと理解されており[265]、両事実の択一性が所為の同一性を肯定する結論をもたらしている。

（ⅲ）矛盾する証言

１回の証言に２個の矛盾する供述が含まれている場合、少なくとも一方が虚偽であることは確かであるが、いずれであるか（又は、双方虚偽であるか）が確定できない場合、択一的認定に基づく有罪判決が考えられる。いずれか一方の供述のみが起訴されていた場合、他方の供述もその審判に取り込むことが可能であるか。例えば、証言後に宣誓された場合、所為の同一性が肯定されている[266]。

---

260)　BGH NStZ 1999, 523.

261)　RGSt 14, 78.

262)　BGHSt 36, 167.

263)　RGSt 21, 78; BGHSt 48, 183.

264)　BGH NStZ-RR 1998, 204.

265)　BGHSt 36, 167.

266)　RGSt 72, 339; BGHSt 2, 351.

92　第2編　公訴事実の同一性論

他方、宣誓されない場合については対立がある。当初は、所為同一性を否定する事案が続いたが[267]、バイエルン上級地裁が、両事実の択一性を理由に所為同一性を肯定したことから[268]、改めて見解の統一が求められることになった。連邦通常裁判所第1刑事部1983年決定は、両事実は双方が反射的関係にあるというほど一体のものではないとして、所為同一性を否定した[269]。

（ⅳ）正犯と共犯（的）関与

本類型についても、見解が分かれている。

例えば、共同正犯と処罰妨害罪[270]、教唆犯と処罰妨害罪[271]、幇助犯と処罰妨害罪[272]、教唆犯と共同正犯[273]、幇助犯と単独正犯[274]などの事案で、所為同一性が肯定されている。

これに対して、連邦通常裁判所第2刑事部1983年判決は、他人の謀殺について死体遺棄を手伝ったとして処罰妨害罪で起訴された被告人が、実は当該殺人の正犯であったことが判明したという事案において、後者の事実が起訴状に記載されておらず、かつ、両事実における所為像のずれは行為の方向性において著しいとして、所為同一性を否定した[275]。本判決は、その後もしばしば引用され、正犯と処罰妨害罪[276]、正犯と教唆犯[277]などの関係が問題となった事案で、同様に所為同一性が否定されている。

---

267)　BGH NJW 1955, 1240; 1957, 1886; OLG Braunschweig NJW 1959, 1144.
268)　BayObLG NJW 1965, 2211. 本判決に対して、*Koffka* JR 1965, 430は、起訴されていない事実は、それが可罰的であることを前提にはじめて訴訟に取り込むことができるのであり、本類型はこれにあたらないと批判する。*Fuchs* NJW 1966, 1110も、公訴主義（弾劾主義）違反に当たると批判する。
269)　BGHSt 32, 146. *Schröder* NJW 1985, 780は、公訴主義の観点から妥当な判断であったと支持している。
270)　BGH NStZ 1999, 206.
271)　RGSt 62, 112.
272)　OLG Köln NJW 1990, 587.
273)　BGHSt 1, 127; 48, 183.
274)　OLG Köln GA 1968, 24; BGH NStZ 1984, 469. *Bauer* NStZ 1999, 207は、排他的関係にある両事実について検察官の訴追意思が認められる限りで所為同一性が肯定されるとした上で、謀殺罪のみの起訴に処罰妨害罪の訴追意思は認められないとして、結論を批判する。これに対して、*Pauly* StV 1999, 415は、起訴状に該当事実も記載されている場合には、検察官の訴追意思は認められるとして、対立する見解を示している。

（ⅴ）身代わり犯人の事例

被告人が実は他人の犯罪を隠蔽すべく身代わり犯人であったことが判明した場合、起訴された犯罪と処罰妨害罪などとの関係が問題となる。

本類型は、特に、自動車運転における事故又は交通規則違反との関係が顕著であるが、無免許運転[278]、飲酒運転[279]、事故による過失致死罪[280]、事故現場不法逃走罪[281]などの身代わり犯人の事案で、所為同一性が肯定されている。他方、同じく交通事故及び事故現場不法逃走罪との関係において、所為同一性が否定された事案も見られる[282]。

この類型（事故現場不法逃走罪の身代わり犯人）に関して、バイエルン上級地裁は、当初、1983年決定において、事象全体の一体性を理由に所為同一性を肯定していたが[283]、翌1984年判決[284]では、前掲連邦通常裁判所1983年判決を引用し、両事実間に重なり合い（一体性）が見られない事案では所為像のずれが基準となるとした上で、所為同一性を否定している。

以上の類型とは異なり、自身の他の犯罪を隠蔽するなど、自己の利益のために犯罪を偽装する（自分の身代わりとなる）類型として、兵役を不法に免れるために麻薬取締法違反を偽装した事案[285]、生活苦から服役を求めて（詐欺罪に該当）東独のスパイ活動に従事したとの事実を偽装した事案[286]などで、

---

275) BGHSt 32, 215. *Marxen* StV 1985, 472は、起訴状からの除外という基準は、従来の判例に矛盾するものであり、他方、行為の方向性という基準も、被告人の防御及び実体的真実発見の利益において妥当なものとは言えないとして、本判決を強く批判する。*Brauns* JA 1984, 443は、行為方向の同一性が唯一の基準たりうるのかという点を留保している。*Hassemer* JuS 1984, 564は、本判決の基準は十分明確であると支持しているが、*Jung* JZ 1984, 535は、これに反対する見解を示している。

276) OLG Frankfurt NStZ 1988, 92.

277) BGH NStZ 2000, 216.

278) OLG Celle NJW 1968,2390. *Koffka* JR 1968, 154は、本判決がいうような両事実の択一性ではなく、社会的事実の一体性が所為同一性を肯定する理由となると主張する。

279) OLG Düsseldorf JR 1980, 470. *Stein* JR 1980, 444は、本判決は事実の択一性ではなく、両事実の一体性に着目したものと位置付けた上で、確定力の範囲が不明確になると批判する。

280) OLG Zweibrücken NJW 1980, 2144.

281) OLG Hamm NJW 1981, 237; OLG Karlsruhe VRS 92, 255.

282) OLG Celle NJW 1985, 393; OLG Celle NdsRpfl 1997,264.

283) BayObLGSt 1983, 109.

284) BayObLGSt 1984, 78.

94　第2編　公訴事実の同一性論

所為同一性が肯定されている。他方、麻薬取引において代金詐欺の訴追を免れるため取引自体が真実であったと偽装した事案では、所為同一性が否定されている[287]。

Ⅲ．学理の展開

ドイツの刑事訴訟実務において、「所為」は、訴訟係属及び一事不再理効の範囲を判断する上で決定的概念である。それは、刑事訴訟の審判対象としてのその機能ゆえに、裁判例において膨大、かつ、詳細な検討が積み重ねられてきた。学理上も、蓄積された判例の分析、体系化、批判を通じて理論的整序が試みられている。

1　所為の統一性

所為の内容・範囲は、1個の刑事手続を通じて統一のものであるべきか。特に、訴訟係属及び裁判所の審判の範囲（ド刑訴264条）と、一事不再理効が及ぶ範囲（ド基本法103条3項）との関係について、議論されてきた[288]。

（1）統一説

1877年ライヒ刑事訴訟法の時代から、一事不再理は、明文規定こそないが、刑事手続における当然の原則であると理解されてきた[289]。ライヒ裁判所は、その範囲について統一説を主張し、一事不再理効が及ぶ範囲は前訴の公訴によって示された裁判所の審判の範囲と同一であるとしていた[290]。第2次世界大戦後、一事不再理原則はドイツ基本法103条3項に成文化されたが、その範囲について、連邦通常裁判所[291]及び連邦憲法裁判所[292]は、ライ

---

285)　OLG Celle NJW 1979, 228.

286)　BayObLGSt 1989, 56.

287)　BGH NStZ 1992, 555.

288)　*Fezer*, StPO 2 Auf., 1995, S. 242; *Beulke*, StPO 12 Auf., 2012, Rn. 512 ff.

289)　*Cording*, Der Strafklageverbrauch bei Dauer- und Organisationsdelikten, 1993, S. 20.

290)　RGSt 2, 347; 15, 9.

291)　BGHSt 3, 13; 9, 10.

292)　BverfGE 3, 248.

ヒ裁判所の見解を継承している。統一説は、学理でも多くの支持を受けている[293]。

　もっとも、その後、変化が見られるようになった。例えば、連邦通常裁判所第1刑事部1983年決定[294]は、例外的に、訴訟係属及び審判の範囲を一事不再理効が及ぶ範囲に比べて限定的に理解されるべき可能性をはっきりと肯定した。また、連邦通常裁判所第3刑事部1980年判決[295]は、犯罪組織構成罪とその間に実行された複数の個別犯罪との関係について、実体法上行為複数の関係を前提としつつ訴訟上の分割を肯定するという形で、実質的に、一事不再理効の範囲を限定する見解を示した。これによって、統一説は、今なお支配的ではあるが、若干の動揺を見せている。

（2）非統一説

　学理上、非統一説も見られる。この見解は、訴訟係属・審判対象については広く、確定後の一事不再理効の範囲については狭く解している。

　Peters[296]は、裁判手続の流動的プロセスにおいて、当初広く訴訟に取り込まれた（取り込まれるべきであった）事実は訴訟の経過につれて次第に限定され狭められていくものであり、その結果、必然的に確定力の範囲は訴訟係属及び審判の範囲よりも狭められることになると主張する。*Peters* は、この見解について、訴訟開始時は、法的に特定されていない社会的な事実が所為を形成するが、訴訟の進行につれて当該事実と行為者の人格との結び付きが重要な問題となり、訴訟終了後は、裁判所より一定の法的観点において特定され現実に審理の対象とされた事実だけが所為の範囲に取り込まれると説明する。

　Henkel[297]は、刑罰権消耗の範囲を検討するにあたり、裁判所が審判することの法的な、すなわち、抽象的・仮定的な可能性ではなく、現実の可能性に着目し、刑罰権消耗による一事不再理効が及ぶ範囲は裁判所が「真実探求義

---

293)　*Meyer-Goßner*（Fn. 29）§ 264 Rn. 1; KK-*Kuckein*, StPO 7 Auf., 2013, § 264 Rn. 2; *Fezer*（Fn. 288）S. 25; *Geerds*, Zur Lehre von der Konkurrenz im Strafrecht, 1961, S. 399; *Schöneborn* MDR 1974, 529, 530.

294)　BGHSt 32, 146.

295)　BGHSt 29, 288.

296)　*Peters*, Strafprozeß 4 Auf., 1985, S. 278 ff.

297)　*Henkel*, StPO 2 Auf., 1968, S. 388 ff.

96   第2編　公訴事実の同一性論

務の慎重な履行に際して、何を評価の対象としなければならなかったか」という基準によって決定されるべきであると主張する。*Büchner*[298]は、訴訟係属及び裁判所の審判権限が及ぶ範囲と一事不再理効が及ぶ範囲とで所為概念を統一的に理解したのでは、実体的正義の実現、被告人の法的安定性、訴訟経済性の追求といった諸利益の調整を図ることが困難であるとし、訴訟係属及び裁判所の審判権限が及ぶ範囲を広く、具体的には判例・通説が主張する自然的考察法に基づいて捕捉しつつ、一事不再理効が及ぶ範囲をそれよりも狭く、具体的には前訴裁判所が法的に審判を下した範囲（この範囲においてのみ、以後改めて訴追されることはないとの被告人の信頼が保護に値するとの理由から）に限定されるべきと主張する。*Marxen*[299]は、訴訟における審理は行為の客観面から次第に行為者の主観面へと深化していくものであり、訴訟係属及び審判の範囲と一事不再理が及ぶ範囲とは異なると主張する。

　近時も、*Bauer*[300]が、歴史的考察に基づいて、非統一説が妥当であると主張する。*Bauer* は、まず、「一事不再理原則」は歴史上「同一行為についての訴訟が二度ないように」（bis de eadem re ne sit action）という考え方に基づくものであり、そこでいう「同一行為についての訴訟」とは「同一理由」の訴えを前提としていたものであると分析する一方で、訴訟係属及び審判の範囲に関して、例えば、問題となる2個の事実が択一的関係にある事例[301]については、判例に反対し、択一関係にある事実について広く所為の同一性を肯定すべきであると主張する。*Bauer* は、このような公訴提起・審判段階においては訴訟確定後の段階よりも広く所為概念を捕捉するという見解について、双方の機能の違い（公訴提起段階では「吸収的競合」、つまり、審判権限の広さが問題となるのに対し、判決確定の段階では「解消的競合」、つまり、単一の刑罰の保障という点が問題とされる）及び訴訟の流動性（訴訟とは原告と被告との応酬によって形成されていくものであり、それを離れた次元において「対象」というものを観念することはできない、つまり、比喩的にいえばチェスやサッカーの試合において「対象」が存在

---

298)　*Büchner*, Der Begriff der strafprozessualen Tat, 1976, S. 119 ff.
299)　*Marxen*（Fn. 275）S. 472.
300)　*Bauer* NStZ 2003, 174.
301)　BGHSt 35, 60.

しないとされる）という観点から基礎付けを行っている。

　しかし、非統一説に対しては、次のような批判が向けられている。すなわち、①一事不再理効が及ぶ範囲は裁判所の事実解明義務が及ぶ範囲と相関的な関係にあり、被告人（受判決者）は前訴で審判に取り込まれるべき範囲はその実体判決によって既に処理されたものと期待することを保障されるべきである、②一事不再理原則は人間の尊厳という基本法上の原理が具体化されたものであるが、一事不再理効が及ぶ範囲を裁判所の解明義務より狭く画することは被告人を手続の単なる客体と置き、その人格の主体性を否定するものである、③一事不再理効の範囲を狭く画するならば、裁判所の実体解明義務はサンクションを伴わない単なる自然債務（Naturalobligation）に過ぎず、新たな訴追機会が容易に開かれるという結果になってしまう[302]、④再審手続に厳格な要件が定められていることから（特に、原被告人に不利益な再審規定：ド刑訴362条）、法は真実発見よりも被疑者・被告人の法的安定性を重視するものと理解すべきである、⑤訴訟はその過程において（非統一説の論者が主張するように）縮減するだけでなく拡張する方向に展開することもあり、訴訟の流動性から一事不再理効の範囲を限定するという結論が導かれることにはならない[303]。それゆえ、非統一説は、現在まで、なお支配的とはなっていない。

2　実体法との関係

　所為の同一性（特に、単一性）は、実体刑法上の罪数論に従属すべきであるか。

　この問題について、ライヒ裁判所1883年判決は、「ある事実が変化することにより実体刑法の適用に変化が生じるとしても、訴訟上の所為は実体刑法とは別に形成されるものであり、それよりも広く同一性を認めうる」と判示しており[304]、判例は、早くから、訴訟上の所為概念と実体刑法上の行為概念との独立性を認めてきた。連邦通常裁判所も、基本的にこの見解を引き継

---

302)　*Fezer*（Fn. 288）S. 250 f.
303)　*Bertel*, Die Identität der Tat, 1970, S. 14; *Wolter* GA 1986, 143, 155.
304)　RGSt 8, 135. RGSt 61, 314; 72, 339も同旨。

いでいる。但し、連邦通常裁判所第1刑事部1959年決定[305]が、「〔実体法上〕行為単一の関係が認められる場合、直ちに〔訴訟法上の所為〕同一性が肯定されるべきである」と判示するなど、実体法上の一罪性が訴訟上も最少単位として所為単一を構成すべきものと理解されている。

もっとも、前述のとおり、連邦通常裁判所第3刑事部1980年判決[306]及びその憲法抗告審である連邦憲法裁判所1981年決定[307]は、テロ組織構成罪とその間に実行された個別犯罪との間で実体法上一罪の関係を認めつつ訴訟法上の所為の単一性を否定し、これによって実体法上1個の行為と評価される場合の訴訟上の所為概念に対する最小単位としての機能をも否定する見解を示した。その後幾つかの裁判例でも（しかも、他の犯罪類型においても）同様の見解が示されたため、裁判実務上、実体法に対する訴訟上の所為概念の独立性は全面的であることが確認された[308]。

訴訟法上の所為概念（所為単一性）と実体法上の行為概念（行為単一性）との関係について、学理上も、実体法上複数の行為が訴訟法上なお1個の所為と評価しうるという点については、現在のところ、ほぼ異論がないようである。これに対し、実体法上1個の行為が訴訟法上複数の所為と評価されうるかは、対立がある。ドイツでは観念的競合が広く捕捉されている（両事実間の重なり合いは部分的なもので足りる）ことを前提に、例えば、軽微な継続犯（又は、連続犯）を理由に確定判決が下された場合その間に実行された重大犯罪はもはや訴追できなくなるのではないかという問題意識から、次のような議論が見られる。

（1）片面的従属説

学理上、支配的見解において、実体法上の一罪性に対する訴訟上の所為概念の独立性が認められている。しかし、例えば、*Meyer-Goßner* は、ドイツ刑訴法学を代表するそのコンメンタールにおいて、「訴訟法上の所為概念は、実体法との関係において独立である」としつつ、「実体法上独立した所

---

305) BGHSt 13, 21.
306) BGHSt 29, 288.
307) BVerfGE 56, 22.
308) *Beulke* (Fn. 15) S. 781は、特に、この観点を中心に連邦通常裁判所判例を整理したものとして、参考になる。

為は、原則として訴訟法上も独立である。刑法52条でいう単一の行為は、常に訴訟上も単一の所為である」と述べるなど、独立性はあくまで片面的なものであるとされている（片面的従属説）[309]。

このような見解は、特に、前掲連邦通常裁判所第3刑事部1980年判決[310]及びその憲法抗告審である連邦憲法裁判所1981年決定[311]に対する批判において、顕著に表れている。*Werle*[312]は、判例の結論は支持しつつ、それは実体法上の行為単一性を否定するという構成によるべきと主張する。*Werle*は、犯罪・テロ組織構成罪はその実質において継続犯[313]ではなく連続犯であり、その途中で実行された他の重大犯罪との間に同種性・同価値性が欠けると説明する[314]。*Grünwald*[315]は、ドイツ刑法には一罪関係の犯罪に複数の判決を予定する規定はないとして、判例は実定法規定の解釈を誤るものであると主張する。

判例は、前述のとおり、犯罪・テロ組織構成罪以外でも、実体法上一罪関係にある罪について訴訟上その分割を肯定するに至ったが、この判断に対しても、学理上の批判が強い。しかし、その結論自体は支持され、ただ、実体法レベルで解決を図るべきとの主張が大半である。例えば、*Puppe*[316]は、武器所持罪と当該武器を使用した重大犯罪との関係について[317]、継続犯は純粋継続犯と非純粋継続犯とに区別され、例えば、コレクションで拳銃を所持していた被告人がある時点で他者の殺害を決意しこれを実行したという場合、拳銃所持という継続犯の性質自体が変質し、この時点で実体法上の単一

---

309) *Meyer-Goßner*（Fn. 29）§ 264 Rn. 6; *Fezer*（Fn. 288）S. 244; *Beulke*（Fn. 288）Rn. 514 ff.
310) BGHSt 29, 288.
311) BVerfGE 56, 22.
312) *Werle* NJW 1980, 2671, 2674.
313) *Schönke/Schröder*, StGB 19 Auf., § 129, Rn. 28. もっとも、同書は、現在もはや継続犯説を放棄している（29 Auf., 2014, Rn. 27）。
314) *Rieß*（Fn. 125）S. 72も、同様の見解である。*Fezer*, in Rechtsdogmatik und Recht-spolitik, 1990, S. 125は、刑法129条及び129a条は一事不再理原則との関係で立法上不備があり、その廃止を主張する。
315) *Grünwald*（Fn. 126）S. 326.
316) *Puppe*（Fn. 137）S. 205.
317) OLG Hamm NStZ 1986, 278.

性が否定されるものと主張する。*Schlüchter*[318]は、麻薬不法所持罪と道路交通危殆化罪との関係について[319]、継続犯は新たな（かつ、重大な）法益侵害を伴う別の犯罪を決意した時点に「決定的な区切り点」が認められる、この基準によると麻薬不法所持罪と道路交通危殆化罪との関係において実体法上の行為は２個と認められるべきであると主張する。

（２）純粋非従属説

学理上、少数であるが、判例同様に、完全な独立性を肯定する見解が見られる。*Mitsch*[320]は、その根拠として、①判例と同様に両制度の機能の違い、つまり、実体法上の罪数規定は複数の犯罪が成立する場合の責任に応じた刑量の算定を基礎付けるものであるのに対して、一事不再理原則は後訴の手続を遮断するものである、②少年裁判所法31条によると少年刑事事件では刑法上の競合規定は排除され単一刑により処せられるべきこととされているが、この場合においても一事不再理効の範囲如何という問題は当然に生じうる、という点を挙げている[321]。

3　所為の具体的決定基準

訴訟上の所為は、如何なる基準によってその内容・範囲が決定されるべきか。

この点について、判例は、「訴訟法上の所為は、公訴及び公判開始決定で明示された被告人の個別行為だけでなく、日常的観察においてこれと一体性を有する歴史的事象全体であり、その範囲内で被告人が正犯又は共犯として犯罪構成要件を実現したとされるものを含む」[322]、「訴訟上の意味での所為には、実体法上単一であるかどうかにかかわらず、日常的観察において単一事象である限りで、被告人の全ての行為が含まれる。これにより、許可され

---

318)　*Schlüchter*（Fn. 182）S. 1057 ff.

319)　BayObLGSt 1991, 51.

320)　*Mitsch*（Fn. 130）S. 159.

321)　日本でも、白取祐司『一事不再理の研究』（1986年）４頁は、刑法54条により一事不再理の範囲を限定することは、制定法によって憲法原則の範囲を限定するものであるとして、実体法の罪数論への従属を否定する。

322)　BGH NJW 2003, 2996.

た公訴がそこから刑法上の非難を導いた生活事象は、当該事実が起訴状で言及されていなかった場合でも、右生活事象と関連する全ての出来事を包摂する」[323]などとして、自然的・日常的観察による事象の単一性を重視している。このような自然的・日常的観察という基準に対して、学理上、「非常にあいまいかつ無内容」なものである[324]、「実践的に使用できるものではない」[325]といった批判も向けられている。

学理上、判例の展開を如何に理解すべきかをめぐり、その分析・評価、理論的整序、実践的使用可能性といった観点から、次のような見解が主張されている。

（1）行為説

行為説（Handlungstheorie）は、訴訟法上の所為概念は実体刑法における行為概念と共通するものと理解する。

これを最初に唱えた *Liu*[326]は、所為を歴史的事実と理解する判例・通説について、例えば、証人が架空の事件をでっち上げその虚偽の証言に基づいて公訴提起された場合でも、審判対象としての所為は存在するのであり、所為の構成にとってそもそも事実が歴史的に実在していることは不要であると批判する[327]。その上で、*Liu* は、自身の見解を次のように説明する。すなわち、そもそも、所為とは、訴追者及び判断者における観念の対象であり、各々において犯罪概念へのあてはめを伴って想定されたものである。犯罪概念において、構成要件該当性、違法性、有責性に上位するものとして、行為が位置付けられるのであり、これが審判の対象とされるべき所為である[328]。この行為として把握される事情は、いわば名詞的に観念され、その属性（例えば、行為の時間、場所など）は、行為を修飾するものとしていわば形容詞的に観念される。審判対象たる所為の同一性にとって重要であるのは、

---

323) BGH NStZ 2004, 582.

324) *Jescheck*（Fn. 148）S. 29.

325) *Herzberg* JuS 1972, 113.

326) *Liu*, Der Begriff der Identität der Tat im geltenden deutschen Strafprozeßrecht, 1927.

327) *Liu*（Fn. 326）S. 8 ff.

328) *Liu*（Fn. 326）S. 12 ff.

前者（名詞的観念事実）であり、これが本質的に変化する場合には所為の同一性は否定される。この見解によると、例えば、窃盗罪と盗品関与罪、教唆罪とその正犯との間には、名詞的観念が異なるため、所為の同一性は認められない[329]。また、常習窃盗罪とそれに含まれるべき1個の窃盗罪との間でも、各々の観念において名詞的事情が異なる（Liuは全体とその一部との同一性を認めない）ため、所為の同一性は欠ける[330]。以上から、裁判官は、検察官が主張する事実について、その形容詞的観念事実から逸脱することはできるが、名詞的観念事実から逸脱することはできない。これにより、いわゆる「実体判決が下されるべき対象」が構成され、それに対して下された判断が後の裁判に対しても拘束力を持つことになる[331]。もっとも、実際上、裁判官が誤って名詞的観念事情を逸脱することもあり（Liuによると、訴訟条件が欠ける場合もこれに含まれる）、その裁判が確定した場合、後の裁判に対しこの判断（いわゆる「実体判決存在対象」）が拘束力を持つ。なぜなら、裁判官のミスは、被告人ではなく、国がその不利益を負うべきだからである[332]。

　行為説は、第2次世界大戦後、Oehler[333]によって発展させられる。Oehlerは、所為概念はあくまで純訴訟的に決定されるべきであり、実体法上の行為概念への完全な従属を否定し[334]、実体的正義と法的安定という刑事訴訟における2つの基本目標の調整から導かれるべき問題であるとした上で、これを広く理解すると実体的確定力の範囲も広くなり過ぎて実体的正義の要請に悖る、また、被告人の防御の範囲が限定されることは法的安定にも資するとして、所為概念はできるだけ狭く理解されるべきであると主張する[335]。Oehlerは、判例が所為の同一性を基本的に行為又は結果の重なり合いから判断する点は評価しつつ[336]、所為を「歴史的事実」という不明確な概念で定義付ける点や、被侵害法益の同一性からも所為の同一性を基礎付ける点を批

---

329)　*Liu*（Fn. 326）S. 8 ff.
330)　*Liu*（Fn. 326）S. 16 ff.
331)　*Liu*（Fn. 326）S. 53 ff.
332)　*Liu*（Fn. 326）S. 78 ff.
333)　*Oehler*, in FS-Rosenfeld, 1949, S. 139.
334)　*Oehler*（Fn. 333）S. 157.
335)　*Oehler*（Fn. 333）S. 142.
336)　*Oehler*（Fn. 333）S. 145.

判し、あくまで、事実相互の重なり合い又は一体性が基準とされるべきであるという[337]。*Oehler* は、その後さらに、訴訟上の所為概念を実体法上の行為概念に接近させることが、訴訟経済的観点からも、また、法的安定及び実体的正義の観点からも要請されると主張する[338]。すなわち、行為は訴訟上の所為の核心であり、これは刑法上の構成要件に必ずしも限定されるわけではなく、行為者の単一的意思に基づく完結的な要素により構成される外形的事実であって、刑訴法265条によると、その強さ・程度が刑が重くなるような事実へと変化しても所為の同一性は保たれるというのである[339]。

　以上のとおり、*Liu* や *Oehler* の見解は、訴訟法上の所為の決定にあたって実体法における行為概念を基準とするものであるが、そこでいう行為とは罪数論における評価を伴うものではなく、いわば前法律的・自然的なものと理解されていたことが伺われる。しかし、行為説は、その後、訴訟法上の所為の決定にあたって実体法上の罪数論による評価を取り込み、行為自体を規範的に理解する方向に変わっていく。

　Herzberg[340] は、実体法上の行為概念と訴訟法上の所為概念は「完全に一致」するものと理解すべきであると主張する[341]。その理由として、双方の概念は人の連続する活動の中から法的観点での評価単一を括りだし画そうとするものであるという点で共通し、それゆえ、実体法上の行為概念について、その通説的見解[342]に従い、自然的意味での行為単一（1個の意思決定に基づく1個の身体の動静）と法的意味での行為単一（複数の自然的行為が法的構成要件により評価単一へと統合される場合[343]）とを合わせて実体法上の行為単一である

337）　*Oehler*（Fn. 333）S. 157.

338）　*Oehler*, in GS-Schröder, 1978, S. 439.

339）　*Oehler*（Fn. 338）S. 444 ff.

340）　*Herzberg*（Fn. 325）S. 113 ff..

341）　*Herzberg*（Fn. 325）S. 118.

342）　*Lackner/Kühl*, StGB 28 Auf., 2014, Vor § 152 Rn. 3 ff; *Schönke/Schröder*（Fn. 313）Vorbem §§ 52 ff. Rn. 10 ff.

343）　これに当たるのは、①漸次に構成要件が実現される場合（例えば、ナイフによる一連の傷害から殺害へ至る場合）、②結合犯（例えば、強盗罪における脅迫と財物奪取）、③行為が継続する間に、構成要件が複数回実現される場合（例えば、連続する暴行による傷害や、財物を運搬用の車へ少しずつ運び込む場合）、が挙げられている（*Herzberg*（Fn. 325）S. 118）。

との理解を前提に、両概念は完全に一致するものでなければならないと述べられている[344]。*Behrendt*[345]は、脱税犯罪における実体法と手続法の考察を基に、租税刑事手続における所為の同一性は租税実体刑法における行為単一性と一致するものと理解すべきであり、これは他の一般刑法犯にも妥当すると主張する[346]。その理由として、①法的明確性に資する、②実体的正義に資する、③訴訟実務上手続の不当な蒸し返しや（特に、巨大手続における）手続の長期化を回避しうるといった点が挙げられている[347]。

　以上、行為説は、自然的考察から出発しつつも、その発展型においては罪数論上の規範的評価を取り込み、訴訟上の所為概念と実体法上の行為概念との近接を図っている。実体法への従属性ゆえに、比較的明確な基準といってよい。

　しかし、この行為説に対しては、①所為の範囲が非常に狭くなり、法的平穏の回復、被疑者・被告人の保護、適切な刑罰、訴訟経済といった観点で結果が不当となりがちである[348]、②刑訴法265条4項〔事実関係の変化による当事者の準備のための公判停止措置に関する規定〕は訴訟法上の所為が実体法上の行為よりも広いことを前提としている[349]、といった批判が向けられている。

（2）法益侵害説・評価説

　法益侵害説・評価説（Rechtsgutsverletzungstheorie; Bewertungstheorie）は、「法益侵害の単一性」が訴訟上の所為の範囲を決定付けるべきもの、つまり、訴訟上の所為は専ら又は主に規範的観点から決定されるべきものと理解する（「規範的所為概念」ともいわれる[350]）。この見解によると、自然的行為単一の関

---

344)　*Herzberg*（Fn. 325）S. 118 ff.
345)　*Behrendt* ZStW 94（1982）, 888.
346)　*Behrendt*（Fn. 345）S. 898.
347)　*Behrendt*（Fn. 345）S. 910 f.
348)　例えば、窃盗罪とその盗品への関与罪との間で所為の同一性が否定されることになるが、その結果、窃盗罪の前訴において実質的に十分審理されるべき盗品の処分等の行為についてさらに後訴で審理されることとなり、右の利益が著しく害されることとなる。また、窃盗の教唆罪とその正犯とは行為が異なるものであるため、行為説によると、侵害される法益は共通であるにもかかわらず、2個の手続及び判決を許容することになってしまう。
349)　*Wolter*（Fn. 303）S. 157.
350)　*Wolter*（Fn. 303）S. 159.

第5章　ドイツにおける所為概念に関する議論　　*105*

係にある事実が訴訟上複数の所為と評価されることもある[351]。

　Hruschka[352]は、所為は具体的に問題となる事実の形成に際して実体法の機能が考慮されなければならない、所為概念の決定に際し決定的であるのは「場所、時間、行為対象によって特定された事象の法的核心」であり、それゆえ、一事不再理効の射程範囲もこの法的核心部分が前訴で審判されていたか否かという観点から検討されるべきであると主張する[353]。その裏付けとして、選択的認定の考え方が類推され、そこで挙げられる2つの犯罪間での「法倫理的・心理的同価値性」という基準によって所為の同一性が決定されるべきと述べられている[354]。

　Geerds[355]は、実体法上の罪数論は訴訟上の所為の決定に意味を持たず、その決定にあたっては、公訴・公判開始決定で明示・識別された事実を基礎としつつ、その不法内容の決定に重要な社会的意味連関からの考察が必要であると主張する[356]。その例として、連続犯について前訴でその1個の個別行為だけが審判されたが、後にその他の個別行為が判明し、それが行為者の不法内容を決定するにあたって重要であるという場合、後に判明した行為を理由とする公訴は適法であるとされる[357]。その理由として、法律学的行為単一は自然的観点において各々別個の行為であり、それが実体法上1個の行為として扱われるのは単に併合刑の算出という困難な問題を回避することを目的とするものに過ぎず、それが一事不再理効の成否といった実体的正義の妥当を妨げるような効果を与えられるものではないこと、審判対象及び確定力の範囲の決定にあたって重要であるのは、公訴により如何なる事実が裁判所に提示され、その不法内容について裁判所の審判権限がどの程度にまで及ぶかということである、と述べられている[358]。

　Bertel[359]は、所為概念の決定にあたり公訴主義と審判における裁判官の裁

---

351)　*Bertel*（Fn. 303）S. 171 ff.
352)　*Hruschka* JZ 1966, 700 ff.
353)　*Hruschka*（Fn. 352）S. 701 ff.
354)　*Hruschka*（Fn. 352）S. 706.
355)　*Geerds*（Fn. 293）.
356)　*Geerds*（Fn. 293）S. 363.
357)　*Geerds*（Fn. 293）S. 413 ff.
358)　*Geerds*（Fn. 293）S. 419.

106 第2編 公訴事実の同一性論

量との調整が重要となるが、その際、確定判決の遮断効によってもたらされる被疑者・被告人にとっての法的安定の利益と、公訴主義によって追求される正当な裁判の実現との調和において、法益侵害説が最も有効な解決であると主張する[360]。Bertel は、所為の同一性の基準となる法益侵害の同一性について、被侵害「法益」の同一性と、同一法益に対する「侵害」の同一性とに分析されるとした上で、前者（法益の同一性）について構成要件上予定される「結果」の同一性を出発点として考察を進める。例えば、恐喝罪についてピストルでの脅迫と言葉での脅迫とで結果は同一であるし、傷害罪における行為態様の差異は重要ではない、また、正犯と共犯との間、或いは、故意犯と過失犯との間でも所為の同一性は肯定されうる[361]。もっとも、Bertel は、公訴と判決（又は、2つの判決）の間で適用されるべき犯罪類型が異なる場合もはや構成要件上の「結果」の同一性ではなく、両犯罪類型の不法内容の重なり合い（少なくとも部分的な）が問題となるとも述べる。例えば、堕胎罪で起訴された医師に対しその手術費用を詐取する行為を理由に詐欺罪で判決を下すことはできないが、窃盗罪の起訴に対し裁判官が被告人は当初自分の財物であると考えていたが後に誤解に気付きつつもそのまま領得したと認定した場合に占有離脱物横領罪を理由として判決を下すことは許されるとし、重要であるのは行為の同一性ではなく公訴及び判決（又は、2つの判決）における不法内容（＝法益侵害）の同一性であるという[362]。Bertel は、さらに、刑法典には強盗致死傷罪や強姦致死傷罪など複数の法益を保護する犯罪類型が存在することに着目し、法益侵害説からはこのような犯罪類型において複数の所為が肯定されることになるのかという問題を設定した上で、結論としてこの場合も所為は単一のものと評価されるべきであると主張する。すなわち、訴訟上の所為とは一定の包摂関係にある全ての法益侵害の総体であり、所為の同一性にとって重要であるのはこの総体を比較した場合における不法内容の部分的重なり合いである、このことは構成要件上その不法内容が明示されて

---

359) *Bertel* (Fn. 303).

360) *Bertel* (Fn. 303) S. 134 ff.

361) *Bertel* (Fn. 303) S. 142 ff.

362) *Bertel* (Fn. 303) S. 144 ff.

いない類型に照らしてみても理解されうるものであり、例えば、被告人が被害者をナイフで刺殺した場合に被害者の洋服に対する器物損壊罪によって別途追及されうるわけではないという[363]。Bertel は、さらに、ある被害者の下で複数の窃盗事件が発生したが、犯行時刻、犯行現場、被害の特徴といった要素から２つの異なる犯罪であることが想定される場合を例に挙げ、侵害された法益が同一であってもその「侵害」が異なる場合があると述べる。例えば、ある運送業者が顧客から預かった財物をその顧客の依頼に応じて保険金詐取目的で毀損したとして詐欺罪の共犯により起訴されたが、公判では顧客よりそのような詐欺目的での依頼はなかったと認定された場合、窃盗罪（又は、器物損壊罪）で判決を下すことはできるかという事例において、この場合、財産の不法な移転が、公訴では保険会社と顧客との間で生じているのに対し、判決では顧客と運送業者との間で生じているという点に着目し、財産移転の時期及び場所が異なるため侵害の同一性は否定されるという[364]

Barthel[365] は、所為が訴訟対象であるかという問題と、その所為の内容如何の問題とは区別されるべきであるとした上で[366]、訴訟対象である所為[367]はその訴訟上の機能を果たすべく、具体的構成要件要素としての事実要素（実体的事実）と、犯行の場所・時間といった事実要素とから構成されると主張する[368]。この点について、所為とは単なる事実記載の羅列ではなく、刑法上重要な人の行為の叙述たるべく評価を含むものであり、公訴・公判開始決定において確定された場所、時間、客体、手段により識別され、社会的に望ましくない結果に向けた方向性、その実体的不法内容を考慮した下で決定されるものとされている[369]。

Baumann[370] は、民事訴訟と同じく刑事訴訟でも一定の法律効果をめぐって審理が進められるのであり、訴訟対象は「一定の生活事実からの刑罰効果

---

363) *Bertel* (Fn. 303) S. 151 ff.
364) *Bertel* (Fn. 303) S. 157 ff.
365) *Barthel*, Der Begriff der Tat im Strafprozessrecht, 1972.
366) *Barthel* (Fn. 365) S. 3.
367) *Barthel* (Fn. 365) S. 20 ff.
368) *Barthel* (Fn. 365) S. 53.
369) *Barthel* (Fn. 365) S. 94. 但し、法益の完全な一致までは不要であり、不法内容の匹敵性で足りるという（aaO., S. 93 f）。

（国家の刑罰権の存在）の主張」であると主張する[371]。この点について、民事訴訟における当事者の法律効果の申立てを訴訟対象とする考え方と整合的であり、手続法の統一にとって望ましいことであるとして、刑事訴訟における訴訟対象である「所為」はその概念決定にあたり実体刑法との結び付きが重要であると述べられる[372]。例えば、単なる「睡眠」という生活事実はそれ自体訴訟において何ら意味を持つものではなく、それによる法的義務の懈怠と構成されることではじめて訴訟対象としての意味を持つのであり、特定の生活関係から導かれる刑法上の効果に基づき訴訟対象の同一性も画されるのであるという[373]。

　以上、法益侵害説・評価説は、行為の不法性に着目し、訴訟上所為の同一性を法益侵害の同一性から基礎付けようとする見解である。行為の規範面を重視し、特に、一事不再理効の範囲に関して前訴及び後訴を通じて行為の不法性を余すことなく評価しつくすことが可能でであり、実体的正義に重点を置く見解である。

　しかし、この法益侵害説・評価説に対しては、①法益侵害の単一性とはどのようなものであるか不明確である、②刑法52条に反して１個の行為に対し複数の刑罰を科することになる、③被疑者・被告人の法的安定性、訴訟経済といった観点で不当な結論を導く、④法益侵害が同一である限り、時間的・場所的に遠く離れた行為も１個の所為として評価すべきことになり、もはや自由主義的、かつ、法治国家的刑事手続として機能しえない、⑤公訴提起における所為の評価に裁判所が拘束されることになり、裁判所の包括的な事実解明義務（ド刑訴264条、265条）に適合しない[374]、といった批判が向けられている。

（3）非両立説・択一性説

　非両立説・択一性説（Unvereinbarkeitstheorie; Alternativitätstheorie）は、問題

---

370)　*Baumann*, Grundbegriffe und Verfahrensprinzipien des Strafprozeßrecht 3 Auf., 1979.
371)　*Baumann*（Fn. 370）S. 169.
372)　*Baumann*（Fn. 370）S. 168 ff.
373)　*Baumann*（Fn. 370）S. 171 ff.
374)　*Wolter*（Fn. 303）S. 159 ff.

となる事実相互の間に非両立関係・論理的択一関係が存在する場合に所為の同一性が肯定されると理解する。

　Grünwald[375]は、前訴と後訴で実体法上矛盾した結論となりうる場合は二重処罰禁止の観点から後訴は不適法なものとなることから、非両立・択一的関係が所為の同一性の基準として採用されるべきであると主張する[376]。これによると、例えば、謀殺罪の不届出罪で有罪判決が下され、それが確定した後、謀殺教唆罪で改めて公訴提起することが問題となる場合、双方は実体法上両立しない関係にあるため1個の所為と評価されることになる。

　Schöneborn[377]は、所為の同一性は、実体法上行為単一の場合だけでなく行為複数の場合でも、起訴事実と認定事実とが択一的関係にある場合には常に、そしてその限りで訴訟上の所為の同一性が肯定されると主張する。裁判所の公訴事実変更権限（ド刑訴264条2項）は煩瑣な手続を避けるための訴訟経済的理由に加えて、同一事実の矛盾判断の回避という目的からも定められたものであることから、訴訟上の所為を検討するにあたり決定的であるのは「択一的行為事象の統一的評価」の必要性如何という観点であるという[378]。もっとも、例外的に行為の不法内容を考慮せざるを得ない場合があり、例えば、被告人が飲酒酩酊状態で車を運転し事故を惹起したが直ちに事故現場から逃走し、そこから離れた場所で第2の事故をも惹起して自身の同乗者を負傷させたという事案[379]について、実体法上の競合論を参照して、前後2つの事故を結ぶ継続犯が結び付けられるべき犯罪と比較して軽微である場合この軽微な継続犯によって各々の重大な犯罪が1個の行為とされることはない[380]、とされている。

　以上、非両立説・択一性説は、同一事実に対する二重訴追禁止という原則を基礎に、当該事実が非両立・択一関係にあるときに訴訟上の所為の同一性を肯定する見解であり、実体法的評価を捨象した純訴訟的考察法である。

375）　*Grünwald* ZStW 86（1974）, 94.
376）　*Grünwald*（Fn. 375）S. 108.
377）　*Schöneborn*（Fn. 293）S. 529 ff.
378）　*Schöneborn*（Fn. 293）S. 529 ff.
379）　BGHSt 23, 14.
380）　BGHSt 6, 92.

110 第2編 公訴事実の同一性論

しかし、この非両立説・択一性説に対しても、①非両立・択一関係にあればおよそ離隔した事実も所為の同一性の範囲に取り込まれることとなり、公訴主義及び被告人の防御の観点から問題がある、②例えば、同説が択一関係を基に同一性を認める窃盗罪と盗品関与罪との関係について、窃盗犯は第1の故買者にはなれないとしても第2、第3の故買者となることは可能であることを考えると疑問である、③例えば、択一関係にない2つの事実が起訴されそのいずれについても証明が不十分である場合、裁判所が無罪判決を下すべきは自明のことであり、択一性説が支持されるべき要請は存しない[381]、といった批判が向けられている。

（4）総合説

以上の考察を前提に、諸説を総合的に考慮して各々の短所を克服し、所為の同一性を折衷的に決定すべきとする、総合説（Kombinationstheorie）が提示されている。

総合説の先駆的論者である*Schwinge*[382]は、訴訟上の所為の範囲について、①「具体的行為について少なくとも部分的同一性が存在する場合」と、②「外形上別々の行為について実体的不法内容の同一性が存在する場合」とに分析し[383]、第1類型については、構成要件の重要部分の重なり合いが[384]、第2類型については、事実相互の内的関連性が[385]、それぞれ決定基準になると主張する。この見解は、実体的構成要件における実行行為を中核に置きつつ、自然的観点を補完的に用いながら、さらに不法内容という観点も同一性の判断基準に取り入れるものである。

Wolter[386]は、諸説の有益な部分を取り込んで、①行為の不可分性、②事実及び不法における核心部分の法的匹敵性、③他の犯罪事実との取り違えの危険性が、基準とされるべきと主張する。すなわち、①の観点からは、各々

---

381) *Stein* (Fn. 279) S. 449.
382) *Schwinge* ZStW 52 (1932), 203.
383) *Schwinge* (Fn. 382) S. 236.
384) *Schwinge* (Fn. 382) S. 210では、この点について、*Liu* (Fn. 326) S. 16 ff に倣い、所為における構成要件上本質的部分を「名詞的事情」、そうでない部分を「形容詞的事情」という表現を用いる。
385) *Schwinge* (Fn. 382) S. 228 ff.
386) *Wolter* (Fn. 303) S. 143 ff.

の出来事が時間的・場所的に接着している場合（例えば、飲酒運転による事故と、事故現場からの不法逃走）に所為同一性が肯定され、基本的には行為説を基礎とする（但し、実体法上の罪数論よりも広く及ぶ）[387]。②の観点からは、各々の犯罪の実体法的評価（法益侵害）が匹敵する場合（例えば、共犯と正犯、本犯と犯罪不届出罪）に同一性が肯定され、法益侵害説の考え方が重視される[388]。そして、③の観点は、従来、あまり注目されていなかったものであるが、例えば、道交法違反等、同種行為が継続的に行われるという類型については、同種の別の犯罪事実との取り違えの危険という観点から所為の時間的限界が画されるべきという（但し、厳密に数値化されるものではなく、個別事案の実質判断による）[389]。

Gillmeister[390]は、事実的要素だけでなく、刑法上重要な行為が時間的・場所的に離隔して行われる場合（例えば、詐欺罪における複数の欺罔行為や殺人罪における複数回の毒物投薬等）を考えると、行為の目的や方向性などの「意思的要素」、構成要件への関連付けとしての「規範的要素」の考慮が必要であると主張する[391]。例えば、盗品関与罪と窃盗罪との関係について、後者は前者が否定されることが条件となるため、盗品関与罪で起訴された場合、これと関連する窃盗罪の事実にまで所為の同一性は及ぶが、逆の場合には、窃盗罪の構成要件上、窃盗犯人は盗品犯人でないことが条件となるわけではないから、所為の同一性も否定されるという[392]。

Roxin[393]は、謀殺罪と死体遺棄を手伝うことによる処罰妨害罪との関係[394]について、判例も行為説と法益侵害説を折衷した総合説によるものと分析し、これを支持している。すなわち、所為の同一性を基礎付けるのは前法律的な生活事実としての関連性ではなく、被侵害法益の匹敵性であり、例えば、堕胎未遂罪と胎児殺害罪[395]、道路交通危殆化罪とそれに接続する事故

---

387) *Wolter* (Fn. 303) S. 164 ff.
388) *Wolter* (Fn. 303) S. 166 f.
389) *Wolter* (Fn. 303) S. 167 ff.
390) *Gillmeister* NStZ 1989, 1.
391) *Gillmeister* (Fn. 390) S. 1 ff.
392) *Gillmeister* (Fn. 390) S. 5.
393) *Roxin* JR 1984, 344.
394) BGHSt 32, 215.

現場不法逃走罪[396]などの関係についても、法益の匹敵性の観点から説明付けられるという[397]。*Roxin* は、これを踏まえて、①問題となる事象が不可分である場合、法益の匹敵性如何にかかわらず所為の同一性が肯定されるが、②問題となる事象が可分である場合、一定の時間的・場所的連関があることを前提に法益の匹敵性が認められる場合に限り所為の同一性が肯定されるという。その理由として、公訴主義の趣旨、つまり、裁判所が審判の対象を恣意的に変更することの防止という点が挙げられている。行為単一（観念的競合）の場合、既に全ての事実が訴訟の場に提示されているため、全体を1個の所為と認めることはこの趣旨に反するものではないが、行為複数の場合、全く異なる不法内容を持つ行為を公訴事実と置き換え又はこれに付け加えられることは、まさに公訴主義の趣旨に反するという[398]。

（5）その他

その他の見解として、特に近時、新たな視点も提示されている。

Bindokat[399]は、実体刑法の構成要件該当性ではなく規範違反性に着目し、実体的正義と法的安定性のバランスには規範的観点からの考察が必要であり、その際、憲法上の比例性原則の観点から検討されるべきであると主張する。

Bauer[400]は、本犯とその事後従犯（人的庇護罪、盗品関与罪）との関係に関する判例の展開を見て[401]、「所為像」（Tatbild）理論から「予備的認定」（Postpendenz）理論への転換が見られるとしつつ[402]、しかし、これは一般化できるものではなく、両構成要件間の特殊な関連性が必要であると主張する[403]。この点について、所為概念は純事実的観点だけでなく、法律学上の規範的観点からの考察も必要であり、実体法上の法理論の転用が必要である

---

395)　BGHSt 13, 21.
396)　BGHSt 23, 141.
397)　*Roxin*（Fn. 393）S. 348.
398)　*Roxin*（Fn. 393）S. 348.
399)　*Bindokat* GA 1967, 362.
400)　*Bauer wistra* 1990, 218.
401)　BGHSt 32, 215; 35, 86.
402)　*Bauer*（Fn. 400）S. 219.
403)　*Bauer*（Fn. 400）S. 221.

という[404]。

　Erb[405]は、継続犯・連続犯と他の重大犯罪との結び付きの問題について、所為概念と実体法の評価との独立性を前提に[406]、訴訟係属及び確定力の範囲は、実体法上の競合関係にかかわらず、起訴状において特定・明示されたもの又は追起訴により刑事手続に取り込まれたものだけに及ぶと主張する[407]。これによっても、刑法52条・51条2項の規定上、被告人は1回の手続で審判された場合より悪い地位に置かれるものではないという。*Schlehofer* も、同じく、一事不再理の範囲の決定にあたり問題の事実が既に前訴の「公訴で示された」といえるかが決定的であると主張する[408]。その理由として、法的理由により訴追を妨げられる法違反については裁判所の審判権限は及ばず、実体的正義と法的安定性の衡量上刑罰権消耗は否定されるべきであるとして、起訴状から除外された法違反は所為として「示されていない」と述べられている。

　Paeffgen[409]は、所為概念は各訴訟段階における国家機関への指導的機能を持ち、この観点から1回の手続で審判されるべき範囲が決定されるのであり、それゆえ、所為概念は「調査の方向性」という観点から決定されるべきであると主張する（「機能的・訴訟的考察法」）[410]。この点について、比例性原則からは、市民における後訴の負担は犯罪の重大性に加えて前訴における国側の行為態様も考慮されなければならないとして、例えば、売春仲介搾取罪は典型的に売春婦に対する強要・監禁を伴うものであるから[411]、調査方向の同一性ゆえに、1回の手続で解決すべきことが要求されるという[412]。

---

404)　*Bauer*（Fn. 400）S. 174.
405)　*Erb* GA 1994, 265.
406)　*Erb*（Fn. 405）S. 267 ff.
407)　*Erb*（Fn. 405）S. 282.
408)　*Schlehofer* GA 1997, 101.
409)　*Paeffgen*, in GS-Heinze, 2005, S. 615.
410)　*Paeffgen*（Fn. 409）S. 630.
411)　Vgl. BGHSt 39, 390.
412)　*Paeffgen*（Fn. 409）S. 630 ff.

Ⅳ. 小　括

　以上、ドイツにおける刑事訴訟の審判対象である所為について、その概念の内容・範囲に関する判例・学理を概観してきた。次のとおり、小括される。

　第1に、刑事訴訟における「所為」概念について、これを公判における審判対象であると位置付けた上で、裁判所の審査権限が及ぶ範囲については1回の手続で処理され、その範囲において一事不再理効が生じるとの見解が支配的である。確かに、日本では、検察官が主張する訴因が審判対象であるとの理解が支配的であり、直ちにドイツの議論を日本のそれに転用することはできない。しかし、訴因変更手続における「公訴事実の同一性」概念の機能、すなわち、1回の手続で処理可能とする範囲の設定という観点からは、検察官及び裁判所という国家機関と被告人の地位に置かれた市民との関係として、両国の間で考え方の根底に径庭はない。例えば、少数説であるが、審判対象を広く理解しつつ、1回の手続で実際に処理されなかった（又は、処理が事実上・法律上不可能であった）部分について一事不再理効の範囲を限定する考え方について、日本でも同様のものが見られるところであり、支配的見解との間で繰り広げられる議論は、日本の議論にも示唆を与える。

　第2に、所為概念の内容・範囲について、ドイツにおいても、所為の単一性が実体法の罪数論との関係について議論されつつ、所為の同一性について様々な観点から議論が展開されていることが確認された。

　所為の単一性について、ドイツでは、実体法上の罪数論には拘束されず、訴訟法の観点から独自に決定されるべきとする見解が支配的であった。もっとも、従来は、実体法上一罪の関係にある場合は「常に」訴訟法上も所為は1個であるとして、その限りで、訴訟法上の所為は実体法の評価に拘束されると解されてきた。しかし、このような実体法の帰結とのいわば片面的な従属関係は、犯罪・テロ組織構成罪とその間に実行された個別犯罪との関係についての判例[413]の出現により、少なくとも実務においては、もはや完全に遮断された。もっとも、学理上、特に、実体法上1個の罪について2つの有

罪判決が存在する場合の刑の調整規定が存在しないこと（併合罪の場合には存在する）から実定法規定に反するとの批判は、日本の議論でも同様に妥当する（刑51条参照）。

　所為の同一性について、判例上、いわゆる自然的考察法が主張され、学理上も、判例を支持する見解が多数であった。もっとも、そこでいう日常的・自然的感覚という基準はおよそ不明確なものであり、これを如何に理論的に整序し、実用的なものとして明確化していくかという点に、対立が見られた。そこでは、事実的考察と規範的考察を軸にして、日本と同様に「百花繚乱」の如くであり、学理の分類自体が1つの難問を提起するものであった。近時は、対立がより細分化している。

　このような論争は、所為概念が刑事訴訟において担う機能ゆえに、様々な利益が相対的に関連し、一義的に何が正しい結論とはいえないという、この問題の本質を表すものである。ドイツにおける議論は、このような所為概念の重要性を念頭に置かれたものであり、理論面はなおのこと、具体的妥当性をも意識してなされたものとして、参考に値する。

---

413)　BGHSt 29, 288; BVerfGE 56, 22.

第6章　公訴事実の単一性

Ⅰ．問題の所在

「公訴事実の同一性」は、「審判の対象の個数や範囲の問題として、訴訟構造の基本にかかるもの」[414]であり、刑事訴訟法における重要な概念の1つである。それゆえ、その内容・範囲の決定は、やはり、刑事訴訟法理論における重要な課題の1つである。

本概念は、伝統的に、「公訴事実の単一性」の問題と「狭義の同一性」の問題とに区別して論じられてきた。すなわち、前者は「一個の事件として不可分に取り扱はれる範囲の問題」であり、後者は「手続の前後における事件の連続性の問題」であるといった分析[415]や、前者は訴因が両立する関係にある場合の問題であり、後者は訴因が両立しない関係にある場合の問題であるといった分析[416]に見られるように、2つの問題は次元の異なるものと理解されてきたわけである。

本章は、公訴事実の単一性について、実体法上の罪数論との関係を中心に検討する。その際、従来の見解を批判的に考察し、公訴事実の単一性を決定するにあたり罪数論との関係を片面的に考慮するという見解（片面的従属説）を主張する[417]。すなわち、実体法上一罪の関係にある事実を分割することはできない（その意味では罪数論に従属する）が、併合罪の関係にある事実がなおも1個の手続で解決されるべき場合があるという限りで、公訴事実の単一性が実体法上の一罪性による拘束から解かれるというわけである。

---

414)　福岡地久留米支判平16・1・27刑集60巻9号701頁。
415)　小野・講義192頁、同・概論131頁。
416)　平野139頁。
417)　田宮裕『日本の刑事訴追』（1998年）353頁。辻本④(3)157頁。

Ⅱ．公訴事実の同一性について

　公訴事実の単一性の問題を検討するにあたり、前提として、「公訴事実の同一性」概念の機能、意義、内容について言及しておかなければならない。

1　概念の機能・意義

　本概念は、刑訴法312条1項に明示されているとおり、訴因変更の可能的範囲を定めるものである。また、判例・通説によれば、二重起訴禁止及び一事不再理効の客観的範囲も、公訴事実の同一性の有無によって決定される[418]。

　このような機能を担う公訴事実の同一性は、いわゆる「訴訟行為1回性原則」の具体的基準である。すなわち、国家の刑事訴追機関は、訴因変更という手段を与えられることにより、公訴事実の同一性が認められる範囲にある事実について1個の手続で解決することができる。そして、そのような1回的解決を可能とする権限は、その裏返しとして、1回的に解決すべき義務を伴うのである。日本では、検察官は、その訴追裁量（刑訴248条）に基づいて、訴因の設定・構成に際して広い処分権を有している。そのような権限は、1回の手続で解決すべき範囲内での裁量権であり、訴因から除外された事実は選択された事実との間で公訴事実の同一性が認められる限りにおいて処分されたものとして別の手続で訴追することは許されない、という効果を生じさせるのである。このことは、憲法39条が同一の「犯罪」について二重の「刑事上の責任」追及を禁止していること（二重の危険禁止）から裏付けられる。つまり、公訴事実の同一性は、刑訴法上の意義にとどまらず、憲法上の二重の危険禁止原則を具体化させる基準として理解されなければならない。

---

418)　さらに、強制処分の範囲（事件単位の原則）や公訴時効停止の範囲も、公訴事実の同一性が基準になるとの見解が有力である（平野145, 160頁）。

118　第2編　公訴事実の同一性論

2　概念の内容

　前述のとおり、公訴事実の同一性は、伝統的に、「公訴事実の単一性」と
「狭義の同一性」とに区別して論じられてきた。この区別を最初に提唱した
小野は、旧刑訴法の時代における訴訟の客体である「犯罪事実」概念につい
て、従来、これを区別して議論されてこなかった点を批判し、単一性（Ein-
heitlichkeit）と同一性（Identität）とを明確に分析して検討されるべきことを主
張した[419]。そして、このような両概念の分析的考察は、現行刑訴法の時代
に変わっても継承され、現代まで通説的見解として支持されている。

　これに対し、公訴事実の単一性と狭義の同一性との分析的考察を否定し、
公訴事実の同一性を一元的に考察しようとする見解[420]もある。しかし、本
書は、このような反対説があるにもかかわらず、公訴事実の単一性と狭義の
同一性との分析的考察は維持されるべきと考える。訴訟において複数訴因の
関係が問題となるとき、双方が両立するか否かによって、自ずと、その検討
課題や解決基準が異ならざるを得ないからである。むしろ、そのような分析
を前提とした上で、各々の場面における実質的考察を発展させることが重要
である。

Ⅲ．公訴事実の単一性について

1　日本の議論

　従来から、公訴事実の単一性は実体法上の一罪性に従属するという見解
が、支配的である。

　この見解は、当初、いわゆる「公訴不可分の原則」に結び付けて説明され
ていた。すなわち、公訴事実の単一性とは「手続上不可分なる一個の事件と
して取扱はるる」べきものであり、それは「原則として刑法各本条に於ける
構成要件を標準として其の一回の充足あるとき」である、また、科刑上一罪
の関係にある事実に関しても「刑法上特に之を一罪として処断すべきもの」
とされている以上、「刑事訴訟法の関係に於ても之を一罪として取扱はねば

---

419)　小野・講義192頁、同・概論130頁。
420)　例えば、小田中161頁。

ならぬ」ものであり、そこから、公訴事実の単一性は実体法上の罪数論によって規整されるべきというのである[421]。これによると、例えば、かつて法定されていた連続犯を構成する事実の一部が公訴提起された場合、公訴事実の単一性という概念に基づいて、裁判所の審判権限は、検察官の起訴状における主張を超えて一罪性が認められる全範囲に及ぶことになる。

　しかし、このような意味での公訴不可分の原則は、現行刑訴法において訴因制度が導入され、裁判所の審判権限は検察官が主張する訴因の範囲に拘束されるとの見解（訴因審判対象説）が支配的となったことから、もはや妥当しえない。それでもなお、公訴事実の単一性を実体法上の一罪性に結び付ける理解は維持された。例えば、平野[422]は、公訴事実の単一性は訴因間の比較において両立しうる事実間の関係であると措定した上で、単純一罪や法条競合の場合だけでなく科刑上一罪の関係においても訴因変更が許されるのは、まさに実体法上の一罪性から単一性が導き出されることによると述べている。また、田宮[423]は、公訴事実の単一性を、かつて公訴不可分原則との結び付きにおいて理解されてきたものとは区別する目的で「新単一性」と表記した上で、刑罰関心の同一性から基礎付けられる狭義の同一性と並んで、実体法上の一罪性が独立して公訴事実の同一性を基礎付ける要素になると主張する。さらに、鈴木[424]は、狭義の同一性に関する田宮の刑罰関心同一性説から示唆を得て、単一性についても「刑罰関心の単一性」という観点から、１個の手続において、複数の社会的問題（公訴問題事実）の解決が要請されるべき公訴犯罪事実の確定基準として、やはり実体法上の一罪性が問われるべきものと主張する。

　このように、訴因制度の下でも公訴事実の単一性は実体法上の一罪性に従属すべきであるという見解が維持されたことは、ひとまず、訴因が裁判所の審判権限を拘束するか否かという問題とは離れて、一罪性が認められる範囲においては国家が１個の手続で解決すべきであるとの要請が働くことによ

---

421)　小野・講義192頁、同・概論134頁。
422)　平野34頁、同・訴因156頁。
423)　田宮202頁。
424)　鈴木・構造214頁。

120　第2編　公訴事実の同一性論

る。すなわち、一罪一手続原則というテーゼが所与の前提とされているのである。もっとも、このテーゼが当然に妥当すべきものであるか、つまり、国家が1個の手続で解決すべき範囲が実体法上の一罪性に従属すべき根拠について、従来の支配的見解は、必ずしも十分な論証を尽くしてきたとはいえない。このような問題意識から、近時、特に、ドイツにおける議論を参考にして、公訴事実の単一性を実体法上の一罪性から完全に切り離すことを主張する見解[425]も登場している。

　そこで、次に、検討のための資料として、ドイツにおける議論を概観する。但し、その際、日本との実務上及び理論上の違いに注意が必要である。周知のとおり、訴訟構造の観点において、訴因制度を持たないドイツでは、職権探知主義の下、裁判所の審判権限は検察官が起訴状に記載した事実に拘束されない。また、罪数論の観点において、ドイツでは、牽連犯が法定されていないこと、他方、観念的競合が認められる範囲は日本よりも広く、また、連続犯による一罪的評価も最近まで認められていたことにも注意が必要である。ドイツと日本とでこのような違いはあるが、手続上の単一性と実体法上の一罪性との関係に関する考察は、その理論面において大いに参考になる。

2　ドイツの議論

　ドイツにおいても、公訴事実（＝所為（Tat））の同一性・単一性は、裁判所の審判権限が及ぶ範囲及び二重起訴禁止や一事不再理効の範囲を決定する概念とされ（ド刑訴264条、ド基本法103条）、その内容決定は、実務上及び理論上、重要な課題の1つである。前述（第5章）のとおり、所為の単一性と実体法上の一罪性との関係について、判例上、次のような変遷が見られる。

　ドイツでは、従来、原則として実体法上の一罪性と所為の単一性は一致するが、実体法上数罪の関係にある事実がなおも1個の手続で解決されるべき場合があると理解されてきた。例えば、ライヒ裁判所1927年判決[426]は、手続法上の「所為」概念は罪数論規定における「行為（Handlung）」（ド刑旧73・

---

425)　只木（前掲注14）221頁以下。
426)　RGSt 61, 314.

第6章　公訴事実の単一性　*121*

74条）概念と共通のものではないこと、このような見解は既に確立された判例理論であることを明言している。この理論は、連邦通常裁判所によっても継承されており、ドイツの判例において長い間の確立した理論となってきた。しかし、その際、単に実体法上の行為概念と訴訟法上の所為概念との独立性が指摘されるのみで、特段の理論的基礎付けがなされることはなかった。

　このような両概念の独立性をいわば所与の前提とする判例理論は、他方、実体法上一罪の関係にある場合でも所為の単一性が否定されるという方向に発展していった。そのリーディング・ケースとなったのが、前述（第5章）のとおり、連邦通常裁判所第3刑事部 1980年判決[427]と、その憲法抗告審である連邦憲法裁判所1981年決定[428]である。本件被告人は、1971年から1972年6月までドイツ赤軍にその構成員として関与し、その間に組織の活動の一環として複数の犯罪を実行した。連邦通常裁判所は、実体法上の一罪性を肯定した上で、犯罪組織構成罪の特殊性、すなわち、いわゆる捕集構成要件として訴追立証上の困難さを緩和することを目的とするという制度趣旨からは、「実体法上1個の行為は、常に……刑事訴訟上も1個の所為を構成するという原則」は本件において否定されるべきであるとして、被告人の上告を棄却した。連邦憲法裁判所も、実体法上の罪数論と訴訟法上の所為論との機能の違いを強調し、連邦通常裁判所の結論を支持した。この理論は、犯罪組織・テロ組織構成罪とその間に実行された個別の犯罪との結び付きが問題となる事例[429]だけでなく、武器所持罪とそれを用いて実行された強盗罪との関係が問題となった事例[430]等でも適用され、一般化される傾向が見られる。

　このようにして、ドイツの判例上、併合罪の関係にある場合に所為の単一性が認められる場合だけでなく、一罪の関係にある場合に所為の単一性が否定されるべき場合があることも承認され、訴訟上の所為概念と実体法上の罪数論との従属性が全面的に否定されることとなったのである。

---

427)　BGHSt 29, 288.
428)　BVerfGE 56, 22.
429)　BGH NJW 2001, 2643.
430)　OLG Hamm NStZ 1986, 278.

122　第2編　公訴事実の同一性論

　これに対し、学理上、所為概念と罪数論との完全な分離を支持する見解[431]もあるが、これを批判する見解が支配的である。すなわち、学理上も、併合罪の場合になおも所為の単一性を肯定する見解が支配的であるが、実体法上一罪の関係にある事実について訴訟上の単一性を否定するという観点については、反対する見解[432]が支配的である。その根拠として、国家は一罪の一部を後の手続に留保することは許されないこと、一罪の一部が現実に審判されたか否かに着目することは妥当ではないことなどの訴訟法の基礎理論的理由や、併合罪とは異なり科刑上一罪に際して事後的に刑を併合する規定がないという制定法上の制度的理由が挙げられている。そして、これらの学理は、連邦通常裁判所や連邦憲法裁判所が追求した具体的結論の妥当性は、立法論としては、犯罪・テロ組織構成罪の廃止によって、解釈論としては、1個の継続犯の質的・量的変化による実体法上の分割といった方法によって図られるべきと主張している。連邦通常裁判所自身も、例えば、1989年判決[433]において、武器所持罪は行為者がその武器を用いて強盗罪等の重大犯罪を実行することを決意した時点でそのような意思を持たない従前の所持とは区別されるとの理由で実体法上の一罪性を否定したり、1994年大刑事部決定[434]において、「連続犯」の構成を事実上放棄するなど、実体法レベルでの解決を図ろうとする動きを見せている。

　このようにして、ドイツでは、罪数論と訴訟法上の所為概念との関係について、併合罪について訴訟上の単一性を認めつつ、他方で、実体法上の一罪性をいわば訴訟の最小単位として位置付ける見解、つまり、訴訟上の所為単一性をそのような方向性でのみ片面的に従属させる見解が支配的である。

　もっとも、併合罪関係にある事実についてなおも公訴事実の単一性を肯定するならば、罪数論とは異なる別の基準が求められることになる。この点について、ドイツでは、かつては、専ら個別的判断によるのみで、一般的基準の定立には至っていなかった。しかし、例えば、連邦通常裁判所第1刑事部

---

431)　*Mitsch*（Fn. 130）S. 159.
432)　*Meyer-Goßner*（Fn. 29）§ 264 Rn. 6.
433)　BGHSt 36, 151.
434)　BGHSt 40, 138.

1959年決定[435]が、「複数の公訴事実間において、その刑法上の評価を考慮した上でいずれもが単独では合理的な責任追及が果たしえず、各々単独で審判することが単一の生活事実の不自然な分割に当たるというほどの、内的結び付きが存在していること」と判示するなど、日常感覚における社会的事象の単一性（時間的・場所的近接性）と、両犯罪事実間の犯罪類型上の結合性（統一的・単一的評価の必要性）が、公訴事実の単一性を検討するための一般的基準と成りうることを示している[436]。

3　検　討

　以上のとおり、公訴事実の単一性の問題において、実体法上の罪数論への従属性如何という点に関して、日本とドイツとで違いがあることが判明した。

　本書は、ドイツの通説的見解である、実体法罪数論への片面的従属を認める見解（片面的従属説）、すなわち、一罪の関係にある事実を訴訟上分割することは許されないが、併合罪の関係にある事実がなおも1個の手続で処理されるべき場合は認められるとする見解を支持する。確かに、実体法上一罪の関係にある事実については、国家は1個の刑罰権しか持たないこと（刑54条、51条1項参照）、それらは統一的評価が必要であることから、これを分割して訴追することは許されない。また、実体法上の決定は社会的意味においても犯罪事象の最小単位を構成するものとして、尊重されなければならない。その意味で、手続法は実体法の決定に従属しなければならない。しかし、併合罪の関係にある事実についても、それらの場所的・時間的近接性に基づく社会的事象としての単一性が認められ、1個の手続で統一的に評価・処理されるべき場合があることも、否定できない。

　例として、財物奪取と傷害とが場所的・時間的に近接して実行されたという事例を想定してみる。このとき、例えば、窃盗罪で確定判決が下された

---

435)　BGHSt 13, 21.
436)　例えば、妊婦が堕胎行為に失敗した後、間もなく、出生した嬰児を殺害したという場合には、単一性が否定され（BGHSt 13, 21）、危険な運転により交通事故を惹起した後、その事故現場から逃走したという場合には、単一性が肯定されている（BGHSt 23, 141）。

後、傷害罪で起訴することは可能か。従来の通説的見解によると、窃盗罪と傷害罪とは併合罪の関係にあり、それゆえ公訴事実の単一性も否定されるとして、後訴は許されることになる。もっとも、窃盗と傷害との間に因果関係が認められ強盗傷人一罪として評価されるべき場合、通説からも、公訴事実の単一性が肯定され、後訴は許されないということになる。このことからすると、本事例は、財物奪取と傷害に加えて、両事実間の因果関係の「存否」をも含めた事実が統一的に解決されるべきことが要請されている。因果関係があれば単一性が肯定され、なければ否定されるというのではなく、およそ因果関係の「存否」を含めた全体事象が1回的解決を要請されているのである。このことを要するに、実体法上一罪の関係にあるから、公訴事実の単一性、手続の1個性が認められるのではなく、1個の手続の対象について審判された結果、一罪であったり、数罪であったりするのである。

もっとも、このような見解に対して、次のような批判が向けられることが予想される。すなわち、第1に、1個の刑罰権には1個の手続が対応すべきであること、第2に、被告人の防御範囲が広くなってしまうこと、第3に、基準の明確性が欠けることである。しかし、このような批判には、次のような反論が可能である。第1に、1個の刑罰権には1個の手続が対応すべきであるとの点については、確かに、実体法上一罪の関係にある事実についてこれを分割して複数の手続で訴追することは許されないという意味では妥当するが、逆に、併合罪の関係にある場合に常に複数の手続を実施しなければならないという意味では妥当しない。なぜなら、併合罪の場合にその併科・加重規定が存在し、加重単一刑主義及び吸収主義が採られている点をみると[437]、併合罪関係にある事実がなおも1個の手続で処理されるべきことは法律上予定されているといってよいからである。第2に、被告人の防御範囲が広くなり過ぎるという点については、当初から併合罪で起訴される、又は、途中で追起訴されるといった場合にも同様の状況が生じること、訴因制度の採用ゆえに不意打ちにはならないこと、防御準備に必要な期間公判手続の停止が認められること（刑訴312条4項）から、批判としては妥当しない。

---

437) 団藤・総論452頁。

逆に、一事不再理効や二重起訴禁止の範囲が広げられることで、被告人にとって利益の方が大きいともいえる。第3に、基準の明確性はどうか。確かに、手続の明確性は重要な要請であり、罪数論に従属させることで、その要請は相当程度満たされることになるであろう。しかし、明確性の要請は、正当性の要請を超えるものではなく、実質的に如何なる範囲において1個の手続で解決されるべきかという問題が解決されないまま、ただ明確性のみが追求されるということは本末を転倒するものである。罪数論自体も、ときおり重要な判例変更が行われることに見られるとおり、必ずしも明確であるというわけでもない。逆に、本書のように、併合罪関係にある事実についてもなお公訴事実の単一性を肯定するという見解からも、前述ドイツの例に見られるように、一般的・抽象的基準の定立による明確化を図ることは可能である。

IV. 小　括

以上、本章では、従来から公訴事実の同一性の1要素として検討されてきた公訴事実の単一性の問題について、実体法上の罪数論との関係に着目して検討した。そして、片面的従属説、すなわち、一罪の関係にある事実を分割して訴追することはできないが、併合罪の関係にある場合でもなお公訴事実の単一性が認められるべき場合もあるとの見解を主張するに至った。このような見解は、従来、所与のものとされてきた一罪一手続原則に修正を迫るものであり、多くの事例において結論を変更させるものである。それゆえ、具体的事案の検討にあたって明確な基準を提示することが課題となる。その際、本章においてドイツの議論を参照して提示された、場所的・時間的近接性ゆえの社会事象としての単一性と、統一的な法的評価の要請という観点が、判断基準とされるべきである。

126 　第2編　公訴事実の同一性論

第7章　狭義の同一性

　「公訴事実の同一性」論は、「いまだ定説がない」[438]との指摘に見られるように、「学説は、さながら覇を競うがごとく多彩にオンパレードをくりひろげているの観がある」[439]。そのような学理状況は、「議論全体の見通しの悪さ」から、「公訴事実論簡素化の必要性」が指摘されて久しい[440]。

I.　判　　例

1　基本的事実の同一性

　一般に、判例は公訴事実の同一性の判断にあたりいわゆる「基本的事実同一説」に立つものと、理解されている。この同一性が問われるべき基本的事実関係の対象は何かという点について、必ずしも明言されていないが、主として「犯罪を構成する事実関係の基本たる部分」[441]、すなわち、「法益侵害ないし結果の同一性・一体性」[442]に着目され、当該事実について「社会通念上同一事実」[443]といえるかどうかという観点から検討されている。もっとも、その基礎付けにあたっては、両訴因事実の共通性と、非両立性とに分析される。

　両訴因事実の共通性から公訴事実の同一性が基礎付けられたものとして、窃盗共同正犯と盗品運搬罪[444]、詐欺罪と占有離脱物横領罪[445]、詐欺罪と窃盗罪[446]、現住建造物放火幇助罪と失火罪[447]などの事案が挙げられる。他方、

---

438)　鈴木茂嗣「刑事法学の動き・上口裕『公訴事実の同一性』」法時74巻6号120頁。
439)　田宮205頁。
440)　鈴木（前掲注438）120頁。
441)　田口330頁。
442)　鈴木茂嗣「公訴事実の同一性」刑訴法争点・第3版122頁。
443)　最決昭25・6・17刑集4巻6号1013頁。
444)　最決昭27・10・30刑集6巻9号1122頁。
445)　最判昭28・5・29刑集7巻5号1158頁。
446)　最判昭29・8・24刑集8巻8号1426頁。

両事実の非両立性から基礎付けられたものとして、窃盗罪と盗品有償処分あっせん罪[448]、業務上横領罪と不正株式取得罪（旧商法489条２号）[449]、横領罪と窃盗罪[450]、加重収賄罪と贈賄罪[451]、覚せい剤取締法違反（自己使用罪の日時等の違い）[452]などの事案が挙げられる。

　このように、判例では、公訴事実の同一性の検討において基本的事実の同一性がその基準とされ、その基礎付けとして、両訴因事実の共通性及び非両立性が用いられている。もっとも、この点について、「共通性に着目する流れと非両立性に着目する流れとは、必ずしも相対立するものではなく、むしろ連続性を有するものと理解すべき」[453]である。それゆえ、判例の分析において、前述の基本的枠組みを前提に、具体的犯罪類型ごとの考察が重要である。

2　個別事例ごとの分析

（1）被害客体を同一にする財産犯相互の関係

　同一客体に対する財産犯相互の関係が問題となる場合、概ね公訴事実の同一性が肯定されている。その例として、窃盗罪と占有離脱物横領罪[454]、詐欺罪と占有離脱物横領罪[455]、詐欺罪と窃盗罪[456]などの事案が挙げられる。例えば、馬の代金を保管中着服横領したという事実とその馬を窃取したという事実との関係についても、行為態様における多少の差異が認められつつ、同一客体に対する行為であり、両事実が非両立の関係にあることを挙げて、公訴事実の同一性が肯定されている[457]。

　もっとも、窃盗罪の犯行日時が当初の「９月15日午後３時頃」から「８月

---

447)　最判昭35・7・15刑集14巻9号1152頁。
448)　最判昭29・5・14刑集8巻5号676頁。
449)　最判昭33・5・20刑集12巻7号1416頁。
450)　最判昭34・12・11刑集13巻13号3195頁。
451)　最決昭53・3・6刑集32巻2号218頁。
452)　最決昭63・10・25刑集42巻8号1100頁。
453)　鈴木（前掲注442）123頁。
454)　最判昭25・6・30刑集4巻6号1146頁、最決昭37・3・15刑集16巻3号274頁。
455)　最判昭28・5・29刑集7巻5号1158頁。
456)　最判昭29・8・24刑集8巻8号1426頁。
457)　最判昭34・12・11刑集13巻13号3195頁。

128　第 2 編　公訴事実の同一性論

25日午後 6 時頃」に訴因変更が請求された事案では、「犯罪の日時は訴因と
して罪となるべき事実を特定させるのに重要な点であって前述のように犯行
の月も日も時間までも起訴と判決が著しく異なる場合は」公訴事実の同一性
が否定されるべきである、と判断された例も見られる[458]。

（2）窃盗罪等と盗品関与罪

　窃盗罪等本犯と盗品関与罪との間でも、概ね公訴事実の同一性が肯定され
ている。その例として、詐欺罪と盗品譲受罪[459]、窃盗罪と盗品運搬罪[460]、
窃盗罪と盗品保管罪[461]などの事案が挙げられる。例えば、10月14日頃静岡
県において窃取したとする事実と同月19日頃同一物を東京都で牙保（有償処
分あっせん）したとする事実との関係についても、「右二訴因はともに A の窃
取された同人所有の背広一着に関するものであって、ただこれに関する被告
人の所為が窃盗であるか、それとも事後における贓物牙保であるかという点
に差異があるにすぎない。そして、両者は罪質上密接な関係があるばかりで
なく、本件においては事柄の性質上両者間に犯罪の日時場所等について相異
の生ずべきことは免れないけれども、その日時の先後及び場所の地理的関係
とその双方の近接性に鑑みれば、一方の犯罪が認められるときは他方の犯罪
の成立を認め得ない関係にあると認めざるを得ないから、かような場合には
両訴因は基本的事実関係を同じくするものと解するを相当」として、公訴事
実の同一性が肯定されている[462]。

　しかし、財産犯本犯が正犯ではなく教唆犯又は幇助犯の場合、これと盗品
関与罪との間では、公訴事実の同一性が否定される傾向にある[463]。例えば、
リヤカーを貸与して窃盗を幇助した事実とその盗品を故買したとの事実との
関係について、「窃盗幇助罪の外贓物故買罪が別個に成立し両者は併合罪の
関係にある」として、被害客体が同一であるにもかかわらず、両事実の両立

---

458)　東京高判昭26・ 6 ・28高刑 4 巻 9 号1079頁。
459)　最判昭24・ 1 ・25刑集 3 巻 1 号58頁。
460)　最判昭25・ 5 ・16刑集 4 巻 5 号818頁、最決昭27・10・30刑集 6 巻 9 号1122頁。
461)　最判昭29・ 9 ・ 7 刑集 8 巻 9 号1447頁。
462)　最判昭29・ 5 ・14刑集 8 巻 5 号676頁。
463)　名古屋高判昭28・ 7 ・ 7 高刑 6 巻 9 号1172頁（窃盗教唆罪・盗品運搬又は有償譲受
　　罪）、東京高判昭25・ 4 ・25高刑 3 巻 1 号118頁（強盗幇助罪・盗品無償譲受罪）。

性を理由に公訴事実の同一性が否定されている[464]。実体法上、盗品関与罪は盗品犯の本犯との間において両立しない関係にあるが、狭義の共犯との間では両立する関係にあると解されている。これを前提にすると、この事例は、公訴事実の単一性の問題として考察されるべきことになる（そして、通説は、実体法上数罪であることを理由に単一性を否定する）。

（3）同種犯罪類型間

　財産犯以外の同種犯罪類型間では、基本的に、犯行日時・場所・方法等の同一性・近接性の有無により、公訴事実の同一性の肯否が決定されている。

　例えば、現住建造物放火幇助罪と失火罪[465]、加重収賄と贈賄罪[466]、覚せい剤取締法違反（自己使用罪の使用日時の違い）[467]などの事案で、基本的事実関係の同一性から公訴事実の同一性が肯定されている。

　他方、道交法違反（無謀操縦運転罪＝廃止済）[468]、収賄罪[469]などの事案では、犯行日時・場所に相当の差異があることを理由に公訴事実の同一性が否定されている。これらは、犯罪類型上、犯行日時・場所のずれによって両事実が両立しうる関係にある。また、銃砲等所持禁止令違反（重なり合う期間内に2本の異なる日本刀を所持）[470]、凶器準備集合罪（いったん解散した後改めて集合）[471]、賭博開帳図利等罪（同一期間内の複数行為）[472]などの事案で、各々が独立した関係にあるとして同一性が否定されている。さらに、特別法上の企業と個人の責任が重畳する事案では、実行行為者である個人が異なる場合に、公訴事実の同一性が否定されている[473]。

---

464)　最判昭33・2・21刑集12巻2号288頁。
465)　最判昭35・7・15刑集14巻9号1152頁。
466)　最決昭53・3・6刑集32巻2号218頁。
467)　最決昭63・10・25刑集42巻8号1100頁。もっとも、覚せい剤自己使用罪の犯罪類型においては、1時間程度のずれにおいて複数の両立しうる行為の存在は否定しえないことから、むしろ単一性の問題と考えるべきではないかとの疑問も残される。
468)　東京高判昭28・3・16東高刑時報3巻3号123頁。
469)　名古屋高判昭50・3・20判時790号121頁。
470)　最判昭28・11・27刑集7巻11号2344頁。
471)　東京高判昭49・4・25高刑27巻1号102頁
472)　最決昭45・7・10判時598号94頁、東京高判昭47・3・27高刑25巻1号42頁。
473)　最判昭28・1・27刑集7巻1号64頁（失業保険法違反被告事件）、仙台高判昭40・5・10高刑18巻3号168頁（指定漁業無許可営業罪被告事件）。

130　　第2編　公訴事実の同一性論

（4）異種犯罪類型間

　ここでも、犯行の日時・場所等の同一性・近接性の有無が重視されている。

　例えば、恐喝罪と収賄罪[474]、詐欺罪と寄付金募集条例違反[475]、業務上横領罪と会社の計算による不正株式取得罪（旧商法489条2号）[476]などの事案において、基本的事実関係の同一性を理由に公訴事実の同一性が肯定されている。

　これに対し、犯行の日時・場所等に重なり合いが認められない事例では、公訴事実の同一性が否定される傾向にある。例えば、公正証書原本不実記載・同行使罪と応預合罪（旧商法491条違反）[477]、臨時物資需給調整法違反中の油糧需給調整規則違反（いか油の譲渡）と重要物資輸送証明規則違反（右いか油の無証明輸送）[478]、外国人登録令違反中の登録証明書呈示拒否罪と登録不申請罪[479]などの事案で、公訴事実の同一性が否定されている。また、犯行の日時・場所等に（実質的な）重なり合いが認められる事例においても、公訴事実の同一性を否定した事案が見られる。例えば、道交法違反（無謀操縦罪＝廃止済）と業務上過失致死罪[480]、道交法違反中の過労運転等禁止罪と安全運転義務違反[481]、貿易等臨時措置令違反（物品の密輸入）と関税法違反（右物品の関税逋脱[482]）、古物営業法違反中の帳簿無記入罪と無免許営業罪[483]などの事案で、基本的事実関係が異なるとの理由で公訴事実の同一性が否定されている。

　さらに、問題となる事実が観念的に択一・非両立の関係にある類型でも、例えば、業務上過失致傷罪と犯人隠避罪（身代わり犯人）[484]、業務上過失致傷

---

474)　最判昭25・9・21刑集4巻9号1728頁。
475)　最決昭47・7・25刑集26巻6号366頁。
476)　最判昭33・5・20刑集12巻7号1416頁。
477)　札幌高判昭30・8・16高刑8巻5号734頁、東京高判昭50・9・16高刑28巻4号359頁。
478)　最判昭26・10・12刑集5巻11号2214頁。
479)　東京高判昭32・6・29高刑10巻5号433頁。
480)　最決昭33・3・17刑集12巻4号581頁。
481)　広島高判昭43・2・27判時516号84頁。
482)　最判昭29・1・28刑集8巻1号95頁。
483)　大阪高判昭27・6・23高刑5巻6号975頁。

罪と詐欺罪（事故偽装による保険金詐欺）[485]などの事案で、罪質・被害法益・行為客体・態様等の違いを理由に、公訴事実の同一性が否定されている。被告人が農協理事Xから手形を騙取したとする詐欺の事実と、被告人がXと共謀し手形を担保に第三者から金借した債務を農協資金で弁済したとする業務上横領の事実との関係についても、「犯罪の法律的構成において詐欺と業務上横領の相違があり、更に被告人とXとの関係につき加害者と被害者の関係から共犯関係への移動があって、両者を訴因自体として比較するとき、殆んど何らの共通点を発見しえない」[486]として、公訴事実の同一性が否定されている。

Ⅱ. 学　　理

　前述のとおり、判例は、一般に、「基本的事実同一説」（或いは、「歴史的事実同一説」と表されることもある）に立つものと理解される[487]。これに対し、学理上、次のような見解の対立が見られる。ここでは、支配的な分類法に従い、帰属のアプローチ（事実的基礎説）と、比較のアプローチ（機能概念説）との分類から、諸説を概観する。

1　帰属のアプローチ（事実的基礎説）

　帰属のアプローチ（事実的基礎説）とは、同一性判断に際し、「公訴の提起に先立つ『犯罪の嫌疑』を想定して、その同一性を考える」[488]、すなわち、「公訴事実の同一性はむしろ一定の拡がりをもった事実であ〔る〕」[489]と理解する見解である。後述の比較のアプローチ（機能概念説）との対比において、「訴訟対象観との関連における基本的アプローチ」[490]、或いは、「現行法の基

---

484)　東京高判昭40・7・8高刑18巻5号491頁。
485)　東京高判昭61・6・5判時1215号141頁。
486)　最判昭41・4・12判時451号55頁。
487)　この見解を明確に支持するものとして、斉藤金作『刑事訴訟法・合本』（1986年）95頁。
488)　松尾・上266頁。
489)　白取296頁。
490)　田宮205頁。

132 第2編 公訴事実の同一性論

本構造に関する立場」[491]に違いがあり、「『犯罪の嫌疑』から立論して裁判を
その解決とみる思考方法が――ちょうど認識論における模写説がそうであるよ
うに――一般の常識に合致し、理解しやすい」という利点を持つものであると
されている。判例の基本的事実同一説も、この帰属のアプローチによるもの
と理解されている。この見解は、主として、公訴不可分の原則を肯定する立
場から主張されている。

機能概念説との実践的な差異は、いわゆる順次訴因変更（例えば、窃盗教唆
罪で起訴され、窃盗正犯に訴因変更された後、さらに盗品関与罪へ訴因変更が問題となる）
の問題に表れる。事実的基礎説からは訴因変更は認められないが、機能概念
説からは認められるべきものと理解されている[492]。

事実的基礎説は、判例の「基本的事実同一説」に加えて、以下の、バリエ
イションで主張されている。

罪質同一説は、罪名の基本的同一性維持を原則とし、罪質の変更を認めな
い見解である[493]。この見解は、刑法各則に規定された構成要件は刑事手続
の全過程を通じた「観念上の指導形象」であり、手続の実体形成過程におい
ては、構成要件に該当すべき「罪となるべき事実」の確認がなされるのであ
り、そのような事実は単なる自然的又は社会的事実ではなく、一定の法的評
価を経て構成されるべき事実であると理解する[494]。これによると、例えば、
収賄罪と恐喝罪との関係についても、判例と異なり、公訴事実の同一性が否
定されることになる。すなわち、論者によると、罪質の同一性は必要条件で
あって十分条件ではなく、基本的事実の同一性を前提になお罪質の同一性の
観点から限定を加えようとするのである。もっとも、そのように同一性の範
囲を狭く理解する点については、「〔刑訴法〕第312条の運用を困難にするばか
りでなく、憲法第39条の趣旨を没却するおそれがある」との批判がある[495]。

構成要件共通説は、「はじめの段階で指示されたＡ事実が甲という構成要
件にあたり、のちに判明したＢ事実が乙という構成要件にあたるばあいに、

491）　松尾・上267頁。
492）　田宮206頁、白取296頁。
493）　小野・概論137頁。
494）　小野清一郎『犯罪構成要件の理論』（1953年）440頁。
495）　団藤150頁。

B事実が甲構成要件にも相当の程度あてはまるときは──そうして、そのようなばあいにかぎり──両事実は同一性がある」と主張する[496]。この見解は、前述罪質同一説と同様に「規範的・法律的な見地を」前提としつつ、「事件の同一性は実体形成の連続である。そうして、実体形成が構成要件を指導形象として行われるものである以上、構成要件の見地から同一性が判断されるべきことは当然である」と理解する。この見解によると、罪質同一説とは異なり、罪質の同一性は必要とされず、収賄罪と恐喝罪との間でも公訴事実の同一性が認められる。もっとも、この見解に対して、「何故、甲構成要件に相当程度あてはまらなければならないのかの理論的根拠が明らかでない」との点に加えて、「まず自然的事実の同一性の有無を判断し、ついで、甲構成要件にあたるかという、二段階の思考方法をとる」点に批判が向けられている[497]。

　構成要件類似説・指導形象類似説は、「一方では事実的な面において行為態様の類似性が認められ、他方で法律的な面で指導形象としての類似性が認められる場合に公訴事実の同一性が肯定される」と主張する[498]。この見解は、公訴事実は社会的事実を基礎として成立する概念であるとしつつ、それは裸の事実ではなく、「一定の犯罪構成要件に該当する可能性のあるものとして検察官より表象され把握された、ある範囲内の外界的（＝社会的）出来事」、すなわち、「ある範囲の外界的出来事と一定の法律的観点との総合的所産」であると理解する。その上で、公訴事実の同一性の判断にあたっても、右のような総合的所産の本質を左右する程度の変化に着目し、「出来事の面と法律的な面との二つによって決定されるべきもの」であるが、同時に、「公訴事実は、ただ一つの指導形象に支配される事実のみに限る必要はない……相近似する指導形象の間においては、評価の変動は極めて通常的であるのであり、かような法的評価の変動の範囲においては、事実の同一性を否定すべきではない」[499]というのである。もっとも、この見解に対して、「〔構成

---

496)　団藤151頁。
497)　平野141頁。
498)　高田141頁。
499)　高田（前掲注12）174頁。

134 第２編　公訴事実の同一性論

要件の〕類似性で足りるとするならば、……指導形象を持ち出す必要はない」
と指摘され、また、その理論的根拠の欠如及び二段階思考法についても批判
が向けられている[500]。

　社会的嫌疑同一説は、「起訴された事実と裁判において判断した事実との
間に、一部の食いちがいがあっても、その程度の変更ならば、社会的関心と
しては之を重要視せず、従って別に新たな関心も生じないというのであれ
ば、公訴事実は同一である」と主張する[501]。この見解は、「同一性の問題
は、……範疇的同一であり、個物としての同一でなければならない。……同
一性のどの説に従うかは、必竟訴訟の客体を何と見るかによって規定され
る」と理解する。その上で、「訴訟の対象は犯罪の嫌疑ありとする社会的関
心であり、そのような関心を問題として取り上げて、その内容を明らかに
し、一定の処置をつけるのが刑事訴訟〔である〕」というのである。もっと
も、この見解に対して、「犯罪ありとする社会的関心」を公訴事実とする点
について、糾問的訴訟につながるとの批判が向けられている[502]。

　自然的事実同一説は、「主観面・客観面の双方において、新旧訴因が自然
的・社会的事実の同一性の範囲内であれば、公訴事実の同一性を肯定でき
る」と主張する[503]。この見解は、公訴事実の同一性を専ら機能的にとらえ、
訴訟の如何なる段階でも同レベルで訴因変更を認めるような見解は妥当では
なく、公訴事実の同一性は実体的に理解されるべきものであり、それは、
「訴因が検察官の法的な事実主張である以上、その素材たる公訴事実は前法
律的な自然的・社会的事実と構成する方が自然であるばかりでなく、構成要
件という解釈あるいは立法に左右されない安定した基準を提供することが可
能になる」[504]と理解する。この見解は、「公判審理における『訴因変更の限
界』と、判決確定後の新たな起訴を禁止する範囲・限界とを同じ基準で律し
うるのか」という点に対する疑問を前提とし、後者は本質的に「静的」なも
のでなければならないのに対し、前者は「動的」なものであってもよい、む

---

500)　平野141頁。
501)　平場130頁。
502)　平野140頁。
503)　白取296頁。
504)　白取（前掲注321）328頁。

しろ被告人の防御の負担という観点からは、機能概念説によると著しく遅い段階での訴因変更、或いは、順次訴因変更を認めることが妥当ではないとの理解を基礎とするものである。順次変更の問題に着目し、その否定的結論（その当否はひとまずおくとして）を理論的に基礎付ける点において注目されるべきものであるが、そうであるならば、むしろ一事不再理効の場合と同じく静的なものと理解すべきではないかとも思われる。

2　比較のアプローチ（機能概念説）

　比較のアプローチ（機能概念説）とは、「公訴の提起を出発点として、起訴状記載の訴因と変更後の訴因との比較から『同一性』を判断する」見解である[505]。すなわち、「公訴事実の同一性は、訴因と訴因の重なりを問題にし、訴因変更を妥当とする範囲を画する操作概念ないし機能概念にすぎない」[506]というのである。事実的基礎説は、「公訴の提起を出発点とすること」自体に不安を感じ、これに批判を向けるものであるのに対し、むしろ、機能概念説は、まさにその点が現行法と旧刑訴法との本質的差異であり、現行法における当事者主義の基本構造になじむものであるといわれる[507]。

　機能概念説は、平野[508]の創唱による。平野は、当時通説的見解であった事実的基礎説について、「通説は、公訴事実に法律的な制約をみとめつつ、しかも、主張される以前の（訴因として構成される以前の）事実の同一性の問題だと考えているようであるが、それならば、当然に自然的・社会的事実の同一性で足りるはずであって、法律的制約が加わる余地はない」と批判し、「訴因は主張であるから、公訴事実の同一性とは、主張された事実（訴因）と主張された事実（訴因）との比較の問題である」と主張した。その具体的基準として、次のような見解が見られる。

　まず、平野自身は、訴因共通説を提示し、公訴事実の同一性が認められるためには「訴因の基本的部分が共通であることが必要」である、「訴因は、

---

505)　松尾・上266頁。
506)　白取295頁。
507)　松尾・上267頁。
508)　平野138頁。

具体的な事実であるから、その基本的な部分が共通であるためには、その具体的事実が共通であることを必要とする」と主張している。この見解によると、「基本的部分が同一であれば足り、その大部分が同一である必要はない……犯罪を構成する主要な要素は行為と結果とであるが、両者が同一である必要はなく、行為または結果のいずれかが共通であれば、公訴事実は同一であると考えてよい」とされている。他方で、「法益が同一であるだけでは、同一性は認められない。窃盗罪と贓物故買とは、たとい同じ財物に対するものであっても、日時場所が著しく異なれば（日時場所が近ければ結果が同一となり同一性をもつ）、同一性があるとはいえない」ともされる。しかし、この点については、両構成要件に該当すべき具体的事実の単純な比較によっては、なぜ時間的・場所的近接性によって同一性の有無が異なるのか疑問が残る。

　総合評価説は、現行法における当事者主義の訴訟構造及び「刑事手続の仮説的性格」[509]から、機能概念説が支持されるべきであるとした上で、公訴事実の同一性は、高度に評価的な観念であるためその判定に容易ではなく、また、訴因変更の場面と一事不再理効の場面とで「検察官と被告人の利害が逆転する」性質のものでもあるため、あらかじめその両面を視野に入れて全体的に判断しなければならない、それゆえ、訴因としての諸要素、すなわち、犯罪主体としての被告人、「犯罪の日時、場所、方法ないし行為態様、被害法益の内容、その主体たる被害者、共犯関係」といった各要素間における関係を「総合的に評価し、検察官と被告人との間の対立利益を比較考量して決定される」べきであると主張する[510]。この見解は、具体的に、右諸要素のうち「一個だけの変動にとどまる場合は、かなりの程度まで『同一性』を肯定できよう。逆に、二個以上が変動する場合は、各要素間に、一致、類似、近接、包含等の関係を求める必要が増大する」と理解する。しかし、具体的事案ごとに、各諸要素間の変動についてもその重要性は変化しうるものであり、右指摘のように単純に数量的な感覚で総合評価するのでは不十分であると思われる。

　刑罰関心同一説は、やはり、公訴事実の同一性は「機能概念にすぎぬもの

---

509)　松尾・上2頁。
510)　松尾・上264頁。

となった」、それは「どの範囲で訴因変更を許し、1回の訴訟で事件を解決し、一事不再理の効力の発生を許すのが合理的か、という合目的的判断による。具体的事情を総合評価するところの、バランシング・テストによる利益較量を本質とする」との理解を前提に、具体的基準の定立に際して、「訴因変更を法が許した根拠」から、「その範囲で国家としては1個の刑罰関心を有したからだと思われる。……訴因変更の限界は刑罰関心の同一ということで説明できる」と主張する[511]。この見解は、「刑罰関心の同一」[512]から見た処罰の非両立性を「諸事情の総合評価をまとめて表現しうるという簡明さ」を持つものとしつつ、「この択一関係は、刑罰関心の同一という基準からみた事実上の非両立性のことであって、論理的な択一性を意味するのではない」と注意を促し、例えば、「XをA日M地で殺したという事実と、Xを一年前にN地で殺したという事実」、或いは、「正確に同一日時にM地で窃盗を、N地で業務上過失致死を犯したというように相互にアリバイとなりうるような事実」について、公訴事実の同一性は否定されるべきであるという[513]。しかし、後者の相互アリバイ事例は理解できるが、前者の事例は、刑罰関心の同一性という観点からは、同一性が肯定されるべきではないだろうか（同一被害者に対する日時の異なる窃盗などと異なり、犯罪類型上論理的に1回しか行いえないため）。結局、刑罰関心の同一という概念は具体的に何を指すのかが、少なくとも論者の説明において不明確であるように思われる。

　処罰上非両立説は、公訴事実の同一性が比較の問題であることを前提に、単一性と狭義の同一性とで統一の基準、すなわち、科刑上一罪となる場合をも含めて両訴因の非両立性が公訴事実の同一性（広義）を判断する際の基準とされるべきであると主張する[514]。この見解は、「刑事訴追は刑罰権の実現のための手続と考えるから、刑罰権が一個であればその訴追も一個だと考える」として、刑罰関心同一性説に理解を示しつつ、同説がこれを狭義の同一

---

511)　田宮Ⅰ606頁、田宮206頁。
512)　田宮Ⅰ606頁によると、これは、前述平場安治による社会的嫌疑の同一の用語法に示唆されたものではあるが、右見解とは異なり、両訴因間に「同一物」が底礎されたものではなく、本質的に異なるものである。
513)　田宮207頁。
514)　米田泰邦「判評」判タ368号88頁、光藤景皎「演習」法教31号110頁。

性の問題に限定させたのに対して、「訴因と訴因が『独立の刑罰権を発生させるものとしては非両立』の関係にあるばあい公訴事実の同一性がある、ということになる。……両訴因が科刑上非両立〔の場合……〕、双方が共に起訴されたとすると、事実としても犯罪としても両立するが刑罰権は一つでなければならぬ」として、単一性と狭義の同一性とを区別することなく両訴因の処罰非両立性によって統合的に理解されるべきであると理解する。この見解は、近時も支持を増やしている[515]。そこでは、やはり刑罰関心同一説による実体法上の一罪性の観点から「同一事件に関する異なる主張」に過ぎないか否かとの基準が提示され、或いは、単一性と狭義の同一性の統合を目指して、「別訴で同時に有罪とすることが二重（多重）処罰にあたる場合という非両立性の基準」が提示されている。実体法上の罪数論への傾倒の点はひとまずおくとして、処罰非両立性という基準は、簡明性の点で従来の見解よりも優れている。裁判実務家においても、支持が増えている[516]。

3　被告人の防御の観点

公訴事実の同一性の問題を、被告人の防御の観点に重点をおいて考察する見解も、有力に主張されている。

例えば、両立・非両立の観点は「訴追側（刑罰権）からみた訴因変更の許容範囲の捉え方」であり、「訴因変更の許容範囲を論定するに当たって重要なのは、訴因変更の許容によって受ける被告人の防御上の不利益（および検察官の有罪追求上の利益）と、訴因変更の許容に伴い生ずる一事不再理効の拡大による被告人の利益（および検察官の不利益）とを比較衡量することである」として、「訴因の共通性」が基準とされるべきであるとの見解が見られる[517]。

また、防御同一説は、機能概念説を前提に、訴因の機能を特に被告人の防御保障と理解する帰結として、公訴事実の同一性の判断に際しても、「基本

---

515)　上口裕「公訴事実の同一性」光藤古稀・上（2001年）379, 398頁、大澤裕「公訴事実の同一性と単一性（下）」法教272号85頁。

516)　坂本武志「公訴事実の同一性」刑訴法争点・新版140頁、佐藤文哉「公訴事実の同一性に関する非両立性の基準について」河上古稀（2003年）251頁。

517)　小田中161頁。

は訴因を変更しても当初の訴因がもつ告知機能を害することにならないか、被告人の防御範囲に実質的な差異はないかにおくべきである」と主張する[518]。この見解は、従来の学理がこの被告人の防御への視点を欠いていた点を批判しつつ、他方で、自説についても、被告人の防御の視点が個別的になり法的安定性を欠くこと、及び、制限的になり過ぎることの懸念を提示する。その上で、論者は、前者については、個々の訴訟の具体的進展を考慮するのではなく、あくまでも「類型的・抽象的な基準」でなされるべきものであること、後者については、訴因変更手続の慎重性及び一事不再理効との関係上あまり厳格に範囲を絞るべきではないことから、右懸念は克服されるという。

4 鈴木説

おそらく、公訴事実の同一性の問題について、最も深く考察し、体系的な整合性を追究したのは、鈴木であろう。その見解は、次のような変遷において表されている。

(1) 第1期

鈴木は、当初、審判対象論において、現行法における権力抑制・主張吟味型訴訟観を前提に訴因対象説を支持しつつ、訴訟の客体を考察する場合には「訴訟内的考察」と「訴訟外的考察」が必要であるとした。その上で、従来の審判対象論は前者に関するものであったのに対し、「訴訟の外部に身をおいて、個々の訴訟行為の対外的効果を考察し、あるいは全体としての訴訟を一個の制度として全体的・静的に考察することもできる。……刑事訴訟も社会的制度である以上、一定の『社会的問題』の解決のために存在する」との理解から、広義の訴訟対象を訴訟内的考察に基づく「審判対象」と、訴訟外的考察に基づく狭義の「訴訟対象」とに区別すべきであると主張された[519]。

また、公訴事実の同一性論においては、訴因変更制度を置く現行法の解釈として、「刑事訴訟の課題は、『訴因により特定された一定の視点から、訴因により指向された一定の犯罪が存するか否か、もし存するとすればその内容

---

518) 三井222頁。
519) 鈴木・構造156頁。

如何またそれと一体的に処理さるべき犯罪如何を、全体として解明すること』である……公訴事実とは、かかる訴訟の課題内容を構成するところの当該訴訟で解明さるべきものとされている『訴因の指向対象たる一個の犯罪事実』をいう」と主張された[520]。

鈴木自身が後に述壊するところによると、当時は、「公訴事実とは犯罪事実であるとする従来の伝統」に囚われ、同一性も単一性もこの意味での「公訴犯罪事実」について論ずべきものである、すなわち、「公訴事実の同一性の基準と単一性の基準の立体的総合的把握をめざすべき」ものであると理解されていた[521]。つまり、前述の審判（訴訟）対象論において、訴訟外的考察に基づく狭義の訴訟対象についての理解を公訴事実の同一性論に反映させ、いわば「訴因の奥にある『何か』を『犯罪事実』ないし可罰的評価の前提となる『社会的事実』と考える伝統的発想法を抜けきっていなかった」というわけである。

（2）第2期

このような理解に対して、「訴訟外の存在を予定するのは、訴訟法にふさわしくない静的・実体法的観察であるばかりか、旧法における職権主義的な訴訟物観を想起させる」[522]、「訴訟外的考察の強調〔は、〕……実体法ないし実体空間の重視につながり、必要以上に〔訴訟の〕動的理論を抑圧することにな〔る〕」（さらには、公訴事実対象説を復権させるものである)[523]、といった批判が寄せられた。

これに対して、鈴木は、「公訴事実を『いかに解決するか』という解決の仕方〔と、〕……『何を解決するか』とは本来直接の関係はない」と反論しつつも[524]、「要するに、私は、全体としての訴訟の課題とされている社会的問題の解答としての犯罪事実というものを一応抽象的に想定した上で、これを訴因の指向対象たる公訴事実と捉え、訴因はこの公訴犯罪事実の具体的認識

---

520)　鈴木茂嗣「公訴事実の同一性と単一性—訴訟対象試論(2)」論叢92巻3号1, 12頁。
521)　鈴木茂嗣「公訴事実の観念について」平場還暦（1977年）169, 175頁、同・続構造330頁。
522)　田宮Ⅰ569頁。
523)　松尾浩也「刑事法学の動き」法時46巻3号126頁。
524)　鈴木・構造211頁。

を示すものであるとの構成で理論を展開しようと努力してきたのである。し
かし、それだけに公訴事実を具体的に捉えるということができなかった。ま
た『犯罪事実』という点にこだわったため、抽象化・観念化はしてみたもの
の、どこか『実体』の影がつきまとい、従来の公訴事実＝実体という捉え方
との差を平明に説明することがむつかしかった」と受け止め、「思い切って
発想を切りかえ、『犯罪事実』という点にこだわらず、全体としての訴訟の
対象とされている『社会的問題』それ自体を、直接に『公訴事実』として観
念〔すべきである〕」との理解に変説した[525]。すなわち、従来の「公訴事実と
は、公訴犯罪事実をいう」、「同一性も単一性も、ともにこの公訴犯罪事実に
ついて論じる」というドグマを打破し、「『公訴事実概念』を二つに分析する
とともに、同一性・単一性を論じる公訴事実は、それぞれ別個の事実である
ことを明確にすることが、議論を平明化し、かつ実態に即した議論を展開す
る最善の途で〔ある〕」との理解を前提に、「同一性を論ずべき『公訴事実』
とは、公訴「犯罪事実」ではなく、むしろ公訴犯罪事実が解答として予定さ
れている『社会的問題』それ自体、すなわち公訴『問題事実』である」、単
一性については、「公訴事実単一とされるのは、公訴問題事実がもともと単
一のものだからというのではなく、むしろ公訴問題事実に対する解答として
の犯罪事実が、単一の事実として扱われるべきもの……換言すれば、……現
に公訴が提起され主張されている犯罪事実、すなわち『公訴犯罪事実』なの
である」というのである[526]。そして、狭義の同一性として論じられるべき
「公訴問題事実」についての具体的基準として、「法益侵害の同一性」と「犯
罪の非両立性」とが挙げられ、「〔両〕基準は、それぞれ別個の基準ではな
く、訴訟の対象たる社会的問題を法益侵害を機軸として捉え、公訴事実の同
一性を『一定の法益侵害について被告人による犯罪的関与があったか否か。
またあったとすれば、それは如何なる犯罪か』（簡単にいえば、『一定の法益侵害
に関する被告人の犯罪の存否』）という社会的問題の同一性として把握すること
によって、理論的に統合しうる……『公訴事実の同一性』を基礎づけるのは
『法益侵害の同一性』であるが（法益侵害同一説）、他方、『犯罪の非両立性』

525) 鈴木（前掲注521）175頁。
526) 鈴木・構造213頁。

142　第2編　公訴事実の同一性論

も、公訴事実の同一性が認められるための必要条件といわねばならない」として[527]、これを、「刑事訴訟をひとつの社会システムとみるとき、このシステムに課された『課題』の同一性が、いわゆる公訴事実の狭義の同一性である。……この課題の同一性は実際上『法益侵害』の同一性によって基礎づけられる」と説明された[528]。

　このような理解に対しても、再び、例えば、牽連犯である住居侵入罪と窃盗罪の事例において訴訟課題である社会的問題（公訴問題事実）を全く個別のものと捉える点について、「訴訟外的考察により、社会的問題として捉えるならば、牽連犯の関係にある住居侵入と窃盗とはいわば一体不可分的な関係があり、一個の社会的問題だというべきではないのか」との批判が向けられた[529]。鈴木は、この批判に対し、「訴訟課題は、法益侵害ごとに別個のもの〔であり、〕……この場合に一体的なのは『課題』そのものではなく、その解答として問題とされる具体的な公訴『犯罪事実』なのである。……私見が問題としているのは、具体的には公訴提起により社会から課された訴訟の解決課題の同一性であり、〔批判者〕が問題とされるのは、社会的な観点からの犯罪事実の一体性にほかならない」と説明している[530]。また、鈴木説が法益の同一性を基準とする点については、「公訴事実の同一性を問題にするのに、すぐれて実体法的概念である『法益』を基準にすることには疑問が持たれる。『法益』が異なれば『社会的問題』も別個ということになると、とりわけ特別法違反の場合などにおいて、一事不再理の客観的範囲は狭隘なものにならざるをえない」との批判が向けられた[531]。鈴木は、この批判に対して、「刑事訴訟が刑法の実現に関心を払わざるをえない以上、刑法の社会的機能や任務に配慮しつつ訴訟課題を考えることは、むしろ当然のことといえよう。実体法的事実の存在を予定して訴訟的問題を考察することは、まさに訴訟にふさわしくない非訴訟的考察方法といえよう。しかし、実体法的観点を考慮しつつ訴訟的問題を考察することは、決して非訴訟的考察方法ではな

---

527)　鈴木・構造231頁。
528)　鈴木・続構造330頁。
529)　小田中151頁。
530)　鈴木・続構造338頁。
531)　白取（前掲注321）298頁。

い」と反論している[532]。

（3）第3期

鈴木は、その後、「法312条1項の『公訴事実の同一性』概念それ自体は、訴因変更を限界づける機能概念にすぎない〔が、〕……訴因変更の限界づけのための具体的基準を解明するにあたっては、さらに同一訴訟内での訴因変更が許される実質的根拠に遡って考えてみる必要」を強調し、①訴訟課題の同一性（緩やかな意味での法益侵害の同一性）、②公訴犯罪事実の単一性（科刑上の一罪性）に加えて、③訴訟資料の共通性を指摘するに至った[533]。すなわち、新たに加えられた③については、「公訴犯罪事実に変化がある場合にも、立証上利用される訴訟資料（証拠）が共通であれば、当該訴訟において訴因を変更することによって同時に処理しておくことが便宜にかなう」としつつ、この点の検討にあたっては、個別の訴訟事情を離れて「一般化、抽象化して考える必要がある」として、具体的には、「行為の共通性」（厳密には結果の共通性もここに含まれるが、①の観点と重なり合うため独立の考慮は不要として）が具体的基準になるという。要するに、①及び②は刑罰関心の同一性（及び、単一性）に基づく実体的基準であるのに対し、③は訴訟の効率的運営といった手続的関心に基づくものである。

また、鈴木は、広義の公訴事実の同一性について、①単一性（両立する犯罪事実の一体性を問題とするもの）、②狭義の同一性（結果同一及び行為共通の場合に、非両立の犯罪につき一定の視点からその同一性を論じようとするもの）という従来の伝統的枠組みに加えて、③最狭義の同一性とに分析した。特に、③について、これは②のうち「結果同一の場合は、単なる行為共通の場合とは異なり、まさに訴訟課題を同一にし同一刑事事件といってよいもの〔である〕」と説明し、このように3種に区別することは、訴訟行為の許容性や法的効果の如何を考える上で重要な意味を持ってくると主張する。例えば、公訴提起による時効停止効や訴因変更命令が許される範囲は③の範囲で、予備的・択一的訴因の主張は②の範囲で、一事不再理効や二重起訴禁止の効力は①の範囲で、それぞれ画されるというわけである。

532）　鈴木・続構造342頁。
533）　鈴木114頁。

（4）第4期

　鈴木は、最終的に、これまでの理論展開が「『同一性』概念にこだわり、『審判対象』とは次元を異にする同一の『公訴事実』とはなにかを理論的に探ろうとする方向」に立ちつつ、「できるだけ実質的に訴因変更の限界基準を解明しようとした……努力の軌跡であった」が、「ここまで実質的な分析を詰めてくれば、もはや『公訴事実の同一性』概念を分析するという理論枠組は捨て去り、審判対象たる『公訴犯罪事実』が変化しても、依然同一の審判手続の対象となしうる条件いかんを、むしろ端的に議論する方がよいのではないか」との考えに至る[534]。鈴木は、従来提示してきた「実質的基準自体は、現在でもほぼ妥当なもの」であるが、「その分析方法が『公訴事実の同一性・単一性』という伝統的分析枠組にとらわれていた点に、なお不十分さがあったこと……、この枠組が無用な誤解を生み、……真意が必ずしも十分に伝わらない原因にもなっていた」ことを認め、このような理論枠組みは、「公訴事実をいわば一定の『もの』にたとえ、その同一性・単一性を論じるという思考傾向に、とかく陥りやすい……そこでは、公訴にまつわる諸種の法効果について、一律に『公訴事実の同一性』を判断基準にするという傾向も生み出されやすい」として、「端的に、『公訴犯罪事実の同一審判手続対象性は、どのような観点から基礎づけられるのか』という発想に立って、訴因変更の許容性を実質的に基礎づける理論的『視点』（『理由』、『根拠』、あるいは『基礎』といってもよいであろう）をまず問題とすべきである」と主張する。

　そして、刑訴法312条の「公訴事実の同一性」の解釈として、これは「『公訴事実』が同じこと（実質的意味での『同一性』）を意味するのではなく、『公訴事実』が同一審判手続の対象となりうる性質を有すること（『同一審判手続対象性』）を意味する」との理解を前提に、その具体的基準として、一方で、実体法的観点から、「犯罪事実の両立・非両立を問わず、公訴犯罪事実の可罰評価面に着目〔して，〕……『刑罰関心の同一性・単一性』によって」（同一性は「法益侵害の同一性」が、単一性は「可罰評価上の『行為の密接関連性』」が実質的基準となる）、他方で、訴訟法的観点から、「刑罰関心の同一性・単一性とは全

534）　鈴木茂嗣「公訴事実の同一性」田宮追悼・上（2001年）93，94頁。

く別の、公訴犯罪事実の『事実認定面』に着目し〔て〕」、「証拠の共通性」
（ここでは、両訴因間の重要部分である「犯罪の結果ないし行為」の重なり合いによる証
拠の共通性ゆえに、訴訟経済的観点からの1回的処理の要請が想定されている）が、改
めて提示される。鈴木は、「312条では、その『公訴犯罪事実』が『同一審判
手続対象性』を有するのはどのような場合かを、実質的・具体的に検討して
いくことこそ、われわれに与えられた真の理論的課題である。そして、その
点を明確にするためには、刑訴312条の『公訴事実の同一性』は、公訴事実
の『同一・審判対象性』ではなく、『同一審判・対象性』の趣旨であること
を、解釈上まず確認しておく必要がある」と述べ、自身の考察方法の正当性
を強調する。

　鈴木は、また、前述のとおり提示された実質的・具体的基準について、
「刑罰関心の同一性・単一性を主たる基準とし、証拠の共通性の観点を副次
的に考慮するのが相当〔である〕」、実践的には、「まず刑罰関心の同一性・単
一性の観点から公訴事実の同一性の有無を判断し、この観点から同一性が認
められない場合について、あらためて証拠共通の観点から同一性が認めえな
いかをさらに検討する」と述べ、「犯罪の非両立性に着目する判例の流れ」
に関しても、「刑罰関心の同一性・単一性が認められるためには、両事実が
犯罪として両立しないことが前提条件とならざるをえない」として評価しつ
つも、「刑罰関心の同一性・単一性が実質的に認められるためには、何らか
の意味で両事実に共通性・一体性が認められねばならない。非両立関係は、
同一性のための必要条件ではあっても、十分条件とはいえない」と指摘し、
「犯罪の非両立性に着目する判例が、他方で同時に犯罪の共通性にも配慮し
ているのは、まさに理の当然」であると分析している[535]。

　以上、鈴木は、長年にわたり「審判対象論や公訴事実の同一性論に関心を
もち」、前述のような変遷を経て、現在、公訴事実の同一性の同一性・単一
性の伝統的な分析枠組みを離れ、実体法的観点及び訴訟法的観点から端的に
訴因変更の限界としての機能概念である「公訴事実の同一性」の解釈におい
て「同一審判手続対象性」、すなわち、「刑罰関心の同一性・単一性」及び

---

535)　鈴木茂嗣（前掲注442）123頁。

「証拠の共通性」を判断基準として提示するに至ったのである。

Ⅲ. 検 討

1 検討の構造

前述のとおり、狭義の同一性に関して、判例は、基本的事実同一説に立ち、事実の共通性及び非両立性の観点から検討を加えている。他方、学理は、帰属のアプローチ（事実的基礎説）と比較のアプローチ（機能概念説）との対立を軸に議論が展開されてきた。もっとも、帰属のアプローチは、訴因の背後にある社会的事実としての何か（etwas）を想定し、そこへの帰属に着目する見解であることから、訴因制度を採用する現行の訴訟構造との整合性が問われなければならない。他方、比較のアプローチは、公訴事実の同一性を訴因変更の限界を画する機能概念に過ぎないと理解する前提はおくとしても、両訴因の単純な比較だけで具体的結論が導かれるものではなく、各々で提示される基準の正当性如何が問われなければならない。

2 比較のアプローチについて

比較のアプローチのうち、訴因共通説は、訴因と訴因との比較における基本的部分（具体的には行為又は結果）の共通性を具体的基準とするものであった。しかし、一般に公訴事実の同一性が肯定されている窃盗罪と盗品関与罪とを例に挙げるならば、前者が他人の財物を窃取することが犯罪事実であるのに対し、後者は盗品を譲り受けるなどの行為が犯罪事実であり、単純に訴因と訴因とを比較するだけでは、行為又は結果における共通性が認められるかは疑問である。実際、論者自身も、右事例では、日時・場所の近接性が欠ける場合には公訴事実の同一性が欠けるとするが、それでは基準としての明確性に欠けるだけでなく、その場合に別訴を認めるならば、同一人物が、同一客体に対し、一方では窃盗正犯とされ、他方では盗品関与犯とされることもありうることから、矛盾する判断が生じる虞がある。

刑罰関心同一説は、やはり比較のアプローチから出発しつつ、刑罰関心の同一性（具体的には刑罰関心の非両立性）という実体法上の観点を指摘して、同

一客体に対する窃盗正犯と盗品犯との間では、実体法上の評価における非両立性を基礎に、公訴事実の同一性を肯定するものであった。これに対して、公訴事実の同一性という訴訟法上の問題に実体法的観点を持ち込むことは妥当ではないとの批判が向けられるが、この点は、刑事訴訟が実体刑法を具体化する場であり、その法的評価を欠く生の事実を問題にしても意味がないとの反論が可能である。もっとも、論者は同一人物の殺害について両訴因間で相当な時間的・場所的離隔がある場合に公訴事実の同一性を否定することから、そこでいわれる刑罰関心の同一性とは何を意味するのかが不明確である。同一人物を殺害するのは論理的に1回しか行い得ないことから、刑罰関心の同一性は肯定されてよいのではないだろうか。

　処罰上非両立説、及び、基本的にこれに基づく「同一事件に関する異なる主張」という基準は、およそ両訴因間の非両立性に公訴事実の同一性の判断を従属させるものであった。これらの見解は、単一性と狭義の同一性とを一貫して、処罰非両立の観点から説明しようとする点に特徴を持つ。もっとも、狭義の同一性の場面ではともかく、単一性が問題となる場面で、両訴因の比較から全て非両立性で説明ができるかは疑問である。例えば、窃盗罪の訴因に住居侵入罪が追加される場合、確かに、「窃盗罪」の訴因と「住居侵入罪＋窃盗罪」の訴因とを比較すれば非両立であるといえようが、変更（特に、交換的変更）が問題となる場面、すなわち、「窃盗罪」と「住居侵入罪」との比較からは、単純に非両立であるとはいえない。むしろ、この場合には、両訴因の両立を前提とする単一性の観念が有益である。また、単一性は、前述のとおり、必然的に実体法上の罪数論に従属するというものではなく、処罰非両立性で全て統合されうるものではない。もっとも、狭義の同一性においては、処罰の非両立性が重視されることは、矛盾する裁判の回避という観点からは、基本的に支持されうる。論者の主張によると、これは、刑罰関心同一説の考え方を基礎とするものであり、その論理を明快に実践に適用するものである。もっとも、ここでも、単純に非両立性の観点だけで全て把握できるかは疑問である。確かに、非両立性の観点は、前述のとおり、その簡明さゆえに特に実務家より支持を受けているが、そもそも、その考察の対象とされる狭義の同一性は、単一性との関係において既に非両立性が前提

とされるものであり、両訴因間の非両立性だけではその反復に過ぎず、何ら実質的基準が提示されていない。

そのような中で、鈴木説の最終的な見解として、刑罰関心の同一性（緩やかな法益侵害の同一性）という実体的基準に、証拠の共通性（行為の共通性）という訴訟法的基準を併用する考え方は、狭義の同一性に関する実質的基礎付けにおいて支持されるべきである。特に、非両立関係は公訴事実の同一性が肯定されるための必要条件であるが十分条件ではないとの理解は、安易に非両立関係だけに着目しようとする近時の傾向に注意を促すものとしても注目される。ドイツでの議論でも、事実的側面を重視する行為説、実体法的評価を重視する評価説に加えて、訴訟法的利益に着目した択一性説が主張され、現在ではこれらの見解を総合的に考慮するという見解が有力であった（第5章）。各々問題となる場面において考慮されるべき利益に差異があることは否定できず、それゆえ、多様な基準を選択的に用いることの必要性は否定できない。従って、鈴木説は、訴訟の具体的状況に応じた適切な基準を探求するという点において、ドイツにおける現在の議論とも共通し、その方向性において合理的である。

もっとも、刑罰関心の同一性の観点について、これは、鈴木の表現によるならば、「公訴問題事実」、すなわち、社会システムの1つである刑事訴訟が取り組むべき社会的問題を対象とする問題点であるとされるが、はたして、その考察に当たり、単純に訴因変更の限界を画する機能概念に過ぎないといいうるかは疑問である。すなわち、この刑罰関心の同一性という観点からの「同一審判手続対象性」の判断は、なおも訴訟外の etwas が念頭に置かれるべきものといいうるのではないだろうか。鈴木は、かつての自説に対する批判に表れたそのような指摘について、それを素直に認め、そこからの脱却を図ることに向けてその見解を発展させてきたのであるが、そもそも、そのような変化は必要であったのだろうか。訴訟外の etwas を肯定すること[536]は、それほど批判されるべきものであるかは、検討を要する。

536）　鈴木・続構造328頁。

3 帰属のアプローチについて

　帰属のアプローチは、公訴事実の同一性を判断するにあたり、訴因の背後にある etwas を措定し、両訴因がそこへ帰属しうるかを考察するものである。これに対して、訴訟においてそのような etwas を認めることは旧法時代の職権探知主義に基づくものであって、現行法の訴訟構造にそぐわない、との批判が向けられてきた。

　もっとも、公訴事実の同一性によって基礎付けられる1個の手続で処理しうる、かつ、処理されるべき社会的問題の範囲は、これを検察官の同時訴追・処理権限と位置付けるならば、必ずしも職権探知主義に至るわけではない。また、日本の刑訴法においても、訴因変更命令等、事実解明に向けた裁判所の職権探知規定も存在し、職権探知それ自体が不当であるわけでもない。むしろ、事柄の本質上、訴因に顕在化された事実だけを検討の対象とし、その背後にある事実を全て捨象するというのでは、検察官の同時訴追「権」のみが重視され、それが同時に「義務」でもあることが十分考慮されない虞も生じる（本来1回で処理されるべき社会的問題が、検察官の裁量によって細切れに訴追されることも想定される）[537]。また、現実に生起した社会的問題である犯罪事実を十分念頭に置き、その上で、各訴訟当事者のなすべき行為規範を検討することこそが、社会システムの1つである刑事訴訟の機能的運営に向けて要請されるのではないだろうか。

---

537)　これに対して、松田岳士「刑事訴訟法312条2項について─脱『審判対象論』の試み─（3）」阪法63巻5号27, 49頁は、「公訴事実の同一性」は、あくまで「訴因変更の限界設定」の「機能」に限られ、二重起訴禁止や一事不再理等の「機能」まで含められるべきではないとする。すなわち、後者の機能まで含めるのは、「旧刑訴法下の職権主義的発想を引き継ぐものであった」、訴因を審判対象とする「現行刑訴法の基本構造にそぐわない」というのである。
　　しかし、公訴事実の同一性に、二重起訴禁止や一事不再理の範囲を画する機能を与えることが、直ちに、職権主義的発想を引き継ぐというのは、論理に飛躍がある。本書後述（第11章）のとおり、如何なる社会問題を解決すべきかという問題と、それをどのような訴訟構造で行うかという問題は、別途考慮されるべきものである。そして、公訴事実の同一性の範囲において当事者たる検察官が1回的な解決を求められるという意味では、これを以て、職権主義的であるとはいえない。すなわち、訴因制度の導入によっても、「全体としての刑事手続」に与えられた課題は変わるものではなく、「問題解決の仕方が当事者主義化したというにすぎない」（鈴木・構造218頁）のである。

4 小 括

　以上の検討から、狭義の同一性について、基本的に、刑罰関心の同一性（緩やかな法益侵害の同一性）という実体法的基準に加えて、証拠の共通性（行為の共通性）という訴訟法的基準を提示する鈴木説が支持されるべきである。しかし、その際には、刑事訴訟が解決すべき社会的問題との対応を十分に意識し、法的観点だけでなく、社会通念に則った事件の性質が考慮されなければならない。

　狭義の同一性は、前述のとおり、両訴因の非両立性を前提にして、法益侵害の同一性（緩やかな意味での）及び行為の共通性といった観点から検討されるべきものである。これは、前述（第5章）においてドイツの学理に見た、事実的要素に着目する行為説と、法益侵害に着目する法益侵害説・評価説とを混合的に取り込む（そして非両立説・択一性説もその前提となっている）総合説の考え方と、基本的に一致するものである。その論者である *Roxin* によると、狭義の同一性が問題となる場面において、猟銃発砲行為が当初は密猟罪と評価されていたが、実際には殺人（未遂）罪であった場合、既に事実（行為）の共通性の観点から所為の同一性が肯定されている。実際、その結論に不都合がないとすると、法益侵害の同一性と行為の共通性という両基準は、前者を主とし後者を補完的に位置付けられるべきものとする鈴木説とは異なり、必ずしも両要素をそのような主従の関係に位置付ける必要はない。このような観点からは、前述した日本の判例における諸帰結は、基本的に支持されるべきである。

　そして、以上のような視点は、刑事手続における審判対象に関する議論にも影響を与えるものである。

審判対象商品

第3類

はじめに

　本編では、刑事手続における審判対象論について考察する。その際、訴因変更の必要性（第8章）、形式裁判における訴因の拘束力（第9章）、罪数論と刑事手続との関係（第10章）という、審判対象論の本質にかかわる問題を検討し、これらを踏まえて、審判対象論に関する私見を提示する（第11章）。さらに、近時の具体的事案に対する若干の考察を加える（第12章）。

第8章　訴因変更の必要性について

I．問題の所在

　公訴提起に際し、検察官が起訴状において「訴因を明示して」公訴事実
（刑訴256条2項、3項）を記載するが、公判の過程で、裁判所の心証において
これと異なる事実が判明する場合がある。このような場合、裁判所が公訴事
実と異なる事実を認定することは、「審判の請求を受けた事件について判決
をせず、又は審判の請求を受けない事件について判決をしたこと」（刑訴378
条3号)[1]、又は、被告人に対する不意打ち（刑訴379条）として訴訟手続の法令
違反に該当する可能性がある。これに備えて、検察官には、「公訴事実の同
一性を害しない限度において」訴因の「変更」を請求すること、裁判所に
は、「審理の経過に鑑み適当と認めるとき」に訴因の「変更」を命じること
の権限が、それぞれ与えられている（刑訴312条1項、2項）。もっとも、いっ
たん公訴事実に記載されれば、それと異なる事実を認定するためには、その
程度を問わず常に訴因変更手続を必要とするならば、裁判実務に過剰な負担
を課すことになる。そこで、公訴事実と認定事実との間で「ズレ」が生じた
場合、どのような基準で訴因変更が必要的となるかが問題となる。

　この問題は、刑訴法上の重要問題の1つであり、訴因の本質及び機能如何
を問うものである。学理上、従来からこの点を踏まえた議論が積み重ねられ
てきた。実務上も、多くの判例が集積している。最高裁は、平成13年決定に
おいて、この問題に対する明確な基準を示し[2]、平成24年決定では、最高裁
として初めて、この基準に基づいて原審の訴訟手続を違法とする判断を下し
ている[3]。

1）　最決昭25・6・8刑集4巻6号972頁、最判昭29・8・20刑集8巻8号1249頁。もっ
　　とも、これ以後は、訴因逸脱認定は単なる訴訟手続の法令違反とされる傾向にある。
2）　最決平13・4・11刑集55巻3号127頁。

II. 従来の議論

1 訴因の本質論

訴因変更の必要性という問題は、刑事訴訟における訴因の意義・機能という問題と密接に関連する。

訴因とは、「それについて検察官が審判を請求する、検察官の主張である」[4]。通説によると、このようにして検察官が主張する「訴因」が、刑事訴訟における「審判対象」であるとされる（「訴因対象説」)[5]。これを前提にすると、訴因により審判対象が画定され、その変更は「審判対象の変更」という機能を持つことになる。

訴因は、この「審判対象の画定」という機能に加えて、被告人に対する「防御範囲の告知」という機能も併せ持つ[6]。すなわち、現行刑訴法の原則である「当事者主義」の観点から、訴因制度の採用によって、検察官の訴追意思を尊重するとともに、「被告人に対し事実を明瞭に示して事前告知をし、防御に便ならしめようとした」わけである[7]。「職権主義」から「当事者主義」へという「旧法から新法への訴訟構造の変革を踏まえれば、訴因〔対象〕説は、訴因を審判の対象と捉える前に、第一義的に訴因＝防御の対象であることを自覚すべきであった」として、被告人の防御範囲の告知という機能を第1次的なものと捉える見解もある[8]。

このように、訴因は、刑事手続において重要な機能を有するものであるため、訴因変更の必要性という問題の考察にあたっては、その本質如何の検討が不可欠となる。この問題について、基本的に、「法律構成説」と「事実記載説」とが対立している。

法律構成説は、かつての「同一罰条説」(「罰条同一説」)、つまり、「訴因に

3） 最決平24・2・29刑集66巻4号589頁。
4） 平野131頁。
5） 田口315頁、田宮190頁、平野132頁、松尾・上174頁、三井178頁など。
6） 平野・訴因113頁。
7） 田宮186頁。
8） 三井179頁。

示された行為の態様、行為の客体等に差異を生ずるに至った場合においても、依然同一罰条に該当するものと認められるときは、訴因の同一性の範囲に属し、訴因の追加又は変更を必要としないものと解する」見解[9]の発展型であり、「訴因とは、公訴事実の法律構成を明確ならしめるためのものであって、その重要な意味は事実的特定の面よりもむしろその法律的評価の点にある」、すなわち、「公訴事実の法律構成のしかたに重要な意味がある」〔傍点原文〕[10]と主張する。この見解によると、例えば、ナイフで刺殺したという事実からロープで絞殺したという事実に変化した場合でも、「人を殺した」（刑199条）という法律構成に変化はないため、訴因変更は不要である。但し、法律構成の「しかた」に着目することから、例えば、作為犯から不真正不作為犯への変更や、過失犯における過失態様に変化が生じた場合には、訴因変更が必要であるとされる[11]。法律構成説は、審判対象を社会的嫌疑として広く理解する立場（「公訴事実対象説」）を前提に主張されてきた[12]。現行刑訴法制定当初は、実務家を中心に有力に主張されていたが、公訴事実対象説の衰退につれて、法律構成説を明確に主張する見解は見られなくなった[13]。

　これに対し、現在支配的であるのが、事実記載説である。事実記載説は、訴因を、「構成要件に該当する事実、すなわち『罪となるべき事実』の主張である」と理解する[14]。一方当事者である検察官の事実主張に拘束力を認める点で訴因対象説にきわめて親密的であり[15]、当事者主義によりよく適合す

9）　宮下162頁。

10）　岸盛一「刑事訴訟法の基本原理」実務講座(1)14頁。

11）　岸（前掲注10）18頁、小野慶二「訴因・罰条の追加、撤回及び変更」実務講座(5)952頁、横川敏雄「審判の範囲と訴因及び公訴事実」実務講座(5)858頁。

12）　岸（前掲注10）15頁、小野（前掲注11）951頁。他方、横川（前掲注11）852頁は、「審理」と「判決」は不可分の関係にあるものではなく、「審理できる範囲」と「審理しなければ範囲」は区別されるべきと主張する。但し、この見解も、公訴事実の同一性が認められる範囲で裁判所は審理できると理解することから、審判対象に対する訴因の拘束力を否定する公訴事実対象説に分類してよいだろう。

13）　田宮195頁によると、「今日では学説も判例も事実〔記載〕説でかたまっており、この争いはほぼ終息したものといってよい」。

14）　平野131頁など。

15）　田口316頁は、「訴因対象説からは、訴因は犯罪事実そのものを記載したものとなる（事実記載説（通説））」として、訴因対象説と事実記載説は必然的関係にあるものと理解する。

るというわけである。判例も、基本的に事実記載説に立つものと理解されている[16]。事実記載説を前提にすると、訴因として記載された事実と異なる事実を認定することは、基本的に許されない。もっとも、微細なズレであっても常に訴因変更が必要であるというのでは「到底煩にたえない」[17]ため、この事実記載説からも、一定の幅が承認されている。その幅が如何なる範囲であれば依然として訴因の同一性が保たれているといえるかが問題となるが、その検討にあたっては、訴因に課された前述2つの機能から検討すべきものとされている。その際、「訴因は本質的には審判の対象であり、その同一性の判断は僅かの食い違いであるか否かによって決せられなければならないが、機能的には、被告人の防御のためのものであるから、その僅かであるか否かの判断にあたっては、この点を考慮すべきであ〔る〕」〔傍点原文〕[18]との指摘が見られる。

2　被告人の防御

　被告人の防御の観点において、「具体的防御説」と「抽象的防御説」との対立が見られる。具体的防御説は、訴訟における被告人の具体的防御態様に着目し、訴訟の経過において被告人の防御に具体的な不利益が認められない（例えば、被告人が認定事実について十分な弁解をしていた）場合には、訴因変更なく公訴事実とは異なる事実を認定してよいと理解する。これに対し、抽象的防御説は、訴訟における被告人の具体的防御態様を捨象し、公訴事実と認定事実とを比較して抽象的・一般的に被告人の防御に不利益を及ぼすようなズレが生じているかどうかという点を訴因変更の必要性の基準として理解する。両説は、「もともと判例の分類・解説を試みた際の道具概念」であった[19]。

　判例は、当初は、具体的防御説の観点から判断する傾向にあった。例えば、共同正犯の訴因に対し幇助犯が認定された事案について、「法が訴因及

---

16)　最決昭40・12・24刑集19巻9号827頁、最判昭28・5・8刑集7巻5号965頁。
17)　平野・訴因112頁。
18)　平野・訴因113頁。
19)　田宮199頁。

158 第3編 審判対象論

びその変更手続を定めた趣旨は、……審理の対象、範囲を明確にして、被告人の防御に不利益を与えないためであると認められるから、裁判所は、審理の経過に鑑み被告人の防御に実質的な不利益を生ずる虞れがないものと認めるときは、公訴事実の同一性を害しない限度において、訴因変更手続をしないで、訴因と異る事実を認定しても差支えない」として、審理経過における被告人の具体的防御態様に着目した判断が下されている[20]。

しかし、その後、判例は具体的防御説から抽象的防御説に転換したものと理解されている[21]。例えば、収賄罪の訴因に対し実際は贈賄罪であることが判明したが、被告人は公判で贈賄罪の観点で防御していたことが認められる事案について、「被告人に不当な不意打を加え、その防御に実質的な不利益を与える虞れがある」ことを理由に、訴因変更が必要であったと判断されている[22]。また、幇助犯の訴因に対し共同正犯が認定されたが、公判では裁判所による訴因変更命令が出されていた（つまり、認定事実が手続に顕在化していた）事案について、「被告人の防御権に影響を及ぼすことは明らかであって、当然訴因変更を要する」[23]、或いは、1審で業務上横領罪から商法特別背任罪に訴因変更して有罪判決が下されたが、控訴審で訴因変更手続を経ることなく当初の業務上横領罪で有罪判決が下された事案について、「本件において、一審で当初起訴にかかる業務上横領の訴因につき被告人に防御の機会が与えられていたとしても、既に特別背任の訴因に変更されている以上、爾後における被告人側の防御は専ら同訴因についてなされていたものとみるべきであるから、これを再び業務上横領と認定するためには、更に訴因罰条の変更ないし追加手続をとり、改めて業務上横領の訴因につき防御の機会を与える必要がある」[24]、とそれぞれ判示されている。

その後さらに、酒酔い運転罪の訴因に対し酒気帯び運転罪が認定された（前者は構成要件上アルコール保有量の程度如何を要件としていないので、両罪の間に「縮小関係」は認められない）事案について、「道路交通法117条の2第1号の酒酔

---

20)　最判昭29・1・21刑集8巻1号71頁。同旨最判昭29・1・28刑集8巻1号95頁。
21)　小泉祐康「訴因の変更」熊谷他編『公判法体系Ⅱ』(1975年) 257頁。
22)　最判昭36・6・13刑集15巻6号961頁。
23)　最大判昭40・4・28刑集19巻3号270頁。
24)　最判昭41・7・26刑集20巻6号711頁。

い運転も同法119条1項7号の2の酒気帯び運転も基本的には同法65条1項違反の行為である点で共通し、前者に対する被告人の防御は通常の場合後者のそれを包含し、もとよりその法定刑も後者は前者より軽く、しかも本件においては運転開始前の飲酒量、飲酒の状況等ひいて運転当時の身体内のアルコール保有量の点につき被告人の防御は尽されていることが記録上明らかであるから、前者の訴因に対し原判決が訴因変更の手続を経ずに後者の罪を認定したからといって、これにより被告人の実質的防御権を不当に制限したものとは認められ」ないと判示された[25]。これを以て、判例は依然として具体的防御の観点も一定程度取り込んでいるとする分析も見られた[26]。この分析に従うならば、具体的防御説と抽象的防御説の関係を如何に理解すべきかが問題となる。この点について、例えば、「〔抽象的防御説を前提とした〕縮小の理論および具体的防禦説双方の見地から、あるいは、双方の見地が相補うことによって、訴因変更の手続を経ることを要しないと判断された事例である」とする見解がある[27]。これに対しては、「具体的防御説の観点をあまりに強調しすぎると、ほとんどの場合防御が尽くされているとして訴因変更を不要とする判断になりかねず、それでは訴因制度が根幹から覆されてしまいかねない」との批判から、「原則的、基本的には訴因事実と認定事実とを抽象的類型的に対比することにより、事案によっては具体的な審理の経過を考慮することにより、被告人に対し不意打ちを与え不当に防御権を侵害することがないかどうかを十分配慮して判断すべき」であり、具体的防御の観点は被告人に有利な方向でのみ考慮されるべき、とする見解も見られた[28]。

3 審判対象の画定

判例は、他方、主に過失犯の事案で、審判対象画定の観点を重視する傾向も見せてきた。最高裁は、昭和63年決定において、公訴事実には「石灰の粉塵が路面に堆積凝固したところに折からの降雨で路面が湿潤したという事

---

25) 最決昭55・3・4刑集34巻3号89頁。
26) 大谷直人・刑訴法百選・第7版100頁。
27) 石井一正『刑事訴訟の諸問題』(2014年) 264頁。
28) 松本芳希「訴因・罰条の変更」大阪実務研究会編著『刑事公判の諸問題』(1989年) 43頁。

実」が記載され、公判で「降雨によって路面が湿潤したという事実」に訴因変更されたが、裁判所は変更前の事実を認定して有罪判決を下した事案について、「過失犯に関し、一定の注意義務を課す根拠となる具体的事実については、たとえそれが公訴事実中に記載されたとしても、訴因としての拘束力が認められるものではない」と判示した[29]。その後、下級審裁判例でも、「恐喝の動機原因は、恐喝罪の構成要件要素ではなく、訴因を特定する上での必要的記載事項でもない」として、公訴事実と異なる事実の認定を許したものがある[30]。

　これらは、訴因の特定に不可欠であるかを判断基準とし、これに該当しない事項には訴因としての拘束力を否定したものである。このような理解は、訴因の特定に関する「識別説」につながるものである。識別説は、前述のとおり（第2章）、訴因（罪となるべき事実）の特定性は、「各本条の構成要件に該当すべき具体的事実を該構成要件に該当するか否かを判定するに足る程度に具体的に明白にし、かくしてその各本条を適用する事実上の根拠を確認し得られるようにするを以って足るものというべく、必ずしもそれ以上更にその構成要件の内容を一層精密に説示しなければならぬものではない」[31]とする。これによると、審判対象画定に不可欠とはいえない事項については、それ自体について特定される必要がなく（さらには、必ずしも記載の必要すらない）、それゆえに、訴因変更の対象からも除外されるということになる。

　最高裁は、このような理解を前提にして、訴因変更の必要性に関する明確な基準を提示することになる。

Ⅲ．現在の議論状況

1　青森保険金目的放火・口封じ殺人事件（平成13年決定）

　最高裁は、平成13年に、本問題を総括する判断を下した[32]。

---

29)　最決昭63・10・24刑集42巻8号1079頁。もっとも、本件では当初の訴因が予備的に追加されており、この判示部分は直接の意味を持つものではなかった。
30)　大阪高判平12・7・21判時1734号151頁。
31)　最判昭24・2・10刑集3巻2号155頁。
32)　最決平13・4・11刑集55巻3号127頁。

第8章　訴因変更の必要性について　*161*

　本件は、被告人が共犯者Ａと共謀の上実行したとされる殺人等被告事件において、特に、訴因変更の関係では、殺人の実行行為者に関する裁判所の認定が訴因として掲記された事実と異なるものであった事案である。起訴状記載の公訴事実には、「被告人は、Ａと共謀の上」被害者を絞殺したとして、実行行為者がいずれであるのかが特定されていなかった。公判では被告人がＡとの共謀と実行行為への関与を否定したため、その点に関する証拠調べを経て、「被告人が」絞殺したと特定した訴因に変更された。しかし、１審判決は、最終的に実行行為者を確定できなかったことから、「Ａ又は被告人あるいはその両名において」殺害したと認定した。被告人側は、控訴が棄却されたため、さらに上告し、訴因変更に関する訴訟手続違反等を主張した。最高裁は、次のとおり判示し、１審の訴訟手続に違法はなかったと判断した。

　「殺人罪の共同正犯の訴因としては、その実行行為者がだれであるかが明示されていないからといって、それだけで直ちに訴因の記載として罪となるべき事実の特定に欠けるものとはいえないと考えられるから、訴因において実行行為者が明示された場合にそれと異なる認定をするとしても、審判対象の画定という見地からは、訴因変更が必要となるとはいえないものと解される。とはいえ、実行行為者がだれであるかは、一般的に、被告人の防御にとって重要な事項であるから、当該訴因の成否について争いがある場合等においては、争点の明確化などのため、検察官において実行行為者を明示するのが望ましいということができ、検察官が訴因においてその実行行為者の明示をした以上、判決においてそれと実質的に異なる認定をするには、原則として、訴因変更手続を要するものと解するのが相当である。しかしながら、実行行為者の明示は、前記のとおり訴因の記載として不可欠な事項ではないから、少なくとも、被告人の防御の具体的な状況等の審理の経過に照らし、被告人に不意打ちを与えるものではないと認められ、かつ、判決で認定される事実が訴因に記載された事実と比べて被告人にとってより不利益であるとはいえない場合には、例外的に、訴因変更手続を経ることなく訴因と異なる実行行為者を認定することも違法ではない。」

　本決定は、このように、訴因変更の必要性について、訴因として掲記され

162 第3編 審判対象論

た事実を段階的に区別するという基準を示した。すなわち、①審判対象の画定に必要不可欠な事項については、常に訴因変更が必要となるが（絶対的要変更事項）、②（①に該当しないとしても）一般的に被告人の防御にとって重要な事項は、いったん訴因として明示された場合には原則的に訴因変更を要しつつも、訴訟の具体的事情から例外的に変更手続を要しない場合がある（相対的要変更事項）というわけである（さらに、③右いずれにも該当しない事項も想定される）。

2　学理上の評価

　本決定について、次のような評価・分析が見られる。まず、最高裁調査官解説[33]は、本決定は「識別説を前提として、実行行為者の明示が不可欠なものではないとしつつ、〔争点明確化に向けた〕実務の一般的運用をも積極的に評価している」と分析した上で、第2段階に該当する相対的要変更事項に関しては、結果として不意打ちが防止できれば足り、常に訴因変更の手続によらねばならないものでもないと解説している。学理からも、「抽象的防御説」は、従来、訴因としての拘束力に起因する防御利益の保護という観点から主張されたものであり、本決定でも、その主張するところは、審判対象画定の観点で満たされていることから、それを超える「訴因において明示された一定の防御上重要な事項についても、訴因変更が必要となる可能性を認めた点で、むしろ、従来よりも防御の利益に手厚い配慮をしたもの」と評価が見られた[34]。また、識別説を前提にして、審判対象の画定の観点によって「被告人の防御権の基本的な部分を保障し、それ以外の防御権の保障は訴因論とは別の方法によるものと構成する方が防御権の保障にとっては有益と思われる」との評価も見られた[35]。このように、学理において、当初は、概ね支持が示されていた。

　しかし、その後、若干の留保を示す見解が見られるようになった。例え

---

33)　池田修・平13最判解刑57, 66頁。

34)　大澤裕「訴因の機能と訴因変更の要否」法教256号32頁、大澤裕＝植村立郎（大澤）「共同正犯の訴因と訴因変更の要否」法教324号80頁。同旨の見解として、加藤克佳「訴因変更の要否と判例法理」鈴木茂嗣古稀・下（2007年）337, 354頁。

35)　田口守一『刑事訴訟の目的・増補版』（2010年）212頁。

ば、識別説からは抽象的防御説こそ訴因変更必要の基準とすべきとした上で、本決定は具体的防御説に依拠してきたとされる最高裁判例の動向に「一定の歯止め」をかけるものであると評価しつつも、本決定は「具体的防御説による処理が、例外的・補充的に許される場合があること」も明らかにしたもの（「修正された抽象的防御説」）と位置付けて、実際上はこの例外的場合に該当する事項が相当広くなることに対する疑問が提示されている[36]。また、本決定が基礎とする識別説が単に他の犯罪事実との識別だけをいうものであるならば、それは訴因としての機能・本質を正しく理解しないものであるとして、「特定構成要件に該当することの確信を裁判所に抱かせうるに足る（最低限の）具体的事実（の絞り込み）」も訴因の記載として必要不可欠な事項に当たるのであり、例えば、「殺人罪の犯行の日時等の変動が場合によっては絶対的要変更事項に該当することもありうる」〔傍点原文〕との分析も見られる[37]。

3　長崎自殺目的放火事件（平成24年決定）

　最高裁は、平成24年に、前掲平成13年決定以後初めて、訴因変更することなく公訴事実と異なる事実を認定した原審の判断を違法と判断した[38]。本件は、被告人がガス自殺を図ったところ、ガス中毒の作用では自殺できず、ガスに引火させて爆死しようと企てて放火したとして起訴された事案であるが、その放火行為の記載が問題となった。1審は、「本件ガスコンロの点火スイッチを作動させて点火」との訴因に対し、「同ガスコンロの点火スイッチを頭部で押し込み、作動させて点火」と認定して有罪とした。これに対し、控訴審は、証拠調べの結果、1審が認定したような方法は認められないとした上で、訴因変更を経ることなく「何らかの方法により……ガスに引火」と認定して、やはり有罪とした。被告人側が上告したところ、最高裁は、「被告人が上記ガスに引火、爆発させた方法は……一般的に被告人の防

---

36)　高田昭正「訴因変更の要否」三井古稀（2012年）556, 574頁。

37)　堀江慎司「訴因変更の要否について」三井古稀（2012年）585, 591頁。

38)　最決平24・2・29刑集66巻4号589頁。但し、結論は、著反正義には当たらないとして、上告棄却とした。なお、本決定には千葉裁判官の反対意見が付されている。

御にとって重要な事項である」として、本件審理の経過に照らすと、訴因変更手続を経ないで上記認定をした原審の訴訟手続は違法であると判断した。本決定は、第1段階の判断を示していないが、論理的には、本件引火方法はこれに該当しないとの判断が先行されたものである。

但し、最高裁は、本決定において、①公訴事実と原審認定との間で相当程度の共通性が認められることから、「原判決の認定が被告人に与えた防御上の不利益の程度は大きいとまではいえない」、②証拠上からは「訴因の範囲内で実行行為を認定することも可能であったと認められるから、原審において更に審理を尽くさせる必要性が高いともいえない」、③「原判決の刑の量定も是認することができる」として、前述の「違法をもって、いまだ原判決を破棄しなければ著しく正義に反するものとは認められない」として、上告棄却とした。これに対して、千葉裁判官から、「刑事訴訟手続における審理の基本構造は、訴因を基に検察官と弁護人とが攻撃防御を尽くし、適正な手続に基づいて審理を尽くすというものであるから、訴因の変更の要否についての手続的な過誤は、それが、被告人に不意打ちを与えるものとして、違法とされ、訴因変更手続を経るべきであるとされた以上は、この過誤は刑事裁判における手続的正義に反する重大なものというべきであり、被告人の納得も得られないところである。さらに、前記のとおり、被告人の防御方法、内容が変わり得るものである以上、適正な手続に従った十分な防御がされたということもできない」とする反対意見が付されている。

本決定について、最高裁調査官解説[39]は、「本件では、……放火の実行行為としてみたとき、充満したガスに引火、爆発させたことには変動がなく、引火、爆発させた『方法』に変動があるだけである。そもそも、当初から引火、爆発させた『方法』が特定されていない訴因が、識別説の立場から不特定とされることはないと解されるから、上記『方法』は『審判対象の画定のために必要な事項』には当たらない」とした上で、「被告人は、充満したガスに引火、爆発させたことを争い、無罪を主張しているのであって、被告人が充満したガスに引火、爆発させた方法は、被告人の防御にとって重要な事

---

39) 岩崎邦生・曹時65巻9号261, 282頁。

項であることは明らかと思われる」と解説している。また、著反正義性については、多数意見が「実体的正義と訴訟経済を重視したもの」であるのに対して、反対意見は、「手続的正義を重視したもの」と対比させ、訴因変更の必要性に関する訴訟法上の意義に関する理解の違いが結論を分けたものと説明している[40]。

IV. 検 討

1 識別説と事実記載説との関係

平成13年決定は、訴因変更の必要性に関する第1段階として、「審判対象の画定」の見地から、「訴因の記載として罪となるべき事実の特定」に必要不可欠な事項を挙げている。これに当たる事項は、訴因記載と異なる事実を認定するためには、常に（審理の経過にかかわらず）訴因変更が必要となる。前述のとおり、学理上、これは識別説を前提としたものと理解されている。

私見は、この識別説が訴因の本質に関する事実記載説と整合するものであるかについて、疑問を提起してきた[41]。すなわち、単に法定された構成要件に該当する事実として他の犯罪事実からの識別で足りるというのであれば、例えば、被告人が被害者を「殺した」というだけで足りることになる。実際、前述のとおり、犯罪の日時・場所・方法等の事項は、訴因（罪となるべき事実）に必要不可欠な事項ではないとされている。このような意味での識別は、「二重起訴禁止効や一事不再理効」（つまり、公訴事実の同一性）の範囲を決定するにあたって要求されるものであり[42]、審判対象の画定にとって必要不可欠な事項ということはできる。しかし、それで十分というわけではない。ここで問題とされているのは、そこからさらに具体的に特定された事実としての訴因として如何なる記載が要求されているかである。この点を考慮することなく、単に「人を殺した」という程度の記述で足り、方法などは訴因に不可欠な事項ではなく、訴因記載と異なる事実を認定するにあたっても訴因

---

40) 岩崎（前掲注39）291頁。
41) 辻本⑥154頁、同①199頁。
42) 辻本④(1)246頁、堀江慎司「訴因の明示・特定について」研修737号3, 5頁。

変更が不要というのであれば、それは、（もはや否定されたはずの）法律構成説にほかならない。

　では、事実記載説から本来、「審判対象の画定」の観点において「訴因の記載として罪となるべき事実の特定」に必要不可欠と考えられてきた事項とは、どのようなものであるか。この点、前述（第2章）のとおり、訴因の本質に関して、「わが法が、……検察官の申立の内容を、換言すれば検察官が審判の対象たらしめようとしている事柄を、裁判所及び被告人に提示することを要求したものに外ならない。〔原文改行〕訴因が右のようなものである結果、それはその存在が確定されれば直ちに有罪を認定しうるような事実の記載でなければならない」と指摘されてきた[43]。そして、これを前提にして、「罪となるべき事実は現実の事実であると共に具体的な事実である。したがって日時、場所もまたその要素をなすといわなければならない。方法に至ってはなおさらである。罪となるべき事実から方法を抜き去ってしまったのでは、罪となるべき事実は全く抽象的な事実となってしまうであろう」として、犯行の日時・場所・方法等の記載を訴因に必要不可欠の事項であるというのである。

　本書も、前述のとおり（第2章）、基本的に、このような理解が妥当と考えている。そして、やはり前述のとおり（第3章）、訴因が刑事訴訟における請求原因事実であることから、その明示性・特定性が要求されるものであると考えている。そのような理解からは、訴因変更の必要性に関する具体的基準も、個別の犯罪構成要件の解釈から導かれるべきものである。

2　具体例の検討

（1）共同正犯における実行行為者

　まず、殺人の共同正犯における実行行為者の記載であるが、前掲最高裁平成13年決定は、これは訴因の記載として罪となるべき事実の特定に不可欠のものではなく、ただ一般的に被告人の防御にとっては重要であるとして、いわば第2段階の相対的要変更事項であるとした。

43）　平野・訴因104頁。反対の見解として、司法研究第63輯3号『裁判員裁判における量刑評議の在り方について』（2012年）90頁。

共同正犯の規定（刑60条）に基づき、しかも、共謀共同正犯が認められることを前提にすると[44]、本件のように「被告人は、Aと共謀の上……〔被害者を絞殺の方法で〕殺害した」といった訴因の記載によっても、これをそのまま認定して有罪とすることは可能であると思われる。それゆえ、実行行為者の記載は、少なくとも事前共謀で共犯者の範囲が確定されている事案では、訴因の特定のために必要不可欠とはいえないであろう[45]。この帰結は、共謀の要素は共犯者相互の心理的な意思連絡であり、実行の態様はその証明のための間接事実に過ぎないとする、実務の理解[46]にも合致する。

これに対し、共謀の相手方の記載は、被告人が共謀にのみ加わったという事案では、「その者の行為を介して実行行為を行ったと主張されている意味で、実行行為の内容そのものに直結した主張内容」であり、訴因の特定に必要不可欠の事項といわなければならない。それゆえ、共謀の相手方が変更されるとき、訴因変更が必要となる[47]。

（2）実行方法の記載

次に、実行方法の記載であるが、例えば、前掲最高裁平成24年決定では、現住建造物放火罪における放火行為の記載に関しての訴因変更の必要性が問題となった。最高裁は、「本件ガスコンロの点火スイッチを作動させて点火」との訴因に対して原審が「何らかの方法により……ガスに引火」と認定した措置について、「被告人が上記ガスに引火、爆発させた方法は……一般的に被告人の防御にとって重要な事項である」として、違法と断じた[48]。本決定

---

44) 最大判昭33・5・28刑集12巻8号1718頁。

45) 辻本⑥では、共同正犯における実行行為者の記載は、このような限定を付することなく一律に「訴因に必須の記載事項」であると述べていたが、本文のとおり修正したい。なお、後藤昭「訴因の記載方法から見た共謀共同正犯論」村井古稀（2011年）453頁は、実行共同正犯と共謀共同正犯とは、審判対象の画定の見地から異質のものであると述べるが、これによると、実行行為者の記載も訴因の特定に必要不可欠な事項として、第1段階に該当するものとなる。他方、鈴木茂嗣・平13重判解195, 197頁は、最高裁平成13年決定は予備的認定を行ったものであると分析し、いわば縮小認定理論の問題と理解する。しかし、この事件では裁判所の認定に訴因外の事実（共犯者が実行者である）が付け加わっているので、「両者の間に『完全な』大小関係（包含関係）は認められない」とする見解も見られる（加藤克佳「縮小認定と訴因の変更」研修709号3, 16頁）。

46) 大コメ⑸〔古田佑紀＝河村博〕184頁、大コメ⑻〔中谷雄二郎〕131頁。

47) 東京高判平10・7・1高刑51巻2号129頁。

では、第1段階の判断が示されていないが、論理的に、本件の引火方法はこれにあたらないとの判断が先行している。

確かに、本件では、被告人の先行行為によって、既に室内にガスが充満されており、これによって文字どおり一触即発の危険な状態が設定されていた。例えば、ガソリンを散布しそれに引火して放火しようと計画した被告人が、散布後に一服しようとして煙草に着火しようとして気化していたガソリンに引火したという事案で、既にガソリン撒布の時点に実行の着手が認められた例がある[49]。そのような事案では、充満している発火性のガスに着火する行為は、実行行為段階での因果のズレに過ぎず、引火行為自体は必ずしも訴因の特定に不可欠とはいえない。

しかし、本件は、ガスの充満はあくまで放火（の準備）行為として行われたものではなく、少なくとも実行の着手に行為者の計画が考慮に入れられるべきとする見解[50]を前提にするならば、この時点で実行の着手を認めることはできない。それゆえ、ガスへの引火行為は、本件では実行行為の開始を意味する重要な事項であり、本件で弁護人が主張したように、静電気等の自然発火や、被告人による無意識下の引火も考えうることからすると、どのような方法で引火したのかは、訴因の特定に必要不可欠な事項であったといわなければならない。その意味で、本決定は、訴因変更手続を必要とした結論はともかく、当該事項が第1段階の絶対的要変更事項と評価されるべきであった点に、検討の余地を残すものである[51]。

（3）恐喝罪の動機

恐喝被告事件において公訴事実に動機原因が記載された場合、これと異な

---

48) 最決平24・2・29刑集66巻4号589頁。但し、結論は、著反正義には当たらないとして、上告棄却とした。なお、本決定には千葉裁判官の反対意見が付されている。

49) 横浜地判昭58・7・20判時1108号138頁。

50) 井田良『講義刑法学・総論』（2008年）399頁、西田典之『刑法総論・第2版』（2010年）306頁、山口271頁。反対の見解として、浅田和茂『刑法総論・補正版』（2007年）364頁。

51) 本件で、訴因変更の必要性が第1段階の基準によるものであったとすると、著反正義該当性の判断も異なっていたかもしれない（最判昭29・8・20刑集8巻8号1249頁参照）。また、本文のように解すると、原審の認定は、そもそも不特定認定という意味でも違法性が認められるように思われる（この点は、弁護人の上告趣意でも主張されていた）。

第8章　訴因変更の必要性について　　*169*

る動機原因を認定するためには訴因変更を要するか。下級審裁判例である
が、これを消極に解した事例がある。

　本件は、被告人X及びYの両名は、被害者Aに対する恐喝罪で起訴され
たが、公判においてAから金員交付及び支払の約束を受けたことを認めた
ものの、脅迫及び暴行の態様、恐喝罪の故意、動機原因の点を争った。特
に、動機原因について、起訴状では「Aが被告人Xに商品の仕入れを依頼
したものの後日それを撤回した」と記載されていたが、大阪高裁[52]は、「恐
喝の動機原因は、恐喝罪の構成要件要素ではなく、訴因を特定する上での必
要的記載事項でもない。恐喝の動機原因に食い違いが生じても、それだけで
社会的事実としての同一性が失われることはなく、それが被告人の防禦に実
質的な不利益をもたらすものでない限り、検察官が主張する恐喝の動機原因
と異なるそれを認定することについて必ずしも訴因変更の手続を経る必要は
ない」と判示して、「Aが依頼した不正ロムの代金を約束の期日に支払おう
としなかったこと、及び、Aが不正ロムをパチンコ店に設置して被告人両
名に利益を得させるとの約束を履行しなかったこと」を動機原因として認定
し、被告人両名を恐喝罪で有罪とした。

　恐喝罪に際し、行為者が目的物について被害者に請求権を有する場合、そ
の請求権の行使という事実が動機原因となりうる。周知のとおり、実体法
上、そのような場合（権利行使型）に恐喝罪が成立するかという問題について
争いがある。この問題について、判例は、当初、恐喝罪の成立を否定してい
たが[53]、現在では、権利行使の範囲内であっても恐喝罪の成立を認めるもの
と理解されている[54]。この見解によると、被害者に対する請求権の存在とい
う事実が恐喝罪の成否に影響を与えることはなく、そのような権利を前提と
しないいわゆる路上強盗型と同じく、権利行使型に際しても、審判対象画定
という観点において動機原因事実が必要不可欠の事項とはいえない。

　もっとも、最高裁昭和30年判決[55]は、「他人に対して権利を有する者が、

52）　大阪高判平12・7・21判時1734号151頁。
53）　最判昭26・6・1刑集5巻7号1222頁。
54）　最判昭30・10・14刑集9巻11号2173頁。大塚・各論278頁、団藤・各論556頁。
55）　最判昭30・10・14刑集9巻11号2173頁。

その権利を実行することは、その権利の範囲内であり且つその方法が社会通念上一般に認容すべきものと認められる程度を超えない限り、何等違法の問題を生じないけれども、右の範囲程度を逸脱するときは違法となり、恐喝罪の成立することがあるものと解するを相当とする」と判示しており、学理上、「方法の程度は逸脱しているものの権利の範囲は逸脱していない場合には……恐喝罪は成立しないとしたものとも読みうる」[56]という評価もある。また、これ以後の判例を踏まえて、恐喝罪の認定にあたり、「権利の存在」、「権利の実行」、「権利の行使方法の相当性」の基準に則って判断が進められているとの評価も見られる[57]。そうすると、被害者に対する権利行使という動機原因は、本件のような権利行使型恐喝罪において恐喝罪の成否に影響を持ち、それゆえに、審判対象画定に不可欠な事項となりうる。

　原審は、本件恐喝行為についてそれが如何なる動機原因によるかで「全体として社会的事実は全く異なったものになるというべきである」と判示しているが[58]、恐喝罪の罪質を十分考慮に入れたものとして説得的である。刑事訴訟における訴因の考察に際して、刑法各則の各構成要件との関連性如何という観点が重要であり、動機原因事実について訴因変更の必要性という問題も、このような観点から分析的に検討されるべきである。

（4）過失犯

　過失犯の訴因としては、①注意義務の発生根拠となる具体的状況、②注意義務の内容、③注意義務違反の具体的態様の、3段階に区別して考察するのが一般的となっている[59]。そして、判例上は、①については「訴因としての拘束力」は認められないとされてきた[60]。

　最高裁平成15年決定[61]は、「前方左右を注視し、進路の安全を確認して進行すべき業務上の注意義務があるのにこれを怠り、前方注視を欠いたまま漫然進行した過失」との訴因に対し、1審がこれを無罪としたところ、控訴審

---

56)　林幹人『刑法各論・第2版』（2007年）165頁。
57)　油田弘佑「恐喝の成否」小林・香城編『刑事事実認定・下巻』（1992年）247頁。
58)　神戸地判平11・11・15（LEX/DB 文献番号25420558）。
59)　石井（前掲注27）175頁など。
60)　最決昭63・10・24刑集42巻8号1079頁。
61)　最決平15・2・20判時1820号149頁。

第8章　訴因変更の必要性について　*171*

がこれを破棄し、「〔被告人には、〕黄色のセンターラインを含む進路前方を注視し、自車が対向車線にはみ出さないようハンドルを握持して、自車の進路である道路左側部分を進行すべき業務上の注意義務があるところ、被告人には、右注意義務に違反してハンドルを右方向に転把し、対向車線内に自車をはみ出させて進行した過失があ〔る〕」と認定し、ただこの事実を認定するためには原訴因から変更する必要があった（裁判所には審理の経過から訴因変更命令を出すべき義務があった）と判断した事案について、当該事実を認定するためには、必ずしも訴因変更手続を要しないと判断している。

　もっとも、本事案では、平成13年決定には一切言及されていない。従って、判例上、過失犯には同決定の基準が適用されないのか、或いは、適用されるとすると①乃至③の事項がいずれの段階に該当するのかという問題が残されている。この点、本決定では、「原判決が認定した過失は、……検察官の当初の訴因における過失の態様を補充訂正したにとどまるものであ」るとして、結論として訴因変更を要しないとされていることからすると、③の事項のみ（第1段階か、第2段階かは不明であるが）が訴因変更の要否の問題に取り込まれるに過ぎず[62]、①及び②の事項はそこから除外されるようである。

　しかし、被告人の防御という観点からは、1審での審理状況から理解されるように、ハンドルを握持するという注意義務は本質的な観点であり、少なくとも、前掲最高裁平成13決定年が示す第2段階、つまり、被告人の防御の観点から訴因変更が要求される事例であった[63]。

---

62)　川出敏裕「刑事訴訟法演習」法教385号148, 149頁は、③に該当する事項が過失犯の構成要件要素であると考えれば、絶対的要変更事項に該当すると分析している。

63)　辻本⑪325頁。判例の結論を支持する見解として、早野暁「判評」新報111巻3＝4号441頁、松田龍彦「判評」現刑59号91頁。

172　第3編　審判対象論

第9章　形式裁判と訴因の関係

Ⅰ．問題の所在

　訴因対象説を前提にする限り、実体裁判にあたり、裁判所の審判権限は、検察官が設定構成した訴因の範囲内に拘束される。これを超えた事実を認定し、有罪判決を下すことはできない。では、形式裁判による手続打切りの判断に際して、訴因は如何なる効力を有するか。例えば、訴因として適示された事実からは訴訟条件を満たすかに見えるが、訴因外の事実を考慮に入れるとこれを満たさないという場合、裁判所は、如何に判断すべきか。

Ⅱ．八王子常習特殊窃盗事件（平成15年判決）

1　事件の概要

　本件は、被告人が単独又は共犯者と実行した複数の窃盗罪の一部について単純窃盗罪で有罪判決が下され、確定した後、改めて同時期に実行されたその余の事実についてやはり単純窃盗罪で公訴提起された事案である。その際、前訴と後訴の公訴事実は全体として、実体法的には常習特殊窃盗罪を構成すると見うる関係にあった。それゆえ、一事不再理効は公訴事実の同一性（単一性）が認められる範囲に及ぶという見解を前提にすると、前訴の確定によりいわば一罪の一部について「確定判決を経た」ことになり、後訴については免訴判決により手続が打ち切られるべきではないか、という点が問題となった。事件の詳細は、次のとおりである。

　被告人は、平成12年4月14日、立川簡裁[64]より、平成11年1月から同年4月にかけて実行された1件の窃盗罪及び3件の建造物侵入罪を伴う窃盗罪に

---

64)　立川簡判平12・4・14未公刊。

第9章　形式裁判と訴因の関係　　*173*

より有罪判決を受けた（懲役１年２月）。同判決は、平成12年９月20日に確定したが、その後、被告人は、改めて平成10年10月から11年８月にかけて実行された22件の窃盗罪又は建造物侵入罪を伴う窃盗罪により起訴された。被告人側は、同種の事例について一事不再理効を認めて免訴判決を下した高松高裁昭和59年判決[65]を引用して免訴判決を求めたが、１審[66]は、その主張を斥け、公訴事実どおり有罪判決を下した（各々について併合罪関係を認定し懲役２年)[67]。控訴審[68]も原審判断を維持したため、被告人側は、前掲の高裁判例違反（刑訴405条３号）を理由として上告した。

2　判　　旨

最高裁[69]は、次のとおり判示し、原判決と矛盾する高裁判例を変更して（刑訴410条２号）、上告を棄却した。

「常習特殊窃盗罪は、異なる機会に犯された別個の各窃盗行為を常習性の発露という面に着目して一罪としてとらえた上、刑罰を加重する趣旨の罪であって、常習性の発露という面を除けば、その余の面においては、同罪を構成する各窃盗行為相互間に本来的な結び付きはない。したがって、実体的には常習特殊窃盗罪を構成するとみられる窃盗行為についても、検察官は、立証の難易等諸般の事情を考慮し、常習性の発露という面を捨象した上、基本的な犯罪類型である単純窃盗罪として公訴を提起し得ることは、当然である。そして、実体的には常習特殊窃盗罪を構成するとみられる窃盗行為が単純窃盗罪として起訴され、確定判決があった後、確定判決前に犯された余罪の窃盗行為（実体的には確定判決を経由した窃盗行為と共に一つの常習特殊窃盗罪を構

---

65)　高松高判昭59・１・24判時1136号158頁。

66)　東京地八王子支判平13・６・28刑集57巻９号1018頁。

67)　１審判決は、本件捜査の経緯において、検察官は確定裁判の相当以前から被告人両名には多数の窃盗の余罪があることを察知していながら、余罪の捜査を進めることなく捜査すべき事件を事実上放置していたという点について、「〔検察官は〕本来は適正迅速な捜査を行って、同時審判を求めることにより、被告人らに不利益を蒙らせることを避けるべき責務があることが明らかであり、この点において、検察官側には厳しい反省が求められる」と指摘している。

68)　東京高判平14・３・15高刑55巻１号10頁。

69)　最判平15・10・７刑集57巻９号1002頁。

174　第3編　審判対象論

成するとみられるもの）が、前同様に単純窃盗罪として起訴された場合には、当該被告事件が確定判決を経たものとみるべきかどうかが、問題になるのである。

　この問題は、確定判決を経由した事件（以下「前訴」という。）の訴因及び確定判決後に起訴された確定判決前の行為に関する事件（以下「後訴」という。）の訴因が共に単純窃盗罪である場合において、両訴因間における公訴事実の単一性の有無を判断するに当たり、右両訴因に記載された事実のみを基礎として両者は併合罪関係にあり一罪を構成しないから公訴事実の単一性はないとすべきか、それとも、右いずれの訴因の記載内容にもなっていないところの犯行の常習性という要素について証拠により心証形成をし、両者は常習特殊窃盗として包括的一罪を構成するから公訴事実の単一性を肯定できるとして、前訴の確定判決の一事不再理効が後訴にも及ぶとすべきか、という問題であると考えられる。

　思うに、訴因制度を採用した現行刑訴法の下においては、少なくとも第1次的には訴因が審判の対象であると解されること、犯罪の証明なしとする無罪の確定判決も一事不再理効を有することに加え、前記のような常習特殊窃盗罪の性質や一罪を構成する行為の一部起訴も適法になし得ることなどにかんがみると[70]、前訴の訴因と後訴の訴因との間の公訴事実の単一性についての判断は、基本的には、前訴及び後訴の各訴因のみを基準としてこれらを比較対照することにより行うのが相当である。本件においては、前訴及び後訴の訴因が共に単純窃盗罪であって、両訴因を通じて常習性の発露という面は全く訴因として訴訟手続に上程されておらず、両訴因の相互関係を検討するに当たり、常習性の発露という要素を考慮すべき契機は存在しないのであるから、ここに常習特殊窃盗罪による一罪という観点を持ち込むことは、相当でないというべきである。そうすると、別個の機会に犯された単純窃盗罪に係る両訴因が公訴事実の単一性を欠くことは明らかであるから、前訴の確定判決による一事不再理効は、後訴には及ばないものといわざるを得ない。」

---

70)　最決昭59・1・27刑集38巻1号136頁。

第9章　形式裁判と訴因の関係　*175*

Ⅲ．常習特殊窃盗罪

1　常習特殊窃盗罪の性質

　本件は、実体法的には常習一罪の関係にあると評価しうる複数の窃盗罪が前訴及び後訴において各々単純窃盗罪として公訴提起された場合に、その一事不再理効の成否が争点となった事案である。

　本件で問題となった常習特殊窃盗罪（盗犯2条）は、「常習として」①凶器を携帯する、②二人以上が現場で共同する、③門戸等を損壊する等の方法で人の住居等に侵入する、④夜間に人の住居等に侵入する、という方法により窃盗を実行した場合、3年以上の懲役に処するものである。その法定刑は、下限において、複数の単純窃盗罪を併合罪処理する場合よりも重い。法律上列挙された4つの方法は、旧刑法の加重的強窃盗罪（368条以下）の構成要件にも定められていたが、本規定は、このような特定の危険な方法による窃盗等が常習的に行われる場合を捕捉したものである。本規定について、罪数論上、併合罪と理解する見解[71]もあるが、改正刑法草案332条のような「……罪を犯した者が、常習者であるとき」という規定形式であればともかく、現行規定のように「常習として……の罪を犯したる者」という表現においてはこれを併合罪と理解することは困難である。従って、通説[72]は、いわゆる集合犯として包括一罪の関係にあるものと理解している。すなわち、「数個の窃盗行為が常習としてなされた場合には、その全部は包括して一個の常習犯をなすものであり、その一個の常習犯の中間に別種の罪の確定裁判が介在しても、そのためにその常習犯が二個の常習犯に分割されるものではない」、また、その場合「一個の常習犯が別罪の裁判確定後に終了したのであるから、その終了時を基準として刑法45条の適用については、その常習犯は別罪の裁判確定後の犯罪」であり、右別罪との間で併合罪の関係を構成するもの

---

71)　青柳文雄『犯罪と証明』（1972年）153頁、押谷靱雄「大泥棒法網を潜る」判タ532号　69頁。

72)　団藤・各論600頁。なお、鈴木・総論283頁は、集合犯は法益及び行為の観点において数罪的性格を持つものであり、他の包括一罪とは別個の吟味が必要であると述べる。

176　第3編　審判対象論

ではない[73]、というのである。また、「窃盗行為が常習的に為され、しかもその間に介在する単純窃盗行為もその常習的性癖の発露として為された場合にはその単純窃盗行為は常習特殊窃盗行為に吸収せられて一罪として」評価される[74]。なお、本罪の常習性は、本来は行為者の属性[75]であるが、本罪においては行為の形態、すなわち、犯罪手口にも関連するものと理解されている[76]。

　常習特殊窃盗罪について、訴訟法上、次のような問題がある。前述のとおり、本罪における「常習性」は、構成要件要素であるため、当然ながら厳格な証明（刑訴317条）によらなければならず、常習性を行為者の属性と理解する前提からは、その認定において「具体的な人間に内在する人格の外部的表現とみられる諸々の情況事実」によりつつ、「通常は幾つかの情況事実を総合して」、裁判所の自由心証における論理則・経験則に則った合理的推論から判断されなければならない[77]。その際、認定に用いられる資料として、①前科前歴（前科前歴の回数、前科との時間的牽連関係、前科の種類・内容）、②犯罪事実（犯罪の個数、犯罪の動機・態様、犯罪の主体）、③習癖の発現（ただ1回の行為であっても、常習犯罪の成立を妨げない）といったものが想定されるが、常習特殊窃盗罪の構成要件には具体的行為が列挙されているため、必然、特に、③の要素が重視されることになる。なお、本罪における常習性は、窃盗自体の常習性だけでなく、その方法についても常習性が認められなければならない[78]。

---

73)　最決昭39・7・9刑集18巻6号375頁。
74)　福岡高宮崎支判昭33・4・18高刑11巻3号97頁。
75)　「行為者属性説」（団藤・各論355頁他）、「行為属性説」（平野・総論(2)419頁他）、「行為者及び行為属性説」（大塚・総論141頁）が対立しているが、最決昭54・10・26刑集33巻6号665頁では、「常習性とは、賭博を反覆累行する習癖をいい、行為者の属性として認められるものであるというのが、確定した判例であり、ここに習癖とは、性癖、習慣化された生活ないし行動傾向、人格的、性格的な偏向などをいう」と判示され、「行為者属性説」が支持されている。
76)　大塚仁『特別刑法』（1959年）95頁、平井義丸「常習累犯窃盗等をめぐる罪数関係と既判力の範囲について」研修479号107頁。
77)　谷村允裕「常習犯罪における常習性」小林・香城編『刑事事実認定・下』（1992年）445頁。
78)　福岡高宮崎支判昭33・4・18高刑11巻3号97頁。

2 同種先例と問題点の整理

常習特殊窃盗罪は、複数の窃盗行為をその常習性の発露という点に着目して実体法上一罪として捕捉する犯罪類型であり、右常習性を除いては各窃盗行為相互に本来的な結び付きが欠けるため、個別の窃盗行為が単純窃盗罪として起訴されるという場合が生じうる[79]。このような場合、前訴の公訴事実と後訴の公訴事実とは、実体法上単一のものとして評価されうることから、一事不再理効による後訴の遮断如何という問題が生じる。このような問題について、次のような判例が見られる。

最高裁昭和43年判決[80]は、前訴において被告人が実行した複数の窃盗行為の一部について単純窃盗罪で有罪判決が下され、確定した後、後訴においてその余の窃盗行為について常習累犯窃盗罪で公訴提起された事案である。1審[81]及び控訴審[82]は、公訴事実どおり有罪判決を下した。これに対して、最高裁は、前訴確定判決以前に実行された窃盗行為について、それらの行為は前訴で審判された行為との間で実体法上一罪を構成し、一事不再理効による免訴判決が下されるべきであると判示した。本判決は、前訴と後訴の「両訴因の記載の比較のみからでも、両訴因の単純窃盗罪と常習窃盗罪が実体的には常習窃盗罪の一罪ではないかと強くうかがわれる」事例であり、「訴因自体において一方の単純窃盗罪が他方の常習窃盗罪と実体的に一罪を構成するかどうかにつき検討すべき契機が存在する場合である」ことから、「単純窃盗罪が常習性の発露として行われたか否かについて付随的に心証形成をし、両訴因間の公訴事実の単一性の有無を判断」されたものである。

これに対し、高松高裁昭和59年判決[83]は、同じく前訴において被告人が実行した複数の窃盗行為の一部について単純窃盗罪で有罪判決が下され、確定した後、後訴においてその余の窃盗行為（全て確定判決以前に実行されたもの）について再び単純窃盗罪で公訴提起された事案である。高松高裁は、次のとおり判示し、この類型においても一事不再理効による免訴判決が下されるべ

---

79)　長沼範良・刑訴法百選・第 8 版204頁。
80)　最判昭43・ 3 ・29刑集22巻 3 号153頁。
81)　熊本地判昭42・ 5 ・10刑集22巻 3 号158頁。
82)　福岡高判昭42・ 9 ・ 9 刑集22巻 3 号162頁。
83)　高松高判昭59・ 1 ・24判時1136号158頁。

178　第3編　審判対象論

きであると判断した。すなわち、前訴の公訴事実と後訴の公訴事実とはその全体において常習特殊窃盗罪を構成し、「本件起訴の窃盗行為はいずれも確定判決前の行為である。そうすると、本件起訴事実については、一罪の一部につき既に確定判決を経ていることになるから、免訴さるべき筋合である。〔原文改行〕もっとも、この結論に対しては、検察官の主張の如く二つの問題がある。一つは、確定判決が単純窃盗であるという点である。まず、確定判決で単純窃盗と認定されたものを後訴において常習特殊窃盗と認定するのは、確定判決の拘束力を無視するのではないかということについていえば、後に起訴された事件について確定判決を経ているか否かということは、その事件の公訴事実の全部又は一部について既に判決がなされているかどうかの問題であって、判決の罪名等その判断内容とは関係がなく、従って確定判決の拘束力を問題とする余地はない。……次に、本件の確定判決における単純窃盗の審理において常習特殊窃盗として審判を求めることはできなかったのであり、訴追が事実上不能であった場合にも、同じ一罪の一部についての確定判決の効力を及ぼすことは不当であるとの主張についてみると、なるほど右のような場合にまで確定判決の効力を認めると、ときに犯人を不当に利することにもなり、正義の感情にそぐわぬ場合があることは否定できない。……しかしながら反対に、検察官主張のように、訴追の事実上の不能の場合に既判力が及んでこないとすると、その例外的基準を具体的に定立すること自体が甚だ困難であるうえ、仮に基準が設けられても、それを具体的に適用するにあたって一層の困難を招来せざるを得ない。すなわち、当該犯行及びそれと被告人とを結びつける証拠が捜査官側にどの程度判明していたか、又知り得る可能性があったかを中心に、被告人の前科、生活歴、事件に対する供述の程度、共犯者の有無及びその役割、被害の裏付の程度、時期、犯行の場所、捜査の態勢等幾多の事情を探究し総合し、右基準に適合するか否かを判断しなければならないのであって、かくては既判力制度の画一性を害し、被告人の立場を不安定ならしめることになる。……次に第二の問題は、本件の各窃盗が単純窃盗として起訴されていることである。検察官は、裁判所は右の訴因に拘束され、重い常習特殊窃盗の罪を認定することができないと主張するが、訴因制度の趣旨、目的に照らすと、裁判所は訴因を超えて事実を

第9章　形式裁判と訴因の関係　　*179*

認定し有罪判決をすることは許されないが、免訴や公訴棄却といった形式的裁判をする場合には訴因に拘束されないと解すべきである。すなわち、訴因は有罪を求めて検察官により提示された審判の対象であり、訴因を超えて有罪判決をすることは、被告人の防禦の権利を侵害するから許されないが、これに対し、確定判決の有無という訴訟条件の存否は職権調査事項であるうえ、その結果免訴判決がなされても、被告人の防禦権を侵害するおそれは全くないから、訴因に拘束力を認める理由も必要性も存しないのである。このように解さなければ、実体に合せて訴因が変更されれば免訴となるが、そうでなければ有罪判決になるということになり、検察官の選択によって両極端の結果を生じさせるのは、不合理であって、とうてい容認できず、かかる実際的な観点からも、検察官の主張は採り得ない」。

　以上の2判決と本判決との対照から、①一事不再理効の客観的範囲、②前訴確定判決の拘束力、③訴因の拘束力という点が、問題となる。このうち、最高裁昭和43年判決と、高松高裁昭和59年判決及び本判決との間では、前者においては③の観点は問題とならないのに対し、後2者においては裁判所の判断に際して重要な問題となる。そして、高松高裁昭和59年判決と本判決は、まさに、この③の観点における見解の対立により結論が分かれた。

Ⅳ. 検　討

1　一事不再理効の客観的範囲

　前述（第2編）のとおり、判例[84]・通説[85]は、一事不再理効の客観的範囲は「公訴事実の同一性」（刑訴312条）を基準に決定されるものと理解している[86]。すなわち、公訴事実の同一性の範囲においては訴因変更による審判の可能性が生じていることから、一事不再理効は「二重の危険」（憲39条）の法理に基づくものとする見解[87]と整合的であるというのである。

---

84)　最判昭27・9・12刑集6巻8号1071頁、最判昭35・7・15刑集14巻9号1152頁。
85)　井戸田257頁、白取302頁、鈴木241頁、高田299頁、福井厚『刑事訴訟法・第7版』（2012年）387頁、松尾・下151頁、三井誠「裁判③」法教270号105頁。
86)　これに反対する見解として、青柳489頁。
87)　鈴木240頁、田口448頁、田宮445頁、平野282頁。

180　第3編　審判対象論

　これを前提に、通説は、「公訴事実の同一性」を公訴事実の単一性と狭義の同一性とに区別した上で、前者は実体法上の罪数論に基づく一罪性を以て画されるべきものと理解する（従属説）[88]。この見解は、特に、その基準の明確性を理由とする。これに対して、特に、公訴事実の単一性について、実体法上の罪数論に従属しない見解（非従属説）もある。非従属説は、さらに、全面的に実体法から独立するという見解（純粋非従属説）と、実体法上一罪の場合にはその分割は認められないが、併合罪関係にある場合でも単一性を肯定しうるとする見解（片面的従属説）に分かれる。本書は、前述（第6章）のとおり、片面的従属説を支持するものである。それは、次のような考察に基づいていた。

　すなわち、「公訴事実の同一性」、つまり、1個の刑事手続における同時処理の可能性及び義務の範囲を決定するにあたり、特に、単一性の観点においてそもそも実体法の罪数論に従属すべき必然性はない。確かに、刑法51条が存在する以上、実体法上1個の罪について複数の審判は否定されるべきである。しかし、その逆の場合に、併合罪処理による被告人の利益（刑45条以下）や手続負担を考慮するならば、なおも1個の刑罰、それに対応する1個の手続において処理すべき義務を肯定することは可能である。例えば、窃盗教唆罪（又は、幇助）罪と盗品関与罪との関係について、実体法上併合罪の関係にあり[89]、訴訟法上も公訴事実の同一性（単一性）を否定するのが通説[90]である。しかし、窃盗教唆罪から窃盗共同正犯に訴因変更され、さらに盗品関与罪への訴因変更は可能であるかという問題を検討するとき、有力説[91]はこれを肯定する。この問題は、狭義の同一性の検討に際して当初訴因の拘束力を認めるかという観点から議論されるものであるが、窃盗教唆罪と盗品関与罪の両立可能性、つまり、実体法上複数の罪の成立可能性という観点からは、ここで検討されるべきものと同一の問題である。このような訴因変更の形で同時処理可能と理解されている状況を見ると、端的に両事実の間で訴因変更の可

---

88)　鈴木114頁、田口329、田宮202頁。
89)　最判昭24・7・30刑集3巻8号1418頁。大塚各論333頁、団藤・各論668頁。
90)　最判昭33・2・21刑集12巻2号288頁。
91)　田宮206頁。

第9章　形式裁判と訴因の関係　*181*

能性、つまり、公訴事実の同一性を肯定することも可能であろう[92]。これによっても、あくまで同時処理の利益が前提であり、公訴事実の同一性の範囲が無限定になるものでもない（第6章）。

　以上から、本件において、単純窃盗罪の訴因に際して同時期、同地区での同種手口による単純窃盗罪の嫌疑が生じたというような場合、やはり1回的解決の要請から公訴事実の同一性・単一性を肯定することも可能である。仮に、前訴と後訴で掲げられた公訴事実の間で常習性が否定され、実体法上併合罪の関係にあると評価される場合であっても、相互の関連性から公訴事実の同一性・単一性を肯定し、前訴における同時処理義務を前提とする一事不再理効による後訴の遮断という結論を認めることも可能であった。1審判決が認めるとおり、本件のように少なくとも前訴において公訴事実以外の余罪が捜査機関に認知され、捜査もある程度進められていたような場合には、不当な結論でもない。

2　前訴確定判決の拘束力

　前訴において複数の窃盗行為の一部が単純窃盗罪として有罪判決が下された場合、その余の窃盗行為を公訴事実とする後訴において、当該公訴事実と前訴公訴事実との間で常習一罪の関係を認めることは、前訴確定判決の内容を変更するものであり、その拘束力（実体裁判の内容的拘束力[93]）に反するのではないかが問題となる。この問題について、前掲高松高裁昭和59年判決は、「後に起訴された事件について確定判決を経ているか否かということは、その事件の公訴事実の全部又は一部について既に判決がなされているかどうかの問題であって、判決の罪名等その判断内容とは関係がなく、従って確定判決の拘束力を問題とする余地はない」と判示している[94]。

　実体裁判の内容的拘束力は、従来、実体裁判の場合には一事不再理の効力が発生するので、同一事件に関する後訴ははじめから遮断され、拘束力が問題となる余地はなく理論上の意味しかない、従って、別事件に対する拘束力

---

92)　齋藤朔郎『刑事訴訟論集』（1965年）141頁。
93)　田口447頁。
94)　最判昭43・3・29刑集22巻3号153頁も、同様の見解である。

182 第3編 審判対象論

如何が問題である[95]と理解されてきた。しかし、ここで検討されるべき類型のように、そもそも同一事件の範囲自体が問題となり、後訴において前訴で審判された公訴事実と同一事件であると判断される場合には、同一事件においてもその内容的拘束力が問題となる。

実体判決の内容的拘束力如何について、他事件との関係では、実体的真実主義の観点からこれを否定するのが通説である[96]。他方、同一事件に関しては、従来から議論の念頭に置かれてきたような同一事件であることが明白である場合、一事不再理効を肯定するためには、前訴判決の内容的拘束力が論理的に前提となる。一事不再理効の発生根拠を確定判決の存在自体に求める見解[97]や、訴追側への禁反言原則による矛盾行為の禁止という規範として構成する見解[98]もあるが、これらも、前訴確定判決が内容的に拘束力を持つことを前提として、初めてその存在による後訴遮断効を認めることになる。

もっとも、前訴との同一事件性が後訴において問題となる事例で、これが肯定される場合、前訴確定判決の内容的拘束力は及ばない。なぜなら、裁判で判断された内容の後訴への拘束力は、その基礎となる事実が変化しないことを前提とするが、後訴において前訴では審判されなかった事実が判断基底に取り込まれ、その結果として、前訴で審判された事実と後訴の公訴事実との間で公訴事実の同一性・単一性が肯定される場合には、いわば事情変更の法理（前訴では、検察官による一罪の一部起訴[99]により、その余の部分は訴追しないとの処分が行われたにもかかわらず、後訴において、前訴で訴追から除外された部分が再び訴追対象として取り込まれたという意味で）により、前訴の判断内容との矛盾抵触は生じないからである。

3 訴因の拘束力

前訴及び後訴の双方において検察官が単純窃盗罪で訴因を構成した場合、裁判所はなおも常習性要素を判断基底に取り込むことができるか。高松高裁

---

95)　田口447頁。
96)　鈴木239頁。
97)　平野281頁。
98)　田口444頁。
99)　最決昭59・1・27刑集38巻1号136頁参照。

第9章　形式裁判と訴因の関係　*183*

昭和59年判決はこれを肯定したが、本判決は否定した。

　訴訟条件存否の判断における訴因の拘束力如何という問題は、審判対象論と密接に関連して議論されてきた。通説である訴因対象説からは、基本的に、訴訟条件の存否の判断に際しても訴因の拘束力が認められている[100]。

　この問題に関連して、最高裁大法廷[101]は、いわゆる横領後の横領の成否が問題となった平成15年判決（「西明寺業務上横領事件」）において、公訴事実として掲記された犯罪事実は前の横領行為（訴因外）の不可罰的事後行為であり、独立して罪に問われるものではないとの主張に対し、「検察官は、事案の軽重、立証の難易等諸般の事情を考慮し、先行の抵当権設定行為ではなく、後行の所有権移転行為をとらえて公訴を提起することができるものと解される。また、そのような公訴の提起を受けた裁判所は、所有権移転の点〔訴因として掲記された公訴事実〕だけを審判の対象とすべきであり、犯罪の成否を決するに当たり、売却に先立って横領罪を構成する抵当権設定行為があったかどうかというような訴因外の事情に立ち入って審理判断すべきものではない。このような場合に、被告人に対し、訴因外の犯罪事実を主張・立証することによって訴因とされている事実について犯罪の成否を争うことを許容することは、訴因外の犯罪事実をめぐって、被告人が犯罪成立の証明を、検察官が犯罪不成立の証明を志向するなど、当事者双方に不自然な訴訟活動を行わせることにもなりかねず、訴因制度を採る訴訟手続の本旨に沿わないものというべきである」と判示し、審判対象は検察官が主張する訴因であり、その理は訴因外の事実の考慮が被告人側に有利となる場合にも異なるものではないことを確認した。

　そして、訴因に関するこのような考え方は、訴訟条件存否が問題となった本判決にも引き継がれた。最高裁は、前述のとおり、「前訴の訴因と後訴の訴因との間の公訴事実の単一性についての判断は、基本的には、前訴及び後訴の各訴因のみを基準としてこれらを比較対照することにより行うのが相当である。本件においては、前訴及び後訴の訴因が共に単純窃盗罪であって、

---

100)　田口325頁、田宮188頁、平野152頁。なお、審判対象を「公訴犯罪事実」であると理解する鈴木128頁も、事実面の拘束力に関しては同様の見解である。

101)　最大判平15・4・23刑集57巻4号467頁。

184 第3編 審判対象論

両訴因を通じて常習性の発露という面は全く訴因として訴訟手続に上程されておらず、両訴因の相互関係を検討するに当たり、常習性の発露という要素を考慮すべき契機は存在しないのであるから、ここに常習特殊窃盗罪による一罪という観点を持ち込むことは、相当でない」と判示している。

これに対し、高松高裁昭和59年判決は、前述のとおり、「訴因制度の趣旨、目的に照らすと、裁判所は訴因を超えて事実を認定し有罪判決をすることは許されないが、免訴や公訴棄却といった形式的裁判をする場合には訴因に拘束されないと解すべきである。すなわち、訴因は有罪を求めて検察官により提示された審判の対象であり、訴因を超えて有罪判決をすることは、被告人の防禦の権利を侵害するから許されないが、これに対し、確定判決の有無という訴訟条件の存否は職権調査事項であるうえ、その結果免訴判決がなされても、被告人の防禦権を侵害するおそれは全くないから、訴因に拘束力を認める理由も必要性も存しないのである。このように解さなければ、実体に合せて訴因が変更されれば免訴となるが、そうでなければ有罪判決になるということになり、検察官の選択によって両極端の結果を生じさせるのは、不合理であって、とうてい容認できず、かかる実際的な観点からも、検察官の主張は採り得ない」と判示し、訴訟条件存否の判断に際し、少なくとも被告人側に有利な方向では訴因による拘束力を否定するという見解を示している[102]。

両見解の検討にあたり、審判対象如何と訴訟条件の存否の判断基準如何との関係という理論的問題、及び、前掲最高裁大法廷平成15年判決で判示されたような被告人側が自身に不利な事実を主張・立証すべき「不自然な訴訟活動」の当否という訴訟実践的問題の、双方から検討することが必要となる。

実体審判に関する訴因対象説からも、訴訟条件存否の判断において、必然的に、そのような拘束力は訴訟条件の存否という問題に妥当するものではない[103]。訴訟条件は、訴訟を適法になしうるための法律要件であり、その要件事実は、裁判所の職権調査事項とされている。訴訟条件存否を訴因として明示された犯罪を基準にして判断するとしても、その審判可否の判断にあたり検討されるべき事実が訴因として掲記されていなければならない必要はな

---

102) 横浜地川崎支判昭49・9・25判時768号128頁も同旨。
103) 長沼他［佐藤隆之］『演習刑事訴訟法』（2005年）338頁。

い（第11章）。このような見解に対して、「検察官としては、前訴において常習窃盗罪として起訴を義務づけられたのと同じことになり、その訴追裁量権・訴因構成権が無視されることになる」[104]との批判もあるが、前訴で一罪の一部についてどのような形で訴因を構成するかということと、後訴において前訴と同一の事件であると判断することとは次元を異にする問題であり（例えば、住居侵入窃盗について、前訴で立証の難易等を考慮の上窃盗罪のみで起訴し、それが確定した後に住居侵入罪を独立に起訴するという問題を想定するとよい[105]）、また、罪数判断は一般に裁判所の専権と理解されていることも考慮すると、右批判は失当である[106]。

　また、あくまで訴因内の解決を図るべきというならば、次のような解決も考えられる。すなわち、裁判所は、訴訟の具体的状況から訴因外の事実について一定の心証を抱いた場合、求釈明を通じた勧告（刑訴規則208条）及び訴因変更命令（刑訴312条2項）等の権限を行使することが訴訟法上予定されている。このような権限を用いて、常習性要素を訴因として掲げさせた上で形式裁判を行うことも可能である。その際、実体裁判の場合とは異なり[107]、裁判所の変更命令に形成力を認めることも考えられてよい[108]。さらに、このような理解からは、被告人側が訴訟条件不存在を主張するにあたり、自身の犯罪事実や刑を加重する事由を主張・立証するとしても、当該事項は具体的訴訟において被告人に有利に作用するものであるから、これを以て「不自然な訴訟活動」ということはできない。むしろ、当事者主義的な訴訟構造に適合するものである[109]。

　以上について、章を改めて（第11章）検討する。

---

104)　井上宏「判評」（本件控訴審）警論55巻11号182頁。
105)　宇藤崇・平15重判解202頁は、「一罪性の強弱」から観念的競合や牽連犯と本件のような集合犯との差異を強調する。
106)　小島淳・現刑62号88頁は、一罪の一部起訴における検察官の訴追権限の濫用性の問題であると捉えているが、訴訟条件判断に際しての裁判所の審理可能性と検察官の権限濫用性はリンクする必要はないと思われる。
107)　最大判昭40・4・28刑集19巻3号270頁。
108)　松山地判昭34・3・14（未公刊。本江威憙「常習犯と既判力の範囲」平野・松尾編『実例法学全集・続刑事訴訟法』（1980年）348頁に引用）。
109)　田宮裕『日本の刑事訴追』（1998年）138頁参照。

186　第３編　審判対象論

第10章　罪数論と手続法との交錯

　本章は、かすがい現象を題材に、実体法上の罪数論と手続法上の公訴事実の同一性との関係を考察する。

Ⅰ．かすがい現象の問題点

1　かすがい現象の意義

　かすがい現象とは、「本来ならば併合罪となる数罪が、それぞれ一定の犯罪と科刑上一罪の関係に立つことによって、その全体が科刑上一罪として扱われる現象」[110]である。具体的には、刑法54条１項で示される２つの類型に即して、次のような事例で表れる。

（1）観念的競合類型

　「一個の行為が二個以上の罪名に触れ〔る〕」場合、観念的競合として科刑上一罪の関係が認められる（刑54条１項前段）。昭和49年の同日に下された３件の最高裁大法廷判決[111]によると、観念的競合の意味での「一個の行為とは、法的評価をはなれ構成要件的観点を捨象した自然的観察のもとで、行為者の動態が社会的見解上一個のものとの評価をうける場合をいう」。例えば、無免許運転罪と酒酔い運転罪[112]、無免許運転罪と車検切れ車両運転罪[113]などのように、車両の運転という行為者の動態がいわば線と線という関係において共通する場合、つまり、継続犯同士で重なり合うという場合には１個の行為と認められるが、酒酔い運転罪と業務上過失致死罪[114]などのように、車両の運転とその最中の過失行為といういわば線と点という関係にある場合、つまり、継続犯と状態犯及び即成犯とが部分的にのみ重なり合う

---

110)　鈴木・総論290頁。
111)　最大判昭49・５・29刑集28巻４号114頁、同151頁、同168頁。
112)　最大判昭49・５・29刑集28巻４号151頁。
113)　最大判昭49・５・29刑集28巻４号168頁。
114)　最大判昭49・５・29刑集28巻４号114頁。

第10章　罪数論と手続法との交錯　*187*

という場合には1個の行為とは認められないとされている。例えば、ドイツでは、実行行為が部分的に重なり合っているというだけで観念的競合の関係が認められるとされ[115]、継続犯と状態犯及び即成犯との間でもかすがい現象が問題とされているが、日本では、判例の理解を前提とする限り、継続犯とそれが実行されている間の個別の状態犯及び即成犯との間で観念的競合の関係は認められず、それゆえ、かすがい現象が生じることもない[116]。

　もっとも、包括一罪、すなわち、認識上数罪の関係にある犯罪がその「法益侵害の一体性・付随性のゆえに一個の罰条で包括的に評価される」[117]場合、その個別行為は他の状態犯及び即成犯と結び付き（この場合自然的観察における行為の1個性を認めうることから）、その結果、包括一罪として評価される罪がかすがいとなって全体が科刑上一罪の関係が認められる場合が想定される[118]。

　なお、最高裁昭和37年判決[119]は、児童福祉法違反（児童淫行罪）と売春防止法違反（売春をさせる罪）との間で観念的競合の関係が認められることを前提に、前訴で他の成人女性を後訴の被害児童と同一時期、同一場所において売春させていた罪について確定判決が存在することから、後訴の児童淫行罪について免訴を言い渡した。この判断に対して、この類型は純粋な意味でかすがい現象とはいえないものの、観念的競合による科刑上一罪の処理の範囲を問うものとして類似の問題を含んでいるとの分析が見られる[120]。

（2）牽連犯類型

　「犯罪の手段若しくは結果である行為が他の罪名に触れる」場合、牽連犯として科刑上一罪の関係が認められる（刑54条1項後段）。牽連犯は、日本独

---

115)　辻本④(1)198頁。
116)　鈴木・総論280頁は、継続犯を「一個の行為ともいえそうであるが、時間的に分断すれば複数の同種法益侵害行為の連続とみることもできる。この意味で、包括一罪の一種と解して差し支えない」と分析しており、この見解からは、本文後述のとおり状態犯及び即成犯との観念的競合を認めることも可能となるものと思われる。
117)　鈴木・総論278頁。
118)　大判大8・5・23刑録25輯673頁、大判大14・5・26大刑集4巻342頁、最判昭33・5・6刑集12巻7号1297頁、最判昭36・5・26刑集15巻5号871頁。
119)　最判昭37・4・26刑集16巻4号449頁。
120)　山火正則・刑法百選Ⅰ総論・第2版202, 203頁。

188　第3編　審判対象論

特の規定であり、立法論としてこれを廃止すべきとの見解もしばしば見られる[121]。判例上も、極めて厳格に運用されている。複数行為の牽連性を認める基準は、判例によると、「数罪が牽連犯となるためには犯人が主観的にその一方を他方の手段又は結果の関係において実行したというだけでは足らず、その数罪間にその罪質上通例手段結果の関係が存在すべきものたることを必要とする」と理解されている[122]。例えば、住居侵入罪とそれを手段とした殺人罪[123]又は窃盗罪[124]、文書偽造罪と同行使罪[125]又は詐欺罪[126]などで、牽連犯の成立が認められているが、殺人罪と死体遺棄罪[127]、堕胎罪と嬰児殺人罪[128]、監禁罪と恐喝罪[129]などでは、否定されている。

2　かすがい現象の問題点

　日本の判例では、いったん科刑上一罪の関係が肯定されると、それに基づくかすがい現象も肯定されている。このかすがい現象について、次の問題点が指摘されている。

　第1に、かすがい現象により問題となる犯罪が科刑上一罪として処理されることになると、処断刑が不均衡なものとなる（実体法的問題点）。すなわち、個別的には併合罪の関係にある複数の犯罪について、有期自由刑が選択された場合、その処断刑は、本来、併合罪加重規定（刑47条）により加重されたもの、つまり、「最も重い罪について定めた刑の長期にその二分の一を加えたものを長期とする」（但し個別刑の合算を超えない範囲で）となるはずであったものが、さらに別の犯罪が付け加わることにより、全ての犯罪のうち「最も重い刑」が処断刑となってしまう。例えば、3個の殺人罪について、これが戸外で実行された場合には、有期刑が選択されると併合罪加重によりその処

---

121)　鈴木・総論286頁。
122)　最判昭24・12・21刑集3巻12号2048頁。
123)　大判明43・6・17刑録16輯1220頁。
124)　大判明45・5・23刑録18輯658頁。
125)　大判明42・3・11刑録15輯210頁。
126)　大判明42・1・22刑録15輯27頁。
127)　大判明43・11・1刑録16輯1812頁。
128)　大判大11・11・28刑集1巻705頁。
129)　最判平17・4・14刑集59巻3号283頁。大判大15・10・14刑集5巻456頁を変更。

断刑は長期30年となるが、住居内で実行された場合には、やはり有期刑が選択されるとその処断刑は長期20年になってしまう。もっとも、通説は、刑法典における法定刑の広さゆえに実際上の問題はあまり生じないとして、かすがい現象を肯定する[130]。実際、裁判実務においても、かすがい現象の成立による科刑上一罪の関係が肯定されつつ死刑が選択されているなど[131]、この観点からの問題点はほとんど顕在化していない。

第2に、かすがい現象は、訴訟法的問題点も提起する。すなわち、通説は、二重起訴禁止又は一事不再理効の範囲を「公訴事実の同一性」基準によって画するものとし、特に、「公訴事実の単一性」の観点において実体法上の罪数論に従属するとしている。それゆえ、かすがい現象による科刑上一罪の成否が、直接に訴訟の有効性に影響を与えるものとされている。判例上も、例えば、前訴において職安法違反（売春幹旋行為）により確定判決が下された後、労基法違反（中間搾取禁止行為）及び職安法違反により起訴されたという事案において、全体について科刑上一罪の成立を認め、その範囲において免訴判決が下されている[132]。

このようにして、かすがい現象は、処断刑の範囲如何という実体法的問題点と、別訴遮断の範囲如何という訴訟法的問題点とを提起するものであるが、特に、後者の点が実務上も重要な問題点となっている。それゆえ、かすがい現象への対応（かすがい外し論）が、議論されてきた。

Ⅱ．かすがい現象への対応

1　実体法的アプローチ

（1）ドイツの判例

ドイツの判例上、かすがい現象は一般的には肯定されているが、その問題点も認識されてきた。例えば、ライヒ裁判所1891年判決は、1個の加重強盗

---

130)　浅田（前掲注50）488頁、大塚・総論488頁、田宮裕・刑法百選Ⅰ総論・第4版210,
211頁、中山研一『口述刑法総論・補訂2版』（2007年）329頁。
131)　最判昭29・5・27刑集8巻5号741頁。
132)　最判昭33・5・6刑集12巻7号1297頁。

190 第3編 審判対象論

罪と2個の謀殺罪との関係が問題となった事例[133]において、かすがい現象の是認は、「行為者がより多くの刑罰法規に違反したために、それより少ない違反の場合よりも軽く処罰されるという、矛盾した結果を導いてしまうことになる」と判示し、かすがいとなる犯罪がそれによって一罪に結び付けられるべき犯罪よりも軽微である場合について、科刑上一罪の成立を否定した[134]。もっとも、そこでは、かすがいとなるべき犯罪（連続犯）はある法的観点からは1個、かつ、同一の行為であるが、他方の法的観点からは独立した数個の行為と評価されるべきという形で解決が図られており、個別状況に応じた相対的罪数論ともいうべきものであった[135]。ライヒ裁判所は、その後より明確に、かすがいとなるべき犯罪と結び付けられるべき犯罪との刑の軽重によりかすがい現象の成否を検討し、軽微な犯罪が複数のそれ自体独立した重大犯罪を科刑上一罪の関係に結び付けることを否定するに至る[136]。

　このような見解は、連邦通常裁判所によって、理論的により発展させられた。例えば、連邦通常裁判所第2刑事部1950年判決[137]は、高等裁判所からかすがい外し論に反対の意見を付して回付された事案（連続犯と複数の文書偽造罪との関係が問題となった）について、本件でかすがい現象による行為単一の関係を認めるならば、「独立した重大犯罪が軽微犯罪の一部分とみなされることとなるが、それは人の生活事実の正しい評価とはいえない……そのような結論は、人の行動の社会的・倫理的評価を逆転させるものである」と判示し、犯罪の軽重によりかすがい現象の成否が決せられるべきとする見解を支持した[138]。この理論は、さらに、連邦通常裁判所第1休暇中刑事部1952年判決[139]によって発展された。同判決は、卑金属売買無許可営業の連続犯と、各々独立の故買罪及び卑金属法違反との関係が問題となった事案において、

---

133)　RGSt 44, 223.
134)　このような「かすがい外し論」は、RGSt 57, 189（1個の連続的詐欺罪と4個の文書偽造罪）でも支持されている。
135)　中野次雄『刑事法と裁判の諸問題』（1987年）103頁。
136)　RG HRR 1939 Nr. 535; HRR 1939 Nr. 462.
137)　BGHSt 1, 67.
138)　この見解は、BGHSt 2, 246（1個の強盗未遂罪と複数の謀殺未遂罪との関係が問題となった事案）でも支持されている。
139)　BGHSt 3, 165.

複数の独立した犯罪のうち1個だけがかすがいとなる犯罪よりも重大であるが、他方（又は、その他）の犯罪は軽微又は同等であるという場合にも、かすがい現象の成立は否定されると判示している。

しかし、この見解は、直ちに変更された。連邦通常裁判所第3刑事部1953年判決[140]は、前掲1952年判決と同種の事案で、同判決をはっきりと否定し、かすがい現象の成立が否定されるという判例理論の適用は、あくまで全ての犯罪がかすがいとなる犯罪よりも重大である場合に限られるとの見解を示した。この見解は、その後、判例上確立した見解となっている[141]。

このようにして、ドイツの判例上、かすがい現象の成否はかすがいとなる犯罪とそれによって結び付けられる犯罪との軽重により決せられるという考え方が確立した。それゆえ、具体的事案において犯罪の軽重はどのように判断されるべきかが、かすがい現象の成否にとって重要な問題となる。この点について、連邦通常裁判所第2刑事部1984年判決[142]は、相当程度の麻薬取引罪と複数の麻薬密輸入罪との関係が問題となった事案において、軽罪か重罪かという形式的な基準ではなく、具体的事案における評価によると判示し、その根拠として、「人の行態の社会倫理的評価」を挙げている。また、連邦通常裁判所第3刑事部1996年決定[143]は、相当程度の麻薬所持罪と相当程度の麻薬密輸入罪及び麻薬譲渡罪との関係が問題となった事案において、特に、1992年組織犯罪対策法（OrgKG）により加重された相当程度の麻薬所持罪と同不法譲渡罪とが同一の規定（麻薬法29a条1項2号）に置かれ、等しく重罪として定められたにもかかわらず、このことにより前者のいわゆる捕集構成要件としての性質に変化はなく、後者との関係において不法の程度は低いとの理由で、かすがい現象を否定した。

（2）日本の学理

日本の学理上、次のようなかすがい外し論が提示されている。以下、説明

---

140)　BGHSt 6, 92.
141)　BGHSt 31, 29（武器所持罪と武器不法入手罪及び故殺罪との関係が問題となった事案）、BGH NStZ 2005, 262（強盗的恐喝致死罪と2個の謀殺罪との関係が問題となった事案）。
142)　BGHSt 33, 4.
143)　BGHSt 42, 162.

の便宜上、A・B・Cの３つの犯罪のうち、AとB、AとCが科刑上一罪の関係にあるが、BとCとは本来併合罪の関係にあるという事例を想定する。

まず、牽連犯の類型を念頭に、①AとB（第１の行為）のみが牽連犯となり、それとC（及び、それ以後の行為）とが併合罪になるとする見解がある。例えば、「牽連犯の関係にあるものと、形式的な牽連関係があるに過ぎないものとがあることに注意しなければならない。牽連犯は、本来的に、数罪である。数罪が牽連犯関係にあるとされることは、その数罪が科刑のうえで考慮されたことを意味する。したがって、〔A〕罪が〔B〕罪と牽連関係にあるとすれば、〔A〕罪は科刑のうえですでに考慮されたことになる。〔A〕罪は一罪であるから、科刑のうえで一回だけ考慮されれば足りる。〔B〕罪と独立した〔C〕罪との間において考慮される必要はないし、されるべきでもない」[144]、或いは、「１個の意思決定に準じる関係に立つ最初の犯罪行為との間でのみ牽連犯関係を肯定し、後の行為との間では併合罪とすることが妥当である」[145]、といった見解が見られる[146]。

次に、観念的競合の類型を念頭に、②かすがい現象を全面的に否定する見解が見られる。例えば、「たしかに、本来併合罪関係にある〔B〕、〔C〕罪がそれぞれと〔A〕罪を構成している部分行為〔A¹〕、〔A²〕とが『一個の行為』によって実現されたということは否定できない。しかし、〔B〕罪が〔A¹〕、〔A²〕を包括した全体としての〔A〕罪そのものと観念的競合の関係にあるとはいえないだろう」というのである[147]。

同じく観念的競合の類型を念頭に、③各々結び付く行為間で観念的競合が成立し、それらが併合罪の関係になるとする見解が見られる。例えば、「包括一罪・集合犯は、観念的競合・牽連犯と同様に『数罪＝一処罰』の場合であるとみることができる……包括一罪・集合犯となるべき数罪が他の罪と関連し合う場合には、同罪との関連において処断されるべきものであるから、

---

144) 山火正則「科刑上一罪について―観念的競合と『かすがい』理論を中心として」刑雑23巻１＝２号1, 30頁。

145) 山口382頁。

146) 内田文昭『刑法Ⅰ総論・改訂版増補版』（2002年）356頁も同旨。但し、内田は、本文④説も解釈論的に成り立ちうると述べる。

147) 山火（前掲注144）26頁。

その結果、併合罪的に処断される場合のあることは当然であ〔る〕」[148]、或い
は、「〔B〕行為と〔C〕行為の遂行の間に1個の意思決定に準じる関係はな
い」[149]、といった見解が見られる[150]。

罪数論自体の機能に着目し、④各々の犯罪間において罪数関係を相対的に
把握し、科刑上一罪の関係にあるものと併合罪の関係にあるものとを個別的
に処理する見解（いわゆる「相対的罪数論」）が見られる[151]。例えば、「一定の法
的処理をするに当たり、犯罪相互の間にどのような関係がなければならない
かを検討するのが、罪数論における真の問題点」であるとの観点から、「あ
る複数の犯罪を、科刑上一罪とか併合罪、また科刑上一罪の併合罪とか併合
罪の科刑上一罪といった形で、無理に割り切る必要はない」、殺人罪と住居
侵入罪の事例について、「殺人罪相互間には併合罪関係があるから、殺人罪
につき自由刑を選択する場合には併合罪加重をした刑が処断の基準となり、
また各殺人罪と住居侵入罪との間には牽連関係があるから、その重い殺人罪
の刑が処断の基準となる。したがって、これらを総合して、結局、殺人罪の
併合罪加重刑で処断すればよい」[152]、というわけである[153]。

最後に、このような相対的罪数論による結論の妥当性自体は支持しつつ、
その理論的前提を批判し、⑤かすがい現象を肯定しつつ、処断刑を柔軟に解
釈する見解が見られる。例えば、相対的罪数論が前提とする「『数罪であり
かつ一罪でもある』ことを認めるその独自の罪数観」に対する批判から出発
し、かすがい現象による科刑上一罪の関係自体は肯定しつつ、「この科刑上
の一罪は、『一種の』科刑上の一罪なのであって、狭義の科刑上の一罪であ
る観念的競合・牽連犯と同じではない」と述べ、科刑上一罪と刑法54条1項

---

148) 中山善房「観念的競合と牽連犯」西原他編『判例刑法研究4巻』（1981年）309, 338
頁。
149) 山口382頁。
150) 秋田地大館支判昭28・4・13刑集8巻5号769頁（前掲最高裁昭和29年決定の1審）
は、牽連犯類型において同様の見解を採る。丸山雅夫「いわゆるかすがい現象につい
て（2・完）」警研64巻3号31, 40頁は、観念的競合の類型について同様の見解を採る。
151) 論者によると、「犯罪関係の具体的考察をふまえた犯罪諸理論」である（鈴木茂嗣
「いわゆる『かすがい』理論について—罪数論の考え方試論—」曹時33巻8号1頁）。
152) 鈴木・総論291頁。
153) 丸山（前掲注150）43頁（但し、牽連犯類型のみについて）、中谷雄二郎「訴因と罪
数」刑訴法争点・3版130, 131頁も同旨。

194　第3編　審判対象論

でいう「最も重い刑」の不可分の結び付きはないとして、ＡとＢの併合刑
とＡ・Ｃ及びＢ・Ｃの「最も重い刑」とを重ね合わせた結果導かれる「妥当
な処断刑」が形成されるべきことになる、というのである[154]。

　以上のように、日本の学理において、かすがい外し論は多様な観点から検
討され、刑法総論において比較的地味な存在である罪数論の中では、理論的
対立が激しいものとして注目される。もっとも、前述の見解は、いずれも、
かすがい現象による科刑上一罪（刑54条1項）の成立を肯定する通説を凌駕す
るには至っていない。それぞれ、次のような問題点が（見解相互に）指摘され
ている。

　かすがい現象は、観念的競合及び牽連犯という狭義の科刑上一罪とは異質
のものであり、個別の犯罪間での結び付きから要請される1回的処理の観点
から導かれるものであるから、観念的競合や牽連犯の解釈（①②③説）はか
すがい現象に対する決定的な批判とはなりえない。また、①②③説は、結論
において1個の犯罪の分割を認めるのと異ならず、実質的に1個の犯罪に対
する二重評価であるとの批判を免れない。この点、④説及び⑤説は、右批判
を免れるものであるが、④説に対しては、⑤説からの前述のような批判が妥
当する。他方、⑤説自身も、実体法解釈として、科刑上一罪の関係を認めつ
つ、「最も重い刑」と並んで「妥当な処断刑」というものを観念することが
できるかは疑問である。さらに、④説及び⑤説は、科刑上一罪の処理と併合
罪加重処理とが並行することを前提とするが、そのような処理は、現行法解
釈としての妥当性が問われなければならない。すなわち、刑法72条では、刑
の加重減軽の順序として併合罪加重の前に法律上の減軽が行われることと定
められ、同69条では、法律上の減軽に際して法定刑に選択刑が定められてい
るときはまず適用する刑種を選択すべきことが定められているが、判例上、
科刑上一罪の処理はさらにその前に行われるべきものと理解されてお
り[155]、これによると、科刑上一罪の処理は併合罪処理に先行して行われる
べきこととなり、両者を同じ段階で（或いは、相対的に）行うことができな
い。この点について、確かに、⑤説の論者[156]は、最終的な処断刑は「数個

154）　中野（前掲注135）121頁。
155）　大判大3・11・10刑録20輯2079頁、東京高判昭55・12・2判時1019号133頁。

の罪の処断刑の最大公約数的なもの」と理解すべきであり、「まずその各罪につき刑を選択し、再犯加重及び法律上の減軽を行った上、その最上限及び最下限はいずれも各罪中の最も重いものに従い、一の罪に併科刑があればその罪が最重のものであると否とを問わずこれを併科することとして、一の新たな処断刑を形成すべきである」と述べ、科刑上一罪をいわば広義の併合罪の一種であるとして72条3号の準用〔類推適用〕を主張する[157]。しかし、被告人に不利な類推解釈の当否及び右判例理論との整合性という点は、さらなる検討を要する。

2 訴訟法的アプローチ

　以上のとおり、実体法的アプローチ、特に、日本の学理は、主に、かすがい現象の第1の問題点である適切な処罰範囲の確保如何、すなわち、1回の手続で如何にして「妥当な処断刑」を確保するかという観点からの議論であった。これに対し、以下の訴訟法的アプローチは、前訴又は別訴による遮断効の範囲を如何に限定するか、つまり、「妥当な手続」の確保に向けられた議論である。

（1）公訴事実の単一性の分割

　前述（第2編）のとおり、日本の通説は、二重起訴禁止又は一事不再理効による再訴遮断の範囲を「公訴事実の同一性」によって決定し、特に、公訴事実の単一性を実体法上の罪数論に従属して理解している。

　ドイツにおいても、同様の機能を持つ「所為の同一性」（Tatidentität）概念は、従来から、実体法上の罪数論から独立するものであるとしつつ、実体法上一罪の関係にある場合は常に訴訟法上の所為の同一性が認められると理解されてきた。しかし、前述（第5章）のとおり、連邦通常裁判所第3刑事部1980年判決[158]は、犯罪組織構成罪と文書偽造罪及び謀殺罪等の関係が問題となった事案で、前訴確定判決（犯罪組織構成罪と文書偽造罪の行為単一）は後訴（謀殺罪等犯罪組織構成罪と行為単一に結び付く個別犯罪）を遮断しないとして、実

---

156)　中野次雄「併合罪」日本刑法学会編『刑事法講座7巻』（1953年）1371, 1390頁。

157)　平野・総論(2)422頁、鈴木・構造262頁も同旨。

158)　BGHSt 29, 288.

体法上一罪の関係にある複数の犯罪について手続が分割して実施されうることを認めた。連邦通常裁判所は、確かに、本判決では、犯罪組織構成罪の特殊性からする例外的処理であることを強調していたが、この判決に対する憲法抗告に対し、連邦憲法裁判所1981年決定[159]は、実体法上の罪数論と手続法上の所為概念との制度趣旨の違いから、両者の独立した関係はむしろ原則的なものであると判示し、これによって、実体法上の罪数論と手続法上の所為概念とは完全に分断された[160]。この事件は、かすがい現象による科刑上一罪を前提としても再訴が遮断されない結論を導きうるものであることから、注目される[161]。

　もっとも、このような複数の犯罪が実体法上一罪の関係にある場合に複数の手続を認める見解は、刑法54条が1個の手続のみを認めるものであり、併合罪において複数の裁判の存在を前提とする同51条（ドイツについてはド刑55条参照）のような規定が科刑上一罪の場合には存在しないことから、実定法に反する。ドイツでも、判例理論に対する学理上の批判は強く[162]、むしろ、結論の妥当性は実体法解釈のレベルで追究されるべきとの見解が主張されている[163]。

（2）訴因的解決

　かすがい現象による科刑上一罪から公訴事実の単一性が導かれることによる別訴・再訴遮断の範囲が広がることに対し、そのような事態に備えて、検察官がそもそもかすがいとなる犯罪を起訴しない、つまり、一罪の一部を「呑んで」起訴するという運用が考えられる。このような見解は、いわゆる一罪の一部起訴が適法であるとの理解[164]を前提に、審判対象を訴因とする

159）　BVerfGE 56, 22.
160）　詳細は、辻本④(1)213頁。
161）　只木誠『罪数論の研究・補訂版』（2009年）259頁以下は、この判例理論に基づいて、実体法と手続法との分離を主張する。
162）　*Grünwald* StV 1981, 326.
163）　*Puppe* JR 1986, 205は、継続犯など長期に及ぶ犯罪について行為者の意思の変化に着目し、行為者は当初コレクション目的で拳銃を所持していたが、その後経済的に困窮したためその武器を用いて強盗罪を実行したという事例を挙げ、このような場合行為者の武器所持に対する目的の著しい変化によりもはや1個の継続犯と評価することはできないとする。中山（前掲注148）334頁も同旨。

通説から、訴訟条件判断にあたっても裁判所の審判権限は訴因によって拘束されることを根拠とする[165]。

東京高裁平成17年判決は、検察官がかすがいとなるべき犯罪を「呑んで」起訴することで、二重起訴の問題を回避しようとした事案である[166]。本件は、被告人が平成16年12月2日から平成17年2月17日までの間6回にわたり実行した児童ポルノ製造罪（児童買春7条1項・3項、2条3項）により地方裁判所に起訴されたが、被告人は既に別訴にて平成17年3月26日に実行した児童淫行罪（児福60条1項、34条1項6号）により家庭裁判所に起訴されていた（少年旧37条）。この児童淫行罪は、本件で起訴された児童ポルノ製造罪と実体法上観念的競合の関係にある（起訴されなかった）事実と包括一罪の関係にあり、やはり全体が包括一罪の関係にある児童ポルノ製造罪との間でも起訴されなかった児童淫行罪をかすがいとして全体として科刑上一罪の関係となり、従って、少年法の適用により全て家庭裁判所に事物管轄が認められるとして、本件は公訴棄却されるべきものではないかという点が問題となった。

原審[167]は、本件と別訴の児童淫行罪とは併合罪の関係にあり、それゆえ二重起訴には当たらないとして有罪判決を下した。被告人側が控訴したが、東京高裁は、次のように判示し、控訴を棄却した（但し、原審の罪となるべき事実の記載方法に違法があるとして、破棄自判している）。すなわち、「かすがい現象を承認すべきかどうかは大きな問題であるが、その当否はおくとして、かかる場合でも、検察官がかすがいに当たる児童淫行罪をあえて訴因に掲げないで、当該児童ポルノ製造罪を地方裁判所に、別件淫行罪を家庭裁判所に起訴する合理的な理由があれば、そのような措置も是認できるというべきである。一般的に言えば、検察官として、当該児童に対する児童淫行が証拠上明らかに認められるからといって、すべてを起訴すべき義務はないというべき

---

164)　最決昭59・1・27刑集38巻1号136頁。
165)　萩原太郎「訴因と罪数」河村・柏井編『刑事実務ノート・第2巻』（1969年）57, 59頁、中谷（前掲注153）131頁。
166)　東京高判平17・12・26判時1918号122頁。もっとも、本件は、実体法上2個の、各々が集合犯として包括一罪の関係にある犯罪相互の関係が問題となった事案であり、いわゆる「擬似的かすがい現象」というべき事例である。
167)　静岡地判平17・7・15未公刊。

198　第３編　審判対象論

である（引用判例省略）。そして、児童淫行罪が児童ポルノ製造罪に比べて、法定刑の上限はもとより、量刑上の犯情においても格段と重いことは明らかである。そうすると、検察官が児童淫行罪の訴因について、証拠上も確実なものに限るのはもとより、被害児童の心情等をも考慮して、その一部に限定して起訴するのは、合理的であるといわなければならない。また、そのほうが被告人にとっても一般的に有利であるといえる。ただ、そうした場合には、児童ポルノ製造罪と別件淫行罪とが別々の裁判所に起訴されることになるから、所論も強調するように、併合の利益が失われたり、二重評価の危険性が生じて、被告人には必要以上に重罰になる可能性もある。そうすると、裁判所としては、かすがいになる児童淫行罪が起訴されないことにより、必要以上に被告人が量刑上不利益になることは回避すべきである」。

　以上のとおり、東京高裁は、その審判権限は検察官が主張する訴因事実に拘束されるとの審判対象論における支配的見解である訴因対象説を前提に、二重起訴該当性如何という訴訟条件の存否が問題となる場面においても裁判所は訴因外の事実（特に、被告人の余罪等の犯罪事実）を審理に取り込むべきではないとの見解を採用することを明確に判示した。このような見解は、いわゆる訴訟条件の判断基準如何という論点において、実体（証拠状態）乃至裁判官の心証を基準とする見解との対比において主張され、審判対象論における訴因対象説との親和性から現在支配的見解となっている[168]。そのような理解は、訴訟条件の存否[169]乃至実体裁判における罪数判断[170]に際しても妥当するものとして、近時の最高裁判例においても確認されている（第９章）。

Ⅲ.　検　討

（１）実体法的問題点

　まず、かすがい現象がもたらす第１の問題点として、本来併合罪加重により重い処断刑が確保されていたにもかかわらず、さらに他の犯罪が付け加わ

---

168)　鈴木129頁。
169)　最判平15・10・7刑集57巻9号1002頁。
170)　最大判平15・4・23刑集57巻4号467頁。

ることにより処断刑が軽くなってしまうという点について。確かに、日本の通説が述べるように、法定刑の広い日本法の実情からは、理論的問題はおくとして、実践的にはさほど問題はない。例えば、3個の殺人罪に1個の住居侵入罪が牽連犯として付け加わったとしても、死刑を宣告することも可能であり[171]、それがために、判例上も広くかすがい現象の成立が認められてきたものと推測される。しかし、右の例が殺人罪ではなく傷害罪である場合は、処断刑の上限は当初の22年6月から15年に大きく減少することとなり、実践的にも重要な問題が顕出する。このような場合、例えば、別罪（例えば、万引による窃盗罪等）を併合審判して22年6月の処断刑を確保することも理論的には可能であるが、そのような「修正された法定刑」の理論[172]が妥当であるかは、問題である。やはり、かすがい現象の問題点に真摯に目を向けて、正面から解決を図るべき必要がある。

　本書は、この妥当な処断刑の確保という実体法の観点においては、前述のうち第④説、すなわち、相対的罪数論が妥当であると考える。この見解は、前述のとおり、確かに、刑法69条及び72条に関する判例理論との整合性が問題となるが、その点は論者自身が示すように必ずしも決定的なものではない。むしろ、その結論の妥当性は、ドイツ判例理論と通じるものがあり、そこで示される基礎付けがそのまま妥当する。そして、ドイツ判例理論によると、かすがい現象が否定される場合には、かすがいとなるべき罪の二重評価という問題が生じうるが、この相対的罪数論によると、総合評価の中で各々1回ずつ評価に取り込まれるのみであるため、二重評価の問題は生じない。

（2）訴訟法的問題点

　もっとも、この相対的罪数論は、いわば1個の手続において妥当な処断刑を導くための思考論であり、訴訟法のレベル、すなわち、手続の個数が問題となる場合には、別の考察を要する。例えば、前述の例を念頭に、BとCとが併合罪の関係にあることはAとCとの科刑上一罪の関係に影響を与えるものではなく、前訴でB罪と共にA罪が科刑上一罪の関係で審判された場合にさらにC罪で公訴提起することは、C罪とA罪との関係における1

171）　最判昭29・5・27刑集8巻5号741頁。
172）　最判平15・7・10刑集57巻7号903頁参照。

200 第3編 審判対象論

回的解決の要請に反するからである。従って、1個の手続における妥当な処断刑の確保という観点から罪数論を相対的に判断するとしても、後訴乃至別訴との関係における手続の個数如何という問題は、そもそも相対的罪数論の射程外である[173]。

このような場合、訴訟法の観点からのアプローチとして、前述のとおり、2通りのものが想定される。このうち、第1の公訴事実の単一性分割論は、やはり実定法解釈として成立しえない。これに対し、第2のかすがいとなる犯罪を呑んで起訴するという運用はどうか。確かに、審判対象論における訴因対象説からパラレルに演繹するならば、判例が示すように、訴訟条件存否（及び、その前提である罪数）の判断に際して検察官が主張する訴因事実以外の事実を審理に取り込むべきではないということになりそうである。

しかし、このような理解に対しては、次のような疑問がある。第1に、訴訟条件存否の判断は、一般に職権調査事項であると理解されており[174]、審判を行う前提として検察官の主張自体が有効なものであるかという場面で問題となるものであるから、審判対象そのものの議論が妥当すべき性質のものではない。第2に、仮に訴訟条件存否の判断に際して裁判所が当事者の主張に拘束されると前提しても、例えば、被告人側からの主張にも検察官の訴因設定段階における主張に準じるような効力を認めることにより、少なくとも被告人に有利な方向において裁判所が訴因外の事実を審理に取り込むことは、当事者主義の原理に反しない[175]。

また、訴因変更命令規定（刑訴312条2項）の存在からは、それが例外的なものであるにせよ、一定の場合、特に、被告人に有利な方向においても、裁

---

173) 鈴木（前掲注151）12頁は、「罪数先行的思考」を批判し、例えば、本文掲記の例においてBのみ確定判決があった場合、その一事不再理効はAには及ぶがCには及ばないとする。その理由として、「一定の二つの犯罪間の関係は、常に科刑上一罪であり、あるいは併合罪関係なのである」として、固定的に理解されている。
　しかし、この見解からも、前訴でBと併せてAも起訴されていた場合、結局のところ、AをかすがいとしてCにも一事不再理効が及ぶことは否定できない。また、その結論を避けるべく、前訴でAの起訴が可能であったにもかかわらず、あえてこれを「呑んで」起訴するのであれば、それは、やはり、本文後述の第2の運用に他ならない。
174) 鈴木128頁。
175) 田宮（前掲注109）131頁。

判所が訴因外の事実について心証を形成することに向けた活動をすること自体は刑訴法が予定するところである。裁判所の訴因変更命令について、被告人に不利な方向でその形成力を認めうるかという点は争いのあるところであるが[176]、被告人の主張に応じて被告人に有利な方向での変更が問題となる場合において、裁判所の訴因変更命令が発せられた後なお検察官の訴因変更請求を待たなければ審判対象が変更なされないというのでは、このような訴因変更が被告人に有利となるべき場面においては、訴因変更命令制度はおよそその存在価値を失うこととなってしまう。このように解しても、検察官による一罪の一部起訴が適法であると理解されることと矛盾するものではない。すなわち、一罪の一部起訴は、立証の難易等諸般の事情を考慮した検察官の訴追裁量を尊重するものとして適法とされるべきものであるが[177]、検察官はその時点で訴追裁量の行使により起訴された事実以外の残部は起訴しないとの処分を行ったのであり、後訴又は別訴において右処分の撤回によるいわば分割起訴を許すものではない。

　以上、被告人は、一罪について1回の手続で処理されるべきことに利益を有するのであり（憲39条）、それは、前訴の刑と後訴の刑との調整ということで救済されるものではない。もちろん、被告人のそのような利益も、場合によっては他の利益との関係において制限を受ける可能性があることは否定できない。しかし、その際にも、単に妥当な刑罰の確保というだけでは不十分である。かすがい現象から生じる問題点も、1個の手続において妥当な処断刑が追究されるべき方向において検討されるべきことであり、本来1回の手続で処理されるべきものを2個の手続に分断することによって追究されるべきものではない。被疑者・被告人の右のような憲法上の利益に対する制約が正当化されるのは、例えば、他者に対するより切迫した現在の危険の存在等が認められるような場合に限られるべきである。前掲東京高裁平成17年判決では、「被害児童の心情等」の利益も指摘されているが、通常裁判所における児童淫行罪を対象とする審理が被害児童に与える影響が被告人の1回的処罰の利益を凌駕すると評価されうるならば、科刑上一罪の関係にある罪を

---

176)　最大判昭40・4・28刑集19巻3号270頁参照。
177)　最決昭59・1・27刑集38巻1号136頁。

別々の裁判所に分離して起訴することも正当化されることは理論的に否定できないと思われるが、そのような評価が妥当であるかは問題である[178]。

---

178) 児童福祉との関係における成人刑事事件の問題点について、池本壽美子「児童の性的虐待と刑事法」判タ1081号66, 80頁、植村立郎「司法改革期における少年法に関する若干の考察—少年法37条の削除について—」判タ1197号60頁。

第11章　刑事手続における審判対象　*203*

第11章　刑事手続における審判対象

　本章は、本書の総括として、刑事手続における審判対象論の整理と、私見の提示を行う。その際、問題を区別して検討する。

　すなわち、第1に、狭義の審判対象論として「訴因」概念を、第2に、広義の審判対象論として「公訴事実の同一性」概念を採り上げ、それぞれの意義と射程を考察する。

Ⅰ．狭義の審判対象

1　訴因対象説の意義

　刑事訴訟の審判対象如何は、従来、公訴事実対象説と訴因対象説との間で論争されてきたが、現在は、訴因対象説が支配的地位を占めている（第1章）。これにより、裁判所の審判権限は、検察官が訴因として設定した事実の範囲に拘束され、かつ、それに応じて、被告人の防御の範囲も同様のものとして限定される。訴因変更の必要性も、この基準に従って規制されるものである（第8章）。

　このような機能を有する訴因は、現行法が当事者主義を採用していることの顕著な証左である。すなわち、刑事訴訟の原告である一方当事者の検察官が、起訴状に記載した公訴事実において訴因を明示し、これを以て裁判所の審判権限を画するということにより、旧法までの職権主義の構造からはっきりと異なる、当事者主義訴訟が確立されたのである。それゆえ、訴因対象説がその論争において公訴事実対象説に勝利することは、必然的なことであった。被告人にとっても、明示された訴因の範囲においてのみ防御すれば足り、不意打ちを免れることから、手続へのより主体的な関与が保障される。

　もっとも、訴因は、前述のとおり（第2・3章）、詳密な事実ではなく、一定の幅を持った、ある程度抽象化されるべき概念である。それゆえ、訴因を審判対象と理解するとしても、それは、公訴事実として具体的に記載された

204　第3編　審判対象論

事実と厳密に一致するわけではない。その意味で、訴因の本質は事実記載であるとしても、その実質的内容は、具体的構成要件に該当するよう形成された事実構成と理解すべきである。この限りで、訴因の法律構成的側面も、審判対象論において一定の意味を持つ[179]。

2　訴因外事実の考慮

では、訴因が審判対象であるとの理解は、刑事訴訟において如何なる意味を持つものであるか。この問題は、実体裁判の場合と、形式裁判の場合とに区別して考察されるべきである。

（1）実体裁判

実体裁判、特に、有罪判決は、その主文として「刑の言渡しをしなければならない」（刑訴333条1項）。従って、訴訟では、「罪となるべき事実」に加えて、量刑事情・事実の審査も行われる。手続二分を採用しない日本の刑事訴訟において、量刑審査も刑事手続における審判の対象であることに違いはない。

この点はおくとして、刑事訴訟における要件事実として、被告人が実行したとされる「犯罪」の成否という面からみても、その審判の範囲は検察官が明示した訴因の範囲に限定されるものではない。例えば、現場不存在や、因果関係の否定など、訴因として明示された事実の存在を否定させる事実も、審判の対象に含まれる。もちろん、このような事実の否定という側面は、その肯定の裏表に過ぎないから、これを以てあえて、訴因外事実の考慮という必要はない。このような事実は、民事訴訟でいうところの「否認」に該当する（第3章）。従って、ここでは、検察官が設定した審判対象としての「訴因」が「証明」されたか否かという意味で、依然として、訴因対象説の範疇にある。

もっとも、「法律上犯罪の成立を妨げる理由」（「又は刑の加重減免の理由」）となる事実は、被告人側がそれを「主張」したとき、「これに対する判断を示さなければならない」（刑訴335条2項）。例えば、正当防衛（刑36条1項）や、心神喪失（刑39条1項）の主張がなされたとき、裁判所は、これを基礎付けうる事実の存否を判断し、応答しなければならない。これらは、訴因に含まれ

---

179)　鈴木112頁は、「訴因と罰条によって特定された検察官の具体的犯罪事実の主張」を審判対象とし、これを「公訴犯罪事実対象説」と呼ぶ。

第11章　刑事手続における審判対象　　*205*

ない事実である。これを実体刑法の構造に分析するならば、検察官は、罪となるべき事実として、各犯罪構成要件に該当する事実を訴因として明示し、他方、被告人側は、犯罪成立を阻却する事由として、違法性阻却又は責任阻却（さらに、客観的処罰条件の不存在や、一身的刑罰阻却事由の存在）に該当する事実を主張するわけである。そして、被告人側のこのような犯罪阻却事由の主張は、検察官の構成要件該当事実の主張と両立しうる事実の主張であることから、民事訴訟でいえば「抗弁」と位置付けられるものである。刑事訴訟の要件事実はあくまで「犯罪」成立を基礎付ける事実（認定要件事実）であり、これには、構成要件該当性（構成要件該当事実）だけでなく、違法性及び有責性（各要件該当事実）まで含まれる[180]。しかし、後2要件は前者の推定機能により[181]、特に反対の主張がなされない限り、推定を許される。従って、検察官としては、請求原因事実としては、構成要件該当事実、すなわち、訴因の主張（明示）で足り、被告人側の阻却要件事実（つまり、抗弁）の主張を待ってその審判が行われるのである。

　このようにみると、実体裁判において、確かに、検察官が設定した「訴因」は、構成要件該当性を基礎付けるべき「罪となるべき事実」であり、これを超えて他の構成要件該当性を基礎付ける事実を認定してはならないという意味では、刑事手続の審判対象である。しかし、犯罪成否という意味においては、訴因の審判は必要条件であるが十分条件ではない。違法性又は有責性の存否、つまり、被告人側の抗弁が争点として審判されるべき場合、当然ながら、訴因とは異なる次元で、特に、被告人の主張に基づいて審判対象が設定されるのである[182]。

（2）形式裁判

　次に、形式裁判において、訴因は如何なる意味を持つか。

　ここで、形式裁判の意義を確認しておくと、それは、公訴提起の有効性を判断し、それが違法・無効であることが確認された場合に、訴訟をそれ以上継続せず、その時点で打ち切る裁判である。その存在意義は、「検察官の公

---

180)　鈴木茂嗣『犯罪論の基本構造』（2012年）特に、29頁以下。
181)　鈴木（前掲注180）172頁。
182)　但し、主張責任の存在と、挙証責任の分配は別の問題である。

訴提起を正しくコントロールする機能を担うところに」認められる[183]。そ
れゆえ、実体裁判が、検察官の主張の当否（理由の有無）を判断するものであ
り、その主張を超えて事実を認定してはならないというものであるのに対し
て、形式裁判は、自ずとその構造を異にする。そこでは、そもそも、その主
張の内容を審査することは予定されておらず、従って、必然的に、訴因の拘
束力という訴因対象説の帰結は妥当するものではない。形式裁判における事
実は、職権探知事項であるとされるが[184]、これは、実体裁判とはその審判
対象を異にするという意味で理解されるべきものである。

　もっとも、そもそも公訴提起の有効性は、公訴時効や親告罪等の場合を想
定する限りで、あくまで検察官が設定した訴因を対象に判断されるべきもの
である。一方当事者である検察官に審判対象の設定権限を委ねるべく訴因制
度を採用し、それを基に一罪の一部起訴を肯定する前提からは[185]、訴因を
超えた判断を行うべき契機が裁判所には存在しない。もちろん、検察官は、
このような訴因設定権限を濫用してはならず、各種の訴訟条件の意義を潜脱
するような形でこの権限を行使した場合には、別途制裁を考えなければなら
ない。もっとも、訴訟としてみたとき、その実体形成的側面は、公訴提起の
段階ではあくまで検察官の訴因に示された主張しか存在していないのであ
り、その適法性の審査も、訴因を基準として判断されるべきものである。

　このような理解からは、例えば、窃盗罪で起訴されたが、実際は単純横領
罪であったことが判明し、起訴の時点で既にその公訴時効の期間を過ぎてい
たという場合、あくまで公訴提起の適法性は窃盗罪を基準に判断されるべき
であり、それを超えて、裁判所の心証に基づいて単純横領罪を基準にして免
訴判決を下すことはできない。但し、形式裁判の審判対象は、前述のとお
り、訴因それ自体ではなく、検察官の公訴提起の有効性である。それゆえ、
訴因を基準にするが、その審査に付されるべき事実は、訴因記載に拘束され
るものではない。それゆえ、例えば、窃盗罪の訴因について、親告罪該当性
（刑244条2項）をめぐり、犯人と被害者とが実兄弟であったという事実は、当

---

183)　松尾・下157頁。
184)　田宮231頁、高田134頁、大コメ(8)[田口守一] 256頁、注解［中武靖夫］880頁。
185)　最決昭59・1・27刑集38巻1号136頁。

第11章　刑事手続における審判対象　*207*

然に、これを考慮に入れて形式裁判を下すことができる。

Ⅱ．広義の審判対象

1　公訴事実の同一性の意義

「公訴事実の同一性」概念は、訴因変更の限界を画する概念である（刑訴312条1項・2項）。この範囲において、検察官は、いったん明示した訴因、すなわち、罪となるべき事実の主張を訂正し、1回の訴訟で改めて審判を求めることができるわけである。

確かに、一方当事者である検察官がその主張を行わない限り、裁判所の審判権限は訴因の範囲に限定される。訴因対象説は、裁判所の具体的審判権限を画するという意味であり、これによる限り、訴因を審判対象と表することに異論はない。つまり、裁判所の側からすると、訴因によってその審判対象は制限を受けるわけである。しかし、検察官の側からすると、1個の事件について個別具体的事情に鑑みて訴因を構成し、訴訟に上程する局面において訴因から除外された要素も、訴因変更の手続を以て再び具体的審判の対象とすることができる。それゆえ、公訴事実の同一性の範囲においては、訴因を超えて広くその全体をまた審判対象として把握すべきことは可能であり、必要でもある[186]。

すなわち、実体的に「同一の犯罪」（憲39条2文）について、これを如何なる法律構成とそれを基礎付ける事実を以て構成するかという点では、訴因が具体的な審判対象となるのであるが、その余の同一性を構成する（しうる）要素も、検察官の選別の対象という意味では、やはり刑事手続の審判対象なのである。検察官は、同一の犯罪、すなわち、公訴事実の同一性の範囲において、1回で解決すべき義務を負っている。その意味で、訴因制度の下においても、「全体としての刑事手続」に与えられた課題は変わるものではなく、「問題解決の仕方が当事者主義化したというにすぎない」のである[187]。

---

186)　団藤205頁。
187)　鈴木・構造218頁。但し、公訴事実の同一性に関する鈴木説の変遷については、本文第7章。

2 一事不再理効との関係

このような理解は、特に、一事不再理効の範囲如何の問題と連関するものである。判例・通説は、一事不再理効の範囲を公訴事実の同一性によって画するものであるが、このことは、その範囲においては、1回で解決できるだけでなく、解決すべき義務まで伴うものとして、初めて整合的に理解できるものである[188]。

そして、このような1回で解決すべき要請は、その範囲如何において、実体法上の罪数論と完全に合致するものではない（第6章）。すなわち、科刑上一罪を含む実体法上一罪の関係にある要素は、全体が1個の刑罰権に服するものとして、1回的解決の要請が働くのであり、これを分割して複数の裁判を行うことは許されない。しかし、実体法上複数の関係にある犯罪要素が、なおも1回的解決を要請されることは否定できない。実体刑法上の罪数論と、訴訟上の1回的解決の要請とは、その本質を異にする（第5章）[189]。刑事訴訟が社会的紛争を解決するためのシステムである以上、その1回的解決の要請には、罪数論以外の諸要素も考慮に入れられなければならない。

本書は、このような理解から、公訴事実の同一性、特に、単一性の判断において、実体法上の罪数論に片面的にのみ従属する見解（片面的従属説）を支持し、ドイツの知見に範を得て、場所的・時間的近接性ゆえの社会事象としての単一性と、統一的な法的評価の要請という観点を判断基準とすべきであると提案した（第6章）。これによると、実体法上併合罪の関係にある事案として、例えば、飲酒運転と自動車過失運転致死傷罪や、銃刀法違反と強盗罪などの場合でも、1回の訴訟で解決すべき要請が働く。また、実体法上常習一罪を構成する（可能性のある）複数の窃盗罪が複数回に分けて単純窃盗罪で起訴された場合も、全体として1回的解決を要請されるべき場合はある（第9章）。これに反して複数の訴訟が提起された場合、一事不再理効による再訴遮断を認めなければならない。

---

188) 田宮（前掲注109）350頁。
189) BVerfGE 56, 22.

第12章　事例研究

I．訴因変更手続と公訴時効停止効
（久留米制限超過利息受領事件）

1　事件の概要

（1）事案の内容

　本件は、当初の公訴事実に他の事実を追加する趣旨の訴因変更請求がいったん許可されたが、後に、両事実間に公訴事実の同一性（単一性）が認められず不適法であるとされた場合、追加的に変更請求された訴因に関してその請求又は請求許可の時点で公訴時効停止の効力が認められるかという点が問題となった事案である。事案の内容は、次のとおりである。

　検察官（横浜地検）は、平成10年11月13日、平成9年12月30日福岡県久留米市内で実行された1件の出資取締法5条2項違反[190]（制限超過利息受領行為）を公訴事実として、横浜地裁に公訴提起した。検察官は、同年12月10日、平成9年11月28日から翌10年7月23日にかけて福岡県久留米市内で実行された20件の制限超過利息受領行為を追加する趣旨の訴因変更を、書面によって請求した。横浜地裁は、平成11年2月19日（第3回公判期日）、右訴因変更請求について、主任弁護人に異議がないことを確認した上で、これを許可する決定を下した。すなわち、この段階で、検察官及び裁判所は、出資取締法5条2項違反の行為が反復累行して実行された場合、これらは包括一罪の関係に

---

190)　出資取締法5条2項（事件当時）
　　　「前項の規定にかかわらず、金銭の貸付けを行う者が業として金銭の貸付けを行う場合において、年40.004パーセント（括弧内省略）を超える割合による利息の契約をし、又は、これを超える割合による利息を受領したときは、3年以下の懲役若しくは300万円以下の罰金に処し、又はこれを併科する。」
　　　出資取締法は、その後しばしば改正されているが、本書では、特に断りのない限り、事件当時の規定を前提とする。

210　第３編　審判対象論

あり、それゆえ公訴事実の単一性が肯定される、と判断したわけである。その上で、公判において、訴因変更請求書の朗読、訴因変更後の公訴事実についての罪状認否、弁護人による意見陳述、検察官による冒頭陳述を経て、検察官請求証拠の取調べが行われた。

　同年４月７日、本件は、他の関連事件と併合して審判するため、福岡地裁久留米支部に係属中の事件と併合され、以後、同支部が審判することとなった。裁判は、平成15年３月11日に結審し、判決宣告期日が同年６月10日に指定された。ところが、福岡地裁久留米支部は、右判決宣告予定期日に職権で弁論を再開することを決定し、公判期日外に検察官及び弁護人の双方から本件訴因変更許可決定の適法性及び公訴時効の点について意見を聴いた上で、同年９月16日（第35回公判期日）、当初の訴因と追加分の訴因との間には公訴事実の単一性が欠けるため本件訴因変更許可決定は不適法であるとの理由により、訴因変更許可決定及び追加分の訴因にかかる証拠に関する証拠採用決定を取り消した。

　検察官は、これを受けて、同年10月９日、右訴因変更許可取消決定により審判対象から除外された追加分の訴因について、これを公訴事実として改めて福岡地裁久留米支部に公訴提起（追起訴）した。追起訴分の訴因は当初の訴因との間で弁論併合され、同年11月11日（第36回公判期日）、起訴状朗読、罪状認否、検察官冒頭陳述、証拠調べが行われた。被告人は、追起訴分の公訴事実を認めたが、弁護人は、その事実自体は争わないものの、公訴時効完成を理由に免訴判決を求めた。

　以上の経緯を経て、１審[191]は、当初の訴因（１件の出資取締法５条２項違反及び詐欺罪等その余の罪）について有罪判決（懲役４年・罰金100万円）を下したが、追起訴分の訴因については公訴時効を理由に免訴とした。これに対し、控訴審[192]は、追起訴分の訴因についても公訴時効は成立しておらずそれゆえ公訴提起は有効であるとの理由で破棄自判し、追起訴分の訴因についても有罪認定に取り込んだ（懲役４年・罰金200万円）。両判決は、①出資取締法５条２項の行為が反復累行して実行された場合の罪数論、②本件における訴因変更

191)　福岡地久留米支判平16・１・27刑集60巻９号701頁。
192)　福岡高判平18・１・19刑集60巻９号732頁。

請求及び同許可決定の違法性、については判断が一致しているが、③公訴時効の成否に関して判断が分かれた。

被告人側が上告し、公訴時効停止効に関する法令解釈の違反等を主張した。最高裁[193]は、次のとおり判示し、上告を棄却した。

（2）判　旨

「本件出資法 5 条 2 項違反の各行為は、個々の制限超過利息受領行為ごとに一罪が成立し、併合罪として処断すべきものであるから（引用判例省略）、検察官としては、前記訴因変更請求に係る事実を訴追するには、訴因変更請求ではなく追起訴の手続によるべきであった。しかし、検察官において、訴因変更請求書を裁判所に提出することにより、その請求に係る特定の事実に対する訴追意思を表明したものとみられるから、その時点で刑訴法254条 1 項に準じて公訴時効の進行が停止すると解するのが相当である。したがって、前記訴因変更請求に係る事実について公訴時効が完成していないとした原判断は結論において正当である。」

2 研　究

（1）制限超過利息受領行為の罪数

本件は、出資取締法 5 条 2 項違反の行為が反復累行して実行された場合の罪数論が、公訴事実の同一性・単一性の判断に影響を与えた事案である。

（i）包括一罪説

制限超過利息受領行為が反復累行して実行された場合、これらの行為はいわゆる「営業犯」[194]として包括一罪の関係にあると理解する見解がある。例えば、福岡高裁宮崎支部昭和52年判決[195]は、 5 条 1 項違反の行為（当時まだ 2 項はなかった）について、「各所為は犯行の目的及び態様からみて所謂営業行為であり、包括して前記法条に該当する一個の犯罪と評価すべきものである」と判示している。

---

193)　最決平18・11・20刑集60巻 9 号696頁。

194)　田宮裕・刑法百選総論Ⅰ・第 2 版192頁は、包括一罪における「接続犯」の成否として問題設定している。

195)　福岡高宮崎支判昭52・ 6 ・24刑集32巻 5 号1052頁（後掲最高裁昭和53年判決の控訴審判決）。

212　第3編　審判対象論

　包括一罪説は、特に、昭和58年法改正により出資取締法5条2項が導入さ
れ、1項とは異なり、「業として」との文言が規定されたことから、学理上
も有力に主張されるに至った。例えば、営業犯として包括一罪の関係とな
る[196]、或いは、「業として」との文言は同種行為の反復累行性を予定するも
のである[197]、といった見解が見られる。

（ⅱ）併合罪説

　これに対して、判例上、併合罪説が支配的である。最高裁昭和53年判
決[198]は、出資取締法5条1項に所定の割合を超える利率で金銭消費貸借契
約を締結し、即時に1日分の利息を受け取る態様（いわゆる利息天引契約）の
行為が反復累行して実行された事案において、次のとおり判示し、各行為は
併合罪の関係にあるとした。すなわち、「法5条1項は、金銭の貸付を行う
者が所定の割合を超える利息の契約をし又はこれを超える利息を受領する行
為を処罰する規定であるところ、その立法趣旨はいわゆる高金利を取り締ま
って健全な金融秩序の保持に資することにあり、業として行うことが要件と
されていないなど右罰則がその性質上同種行為の無制約な反覆累行を予定
しているとは考えられない。したがって、法5条1項違反の罪が反覆累行さ
れた場合には、特段の事情のない限り、個々の契約又は受領ごとに一罪が成
立し、併合罪として処断すべきである」。

　その後、前述のとおり昭和58年改正により2項が導入され、そこでは「業
として」と規定されたことから、前掲最高裁昭和53年判決の射程範囲が問題
となっていた。最高裁平成17年決定[199]は、貸金業者が業として反復累行し
て制限超過利息受領行為を実行していた事案について、2項違反の場合も各
行為は併合罪の関係にあるものと判示した。このような併合罪説が、「実務
の普通の扱い」[200]であるとされている。

---

196)　小田部胤明『出資の受入れ、預かり金及び金利等の取締りに関する法律と判例の解
　　説・増補第5版』（2004年）164頁。芝原邦爾「出資法をめぐる法解釈上の諸問題」
　　（1996年）香川古稀359, 374頁。但し、芝原は、右論文を『経済刑法研究』（後掲注
　　202）に所収する際、該当箇所の記述を削除している。

197)　只木誠・平17重判解170頁。

198)　最判昭53・7・7刑集32巻5号1011頁。

199)　最決平17・8・1刑集59巻6号676頁。

200)　佐藤文哉・昭53最判解刑289, 296頁。

もっとも、判例上、「特段の事情」の存在が留保事項として挙げられている。この特段の事情について、昭和53年判決の最高裁調査官解説は、「例えば、貸金を業としない者が特定の人に特定の目的のもとに短期間に反復して貸付をしたような場合」を、また、平成17年決定の最高裁調査官解説[201]は、「例えば、１個の貸付に基づいて、複数回にわたる制限超過利息の受領行為が行われているような場合」をそれぞれ挙げて、貸付けごとに包括して一罪とする余地を残した趣旨であると解説している[202]。下級審では、例えば、１個の金銭消費貸借契約から複数回の受領行為が行われた事案について、「単一の犯意のもとになされた一連の行為として、各貸付けごとに包括一罪として評価するのが相当」である[203]、或いは、「複数の超過利息受領行為が１個の貸付けに対する利息の受領として日時を異にしてされた場合などには、その連続性、受領原因の同一性、受領方法の異同等を総合考慮して、これを包括評価して１罪とすることは相当であ［る］」[204]、といった判断が見られる。

判例理論をまとめると、出資取締法に定められた割合を超過する利息を含む金銭消費貸借契約の締結又はその受領が反復継続された場合、①個々の貸付契約を基準に一罪が成立する（契約と受領とは包括一罪）、②複数の契約及びそれに伴う受領行為は、契約ごとに併合罪の関係になる。

(ⅲ) 小　　括

前述のとおり、判例実務のテーゼは確立しており、本件１審判決も、「個々の貸付契約とそれに対応する受領ごとに一罪が成立し、それが複数あるときは併合罪の関係に立つ」と判示している。本書も、出資取締法違反（制限超過利息受領行為）が反復累行して実行された場合の罪数処理について、基本的に、契約ごとにそれに伴う受領行為を含めて一罪が成立し、複数の契約及びそれに伴う利息受領行為は各々併合罪の関係にある、との結論を支持する。

---

201)　藤井敏明・曹時59巻４号274, 284頁。
202)　同旨の見解として、上垣猛「出資の受入、預り金及び金利等の取締等に関する法律」西原他編『判例刑法研究・第８巻・特別刑法の罪』（1981年）35, 69頁、芝原邦爾『経済刑法研究・上』（2005年）402頁。
203)　福岡高判平11・6・1時時1687号154頁。
204)　東京高判平16・11・17刑集59巻６号710頁（前掲最高裁平成17年決定の控訴審判決）。

214 第3編 審判対象論

　営業犯とは、業として一定の同種行為を反復することを内容とする職業犯のうちこれに財産上の利益を得る目的を伴うものをいう。同一構成要件を充足する数個の行為がある場合に営業犯（集合犯）として1個の罰条によって1回的に評価できるかは、行為相互の関連性及び構成要件自体の性質上行為の違法内容が当該罰条の予定する違法内容の範囲内のものであるときに認められる[205]。出資取締法5条1項と2項の法定刑は等しく、その罪数判断においては統一的に理解されなければならない。前掲最高裁昭和53年判決により1項の解釈として展開された「営業行為として反覆累行されること自体が行為の悪質性を著しく増大させるものである場合には、営業行為としてされたことをもって包括的な評価をすべき事由とするのは相当でない」との基礎付けは、妥当である。従って、これを2項の解釈にも援用した前掲最高裁平成17年決定の判断も、支持されるべきである。2項に規定された「業として」との文言は、1項との比較において、営利目的で行われた場合に処罰範囲を拡張する趣旨に過ぎず、「～を業とした」という規定形式とは異なり、営業犯として包括一罪の関係を認める根拠にはならない。

　もっとも、このような解釈からは、2つの問題点が残される。第1に、現行出資取締法は、5条3項に、1項と同じ割合の利率による金銭消費貸借の契約、利息受領、利息要求を「業として」実行した場合に重く処罰する規定をおいている。このことからすると、5条3項は、少なくとも1項との関係において営業犯として包括一罪処理を認めることの根拠になる。第2に、個々の契約を基に複数の受領行為が行われた場合は包括一罪であるとすると、例えば、検察官が契約行為を起訴せず、受領行為のみを起訴した場合、基本契約が審判対象にならないことから、1個の契約に基づき複数の受領行為が行われた場合もこれが併合罪として処理される可能性が残される。この点は、罪数判断における訴因の拘束力如何として、常習特殊窃盗罪についての一事不再理効の成否が争われた事案[206]などで問題となっている（第9章）。

205）　虫明満『包括一罪の研究』（1992年）238頁。なお、中島広樹「集合犯概念」平成法政研究7巻2号141，150頁は、集合犯の歴史的概観から、複数行為の「予定」ではなく「前提」とされること（必ず複数行為が存在していること）が必要であると主張する。

206）　最判平15・10・7刑集57巻9号1002頁。

（2）訴因変更許可決定の適法性

（ⅰ）公訴事実の同一性

　次に、本件の訴因変更請求及び同許可決定が適法であるためには、変更前の訴因と変更後の訴因との間に「公訴事実の同一性」（単一性）が認められなければならない（刑訴312条１項）。前述のとおり、本件は、両訴因間が併合罪の関係にある事案であり、裁判所は、１審から一貫して、公訴事実の単一性が否定されると判断している。そこで、訴訟法上の概念である公訴事実の単一性は、実体法上の罪数論に従属すべきかが問題となる。

　この点、前述のとおり、日本の通説・判例は、公訴事実の単一性は実体法上の罪数論によって決定されると理解する（従属説）。これに対し、公訴事実の単一性の判断は実体法上の罪数論とは全く独立すべきとする見解（純粋非従属説）[207]も主張されている。ドイツの判例も、同様である[208]。

　確かに、公訴事実の単一性は、１回の訴訟手続で解決されるべき社会的事実である「犯罪」（憲39条）の範囲を画する基準であり、このような憲法上の規範が制定法上の罪数論によって全て決定されるべき必然性は認められない[209]。もっとも、実体法上の一罪性は、国家の刑罰権を基礎付けるいわば最小単位として、なおも公訴事実の単一性の判断基準とされるべきである。すなわち、実体法上数罪の行為が訴訟上単一とされることはありうるが、実体法上一罪の行為が訴訟上分割されることは否定されるという意味で、片面的（又は、部分的）に、公訴事実の単一性が罪数論における一罪性に従属するのである（片面的従属説）[210]。ドイツでも、学理上は通説である（第５章）[211]。

　本件は、当初訴因と追加訴因とが併合罪の関係にある事案であり、従属説によると、公訴事実の単一性も否定される。他方、片面的従属説及び純粋非従属説からは、少なくとも１個の契約に基づくものと見うる場合、なおも、１回の訴訟手続で解決されるべき社会的事実は１個であるとして、公訴事実の単一性を認めることは可能である。但し、本件は、原判決認定を見る限

---

207)　只木（前掲注161）259頁以下。
208)　BGHSt 29, 288; BVerfGE 56, 22.
209)　白取祐司『一事不再理の研究』（1986年）４頁。
210)　辻本④（3）157頁。
211)　辻本④（2）170頁。

216 第3編 審判対象論

り、両訴因間がそのような関係にあるとは伺われない。

(ⅱ) 罪数評価の変更

このようにして、当初訴因と追加訴因とで公訴事実の単一性が否定される
としても、本件では、訴因変更請求時点において検察官のみならず裁判所も
両事実間を併合罪ではなく包括一罪として評価していたため、その判断を基
準とすると公訴事実の単一性が肯定されるという事情が認められる。このよ
うに、訴因変更時点とその後とで罪数判断が変更された場合、当初の訴因変
更請求及びその許可決定はやはり違法であったと評価されるべきか。

訴因と罪数論との関係に関して、当初の罪数評価が事後的に変更される場
合として、2つの類型が認められる。第1は、事後的に事実が変化し、それ
に伴って罪数評価も変更される場合である。この場合、当初の訴因事実を前
提とすると事後的に評価してもその罪数判断に誤りがあるわけではなく、当
初の罪数評価に基づく訴訟行為が違法と評価されることはない。第2は、本
件のように、事実に変化はなく、ただ罪数評価のみ変更される場合である。
この点について、原判決は、「純然たる法的評価としての罪数判断が誤って
いた場合」であると表現し、罪数判断は固定的・静的なものであって、訴因
事実に変化がない限り、前の罪数判断が事後的に誤りであったと評価される
場合には、その誤った罪数評価に基づく訴訟行為も違法であると説明する。
罪数評価は、裁量的判断に委ねられるものではなく、法律解釈の問題である
ことを考えれば、この判断は支持できる。

なお、本件では、当初の誤った罪数評価に基づく訴因変更請求及び同許可
決定に際し、弁護人から異議申立てがなされておらず、かつ、変更後の訴因
に基づいて多数回の公判期日により証拠調べも積み重ねられてきたことか
ら、当初の瑕疵が治癒されるのではないかも問題となる（検察官もそのように
主張している）。しかし、1審判決は、この点に関して、公訴事実の同一性判
断は「審判の対象の個数や範囲の問題として、訴訟構造の基本にかかるもの
である」、それゆえ「当事者の合意によって増減・変更できるものではな
く、……時間の経過により治癒されるものとも解されない」と判示し、訴因
変更における瑕疵の治癒を認めなかった。この点に、異論はない。

（ⅲ）訴因変更請求許可決定が違法とされる場合の措置

このように、訴因変更請求及び同許可決定が違法であると評価される場合、裁判所は、如何なる措置を採るべきか。この点について、①訴因変更許可決定は実体判決同様の拘束力・不可変更力を有することから、公判裁判所は公訴事実の同一性があるものとしてそのまま審判するほかなく、瑕疵の是正は上訴によるしかないとする見解、②訴因変更許可決定は当然無効となり、訴因変更はそもそも行われなかったとして扱うべきとする見解、③訴因の追加も追起訴も検察官の主張事実を審判対象とするための手続であるから、裁判所がその罪数判断により前者を後者に読みかえてそのまま有罪判決してよいとする見解、④訴因追加許可取消決定を下し、瑕疵の是正を図るべきとする見解、⑤刑訴法338条4号の準用によって公訴棄却すべきとする見解、が考えられる[212]。

このうち、①説は、訴訟法の合目的性に反する、②説は、訴因変更許可決定は一応成立しており、これを絶対無効とすることは手続の明確性を欠く、⑤説は、当初の訴因に関する公訴提起まで無効とする必要はないなどの理由から、実際には、③説と④説とでその当否が問題となる。

本件検察官は、最高裁昭和29年判決[213]（併合罪として起訴された事実を包括一罪と認定するには訴因変更を必要としないとされた事案）を援用し、③説の採用を主張した。これに対して、原判決は、同判例は本件と事案を異にするとした上で、本件のような場合には、「誤って形成された訴訟関係を是正し、そのことを訴訟上明確にするため、裁判所は、訴因変更許可そのものを将来に向かって取り消す手続」を採るべきであるとして、④説を支持した。このような理解は、既に、最高裁昭和62年判決[214]によって承認されていた。同判決の最高裁調査官解説[215]は、このような決定について、その時点における「訴因の撤回の許可決定ではなく、訴因追加許可決定そのものを将来に向かって取り消す決定（講学上の訴訟行為の撤回に当たる。）である」と説明している。ま

---

212) 安廣文夫・昭62最判解刑227，237頁。
213) 最判昭29・3・2刑集8巻3号217頁。
214) 最判昭62・12・3刑集41巻8号323頁。
215) 安廣（前掲注212）242頁。

た、同解説は、③説について「訴因の追加が検察官及び裁判官のケアレスミスによってなされた場合は、訴因の追加がなされた当時においても、公訴事実の同一性がないことは明らかであり、これを適法視する余地はなかったのであるから、……手続維持の原則の適用を認めるのは相当ではない」とした上で、「今後の実務においては、……特に支障がない限り第四説の方法がとられることになる」、(本件のように)いったん訴因変更された後に「公訴事実の同一性がないと判断される場合(これは比較的よく起こりうるであろう。)についても、同様に、訴因変更・追加の許可の取消決定をすることが可能であり、かつ、望ましい」と述べている。

このようにして、誤った訴因変更手続を事後的に訴因変更許可取消決定という裁判によって是正するという方法は、裁判実務に確立した取扱いとなっている。手続の明確性という観点からも、支持されるべきである。

もっとも、④説の採用が直ちに他の方法を完全に排斥するという関係にあるわけではない。前掲調査官解説も、特段の支障がある場合には他の手段の採否が検討されなければならないとして、まさに本件のような「公訴時効の関係で改めて追起訴することに問題があるような場合」を挙げ、③説の採否が問題とされるべきことを留保していた。そこで、本件における③説の当否に関して、そもそも追加訴因に関して、訴因変更許可取消決定が下された時点で公訴時効が成立していたのかが問題となる。

(3) 公訴時効の成否 (刑訴法254条1項の解釈論)

(i) 不適法公訴提起による時効停止効

本件は、前述のとおり、訴因変更手続が違法であるとされる場合、なおもその時点において時効停止効が認められるかが問題となった。刑訴法254条1項は、時効停止効の要件として「公訴の提起」を挙げているが、検討の参考とすべく、公訴提起が違法・無効とされる判例を概観する。

最高裁昭和56年決定[216]は、訴因不特定を理由に公訴棄却された場合においても当該公訴提起に公訴時効停止効が認められるかが問題となった事案である。最高裁は、「刑訴法254条が、公訴時効の停止を検察官の公訴提起にか

---

216) 最決昭56・7・14刑集35巻5号497頁。

からしめている趣旨は、これによって、特定の罪となるべき事実に関する検察官の訴追意思が裁判所に明示されるのを重視した点にあると解されるから、起訴状の公訴事実の記載に不備があって、実体審理を継続するのに十分な程度に訴因が特定していない場合であっても、それが特定の事実について検察官が訴追意思を表明したものと認められるときは、右事実と公訴事実を同一にする範囲において、公訴時効の進行を停止する効力を有すると解するのが相当である」と判示している。本決定について、最高裁調査官解説は[217]、「検察官がこれによって特定の事実について訴追意思を表明したものと認めうる限りは（換言すれば、訴因は不特定でも公訴事実が特定している限りは）、これに公訴時効の進行停止の効力を認めて不合理ではない」と解説している。

　最高裁昭和55年決定[218]は、起訴状謄本が被告人の下に送達されず公訴棄却とされた場合に、当該公訴提起に基づく時効停止効は公訴棄却決定の時点で失効するのか、又は、公訴提起の時点に遡って失効するのかが問題となった事案である。最高裁は、「刑訴法254条1項の規定は、起訴状の謄本が同法271条2項所定の期間内に被告人に送達されなかったため、同法339条1項1号の規定に従い決定で公訴が棄却される場合にも適用があり、公訴の提起により進行を停止していた公訴時効は、右公訴棄却決定の確定したときから再びその進行を始めると解するのが相当であ［る］」と判示している。本決定について、最高裁調査官解説[219]は、昭和28年改正により刑訴法339条1項1号が新設された立法趣旨は、法律関係を明確にするとともに、従来271条2項による公訴提起効力の遡及効を定めていた254条1項但書を削除することにより、起訴状謄本不送達による公訴棄却の場合も他の理由による場合と同様に扱う趣旨であった、また、刑訴法271条2項による公訴提起の遡及的失

---

217)　木谷明・昭56最判解刑177, 189頁。なお、本件は、前訴公訴棄却判決の拘束力はどの部分にまで認められるべきかという点も問題となった。この点について、多数意見は、主文を導く直接的理由である「訴因不特定の判断」にのみ認めているが、伊藤裁判官反対意見は、右判断の前提となった「公訴事実不特定の判断」にも認められるべきと主張し、後訴においてこれと異なる判断をすることは前訴判決の既判力によって妨げられる（従って、公訴事実不特定として時効停止効は生じない）と主張している。
218)　最決昭55・5・12刑集34巻3号185頁。
219)　龍岡資晃・昭55最判解刑100, 103頁。

効は被告人の防御権保障によるものであって、起訴状謄本送達と公訴提起による訴訟係属及びこれに付随する時効停止効とは論理必然的な直接的関係にはない、それゆえ、起訴状謄本不送達による公訴提起の遡及的失効に際しても、公訴棄却決定が確定するまでは訴訟係属自体は消滅せず、これに伴う時効停止効も遡及的に失効するわけではない、と解説している。

以上の判例理論を整理すると、公訴提起が一定の理由により違法・無効とされる場合も、それが不存在として扱われるほど重大な場合は別として、特定の公訴事実について検察官の訴追意思が明示されている限り、訴訟係属及びそれに伴う公訴時効停止効は認められることになる[220]。

(ⅱ) 訴因変更による公訴時効停止効

次に、訴因変更手続に公訴時効停止効を認めることは刑訴法254条1項が時効停止事由を「公訴の提起」と明示していることに反しないか、という点が問題となる。この問題は、従来、公訴提起による時効停止効が及ぶ客観的範囲如何という問題に関連して論じられてきた。特に、審判対象論との関係において、公訴事実対象説を前提にすると、公訴提起の効力は「訴因」に限定されず公訴事実の同一性が認められる全範囲に及び、訴訟係属及びそれに伴う時効停止の効力もその範囲において認められることから、その後の訴因変更に際しても、変更後の訴因について公訴時効の成否が問題となることはない。しかし、訴因対象説が支配的となり、訴訟係属もその範囲に限定されるべきとする見解からは、公訴時効停止効の及ぶ範囲を如何に解するかにより、公訴提起以外に、訴因変更手続に公訴時効停止効を求めなければならない事態が生じる。

公訴時効停止効の範囲如何について、訴因対象説から2つの見解が主張されている。第1説は、審判対象の範囲を訴因に限定しつつ、公訴時効停止効の範囲は公訴事実対象説と同じく公訴事実の同一性が認められる範囲に及ぶと主張する。例えば、公訴提起の本来的効力である訴訟係属とその付随的効力である時効停止とは区別され、後者については訴因を超えて公訴事実の同一性の範囲に及ぶ[221]、「告訴不可分原則」の根拠となる①通常告訴権者は訴

---

220) 大コメ(5)[吉田博視]133頁。
221) 平野145頁。

追範囲を犯罪の一部に限定する意思はないこと、②告訴権者に事件の分割を許すべきではないことという趣旨がここでも類推され、公訴提起による時効停止効の範囲は「ゆるやかな意味での犯罪事実」が基準となる[222]、一事不再理効が公訴事実の同一性の範囲で生じることの根拠として同時訴追可能性が挙げられることを前提に、訴因変更時点で変更後の訴因について既に時効が成立しているとするとその同時訴追可能性が失われることから、特定訴因の公訴提起によってそれと公訴事実の同一性が認められる範囲で時効も停止する[223]、といった見解が見られる。判例も同様の見解である[224]。

　これに対し、第2説は、公訴提起による時効停止効を具体的に明示された訴因の範囲に限定し、実際に訴因変更が行われた時点で公訴時効の成否を決定する。この見解は、換言すると、変更後の訴因に関しては、公訴提起ではなく、訴因変更手続に時効の停止効を認めるものである。例えば、審判対象を訴因と理解する以上、訴訟係属の観念も、裁判所の具体的審判権限は訴因についてのみ存在し、ただ検察官が後に審判を求めるときには追起訴ではなく訴因変更により同一手続内で訴追意思を表明できるという意味において公訴事実の同一性の範囲をその対象とするものと理解されるべきであり、そのような理解においては、訴訟係属の範囲と時効停止効の及ぶ範囲とが合致していなければならない理由はなく、「現実に起訴された訴因についてのみ時効の進行が停止すると解すべき」である[225]、時効制度の趣旨を純粋な手続的観点、すなわち、「長期間の不訴追という国家の怠慢に伴う失権的効果」に認めた上で、当初の起訴又は訴因変更により予備的・択一的に複数訴因を提示することができたにもかかわらず訴因として構成していない以上、公訴提起時に明示された訴因だけでなくこれと公訴事実の同一性が認められる範囲にまで公訴時効停止の効力を認めることは、訴因制度及び公訴時効制度の趣旨に反する[226]、訴因対象説からは訴訟係属も訴因の範囲でのみ生じるのであり、公訴提起による時効停止の効果も訴因の範囲に限られるべきであ

---

222)　田宮225頁。
223)　光藤(1)365頁。
224)　最決昭29・7・14刑集8巻7号1100頁。
225)　高田387頁。
226)　松本一郎『事例式演習教室　刑事訴訟法』(1987年) 102頁。

222 第3編 審判対象論

る[227]などの見解が見られる。また、「時効停止は、ある刑事事件が訴訟上とりあげられ解決の課題とされたことに伴う効果」であると位置付けた上で、「その効果は、単に訴因事実のみならず解決課題を同一にする範囲」（論者によると、「最狭義の同一性」が認められる範囲、具体的には、「法益侵害を同一にする範囲」）に生じるが、「いまだ主張されていない単一の犯罪事実や単に行為を共通にするにすぎない犯罪事実」（同じく「広義の同一性」（公訴犯罪事実の単一性）、「狭義の同一性」（行為又は結果の共通性））には時効停止効は及ばないと主張し、後者の場合には、「当該犯罪事実はもちろん、これに対応する法益侵害じたいも、当該訴訟においては未だ全く問題とされていないのであり、時効停止効を認めるための実質的基礎を欠く」といった見解も見られる[228]。

　以上の論争の基礎として、訴因と訴訟係属の範囲の関係についての理解の相違が挙げられる。この点についての本書の見解は、次のとおりである。前述（第2編）のとおり、二重起訴禁止との関係において、その範囲は訴因事実だけでなく公訴事実の同一性の範囲に及ぶとされるならば、訴訟係属もそれと合致する範囲であると理解することが自然である（第11章）。また、訴因外事実も公訴提起の適法性審査においては審判の範囲に取り込まれることからも、その限りで訴訟係属を観念しておくことは有益である。このように理解することで、公訴時効停止の範囲も、公訴提起を基準として、訴因との間で公訴事実の同一性が認められる範囲に及ぶと理解することが妥当である。

　なお、訴因変更手続の時点で公訴時効停止効を認める見解からは、訴因変更請求の時点か又は請求を許可する時点かのいずれが基準となるべきかが問題となる。この点について、控訴審判決では許可決定の時点とされたのに対し、最高裁は、訴因変更請求書が裁判所に提出された時点であるとして、見解が分かれている。最高裁は、その理由として、「請求に係る特定の事実に対する訴追意思を表明した」という点を挙げている。この問題について、訴因変更請求による訴追意思表明は公訴提起に匹敵するが、公訴提起とは異なり訴因変更手続は裁判所の許可によって初めて審判対象の変動をもたらすという相違点から、検察官の訴因変更請求は審判対象の変更を裁判所の許可に

227）　白取255頁。
228）　鈴木123頁。

係らしめる「条件的訴追意思表明」であり、請求が許可されれば請求時に遡って公訴時効停止を認めるが、却下された場合には一時的にせよその間の公訴時効停止は認められない、との見解が見られる[229]。

（4）本件の検討

最後に、本件の検討を行う。本件は、併合罪関係にあり、本来であれば追起訴によって審判対象とされるべき訴因が、誤って訴因変更手続によって審判に取り込まれた場合の公訴時効停止効如何という問題について、最高裁として初めて判断を下した事案である。この問題について、前述のとおり、本件では1審（消極説）と控訴審（積極説）とで見解が分かれた。

1審は、①刑訴法254条1項が厳格に様式を法定された起訴状による「公訴の提起」を時効停止事由と定め、訴因変更請求を以て時効停止事由とする旨の規定がないこと、②刑事手続でも刑事実体法に妥当する被告人に不利益な類推解釈禁止の趣旨が尊重されるべきであり、公訴時効の成否という被告人にとって重大な利害に関する事柄について被告人に不利益な類推解釈・拡張解釈が安易になされるべきではないこと、③前掲最高裁昭和56年決定は、ともかく公訴の提起がなされた事案であり、本件のような訴因変更手続における時効停止効の成否とは事案を異にすることを、訴因変更手続による公訴時効停止効を否定することの理由として挙げている。これに対し、控訴審は、①訴因変更請求は、起訴と同じく検察官の主張する事実を新たに審判対象とする訴訟行為、すなわち、特定の事実について検察官の訴追意思が裁判所に明示されており、本質的に起訴と同様の性格を有するものであること、②本件訴因変更請求は、受訴裁判所により許可され、追加分の訴因事実が審判対象として訴訟係属していること、③本件追加分の訴因について、訴因変更請求書朗読、変更後訴因に関する被告人及び弁護人の意見陳述、検察側冒頭陳述、証拠調べの手続が採られ、被告人の防御権に関して公訴提起と同様の手続保障がされていること、④訴因変更許可取消決定は従前の許可決定を将来に向けて失効させるものであり、それまでの間に追加分の訴因が訴訟係属していた事実、及び、それに伴って訴因変更手続による時効停止効の発生

229）　田淵浩二・速報判例解説1号239, 241頁。小木曽稜・刑ジャ9号187, 192頁でも、この問題点が指摘されている。

に影響を与えるものではないこと、また、従前の訴因変更手続が事後的に違法・無効であるとされることも、公訴提起による時効停止効が当該公訴提起の有効性を前提とされていないことを考えると、訴因変更手続の有効性が公訴時効停止効に影響を与えるものではないこと、⑤以上のことから、本件訴因変更請求について、遅くとも裁判所によりこれが許可された段階で、刑訴法254条1項に規定する「公訴の提起」と同視することができ、同条項が必ずしも公訴提起に限定する趣旨のものではなく、1審判決がいうような不当な類推解釈に当たるわけではないことを、本件訴因変更手続に公訴時効停止効を認めることの理由として挙げている。

　最高裁は、結論として、積極説を支持した。すなわち、最高裁は、併合罪関係にある訴因については、「訴因変更請求ではなく追起訴の手続によるべき」としつつ、検察官が訴因変更請求書を裁判所に提出することにより、「その請求に係る特定の事実に対する訴追意思を表明したものとみられる」として、刑訴法254条1項の「準用」を認めたのである。この判示部分は、控訴審が挙げる積極説の理由のうち、特に、①の点を重視するものである。

　もっとも、このような積極説の論旨は、必ずしも説得的ではない。最高裁が重視する①の点は、単に実質論からくる公訴提起と訴因変更手続との同質性を述べたに過ぎず、そもそも両手続を「同視」すべきことの必要性を示すものではない。前述のとおり、公訴事実の同一性が認められる事例においては、訴因対象説を前提に公訴提起による時効停止効を訴因に限定する考え方（第2説）に立つ限りにおいて、確かに、二重起訴禁止の制約から、訴因変更手続を公訴提起と同視すべきことの必要性が認められた。しかし、本件のように、両訴因の間に併合罪関係（換言すると公訴事実の単一性が否定される関係）が認められる場合、如何なる見解からも、追起訴が可能である以上、訴因変更手続を公訴提起と同視すべき必要性は認められない。これでは、安易な類推解釈に対する消極説からの批判を克服することはできない。このことは、積極説の理由⑤にも等しく妥当する。また、理由③に関しては、前述のとおり、被告人への防御権保障の観点から求められる手続であるが、これはそもそも公訴提起による訴訟係属及び時効停止を前提とした要請であり、そのような手続が採られたことがその前提たる法律効果に影響を与えるものではない。

結局、積極説の論拠としては、理由②及び④で挙げられる、訴因変更手続による事実上の訴訟係属及び事後の訴因変更許可決定取消決定の遡及効否定という点が残される。確かに、前掲した訴因不特定や起訴状謄本不送達の判例を見る限り、公訴提起の有効性は公訴時効停止効の発生要件とはされておらず、また、当該公訴提起が公訴棄却によって無効とされた場合も時効停止は公訴棄却裁判確定から再び進行するという規定からは、訴因変更手続による同様の効果が問題となった本件のような事案にも状況に類似性が認められ、理由②及び④も相応の合理性が認められる。しかし、ここでも、前述①の理由で述べたことと同じ批判、つまり、実質論による同質性が認められるというにとどまり、そもそもその前提たる公訴提起によらない時効停止効の承認という類推解釈の問題が解決されない限り、②及び④の事実的効果の発生自体が疑わしいものとなる。また、検察官は、罪数判断が難解な事例においては、前掲最高裁昭和29年判決による限り、併合罪であるとの評価に基づいて追起訴の方法を採ればよい（仮に、裁判所が包括一罪であると評価する場合、そのまま罪数を読みかえて実体審判できる）のであり、不都合性はない。むしろ、罪数判断の誤りを被告人に負担させるような解釈こそ、問題である。被告人の手続保障という観点からは、実質論による同質性が強調されるだけでなく、法律の厳格な解釈適用という観点からの法的安定性が十分確保されていることも必要であり、安易な類推解釈は否定されるべきである。

Ⅱ．一事不再理効の成否（宇部店舗放火事件）

1　事件の概要

（1）事案の内容

本件は、被告人がその勤務する会社内で売上金や商品券などを着服するなどの不正行為を追及され、その証拠を隠滅する目的で同社建物に立ち入って放火した（非現住建造物放火罪）、という事案である。事案の内容は、次のとおりである。

被告人は、本件犯行の直前にも、やはり不正行為の証拠を隠滅する目的で同社建物に侵入し、窃盗を行っていた。この建造物侵入罪と窃盗罪について

226　第3編　審判対象論

は、本件審判が終了する前に既に有罪判決が確定していた（以下、「前訴」とする）。そこで、本件審判は、前訴の確定判決による一事不再理効により、免訴判決（刑訴337条1号）を以て打ち切られるべきかが問題となった。前訴の公訴事実は、「被告人は、正当な理由がないのに、平成19年3月17日、山口県宇部市所在の店舗兼事務所（本件建物）に侵入し、同所において現金や商品券等を窃取した。」というものであり、他方、本件の公訴事実は、「被告人は、平成19年3月17日午後10時55分ころ、現に人が住居に使用せず、かつ、現に人がいない本件建物を焼損しようと企て、その1階事務所内において、火を放って同事務所の板壁や天井に燃え移らせ、上記建物を全焼させて焼損した。」というものである。

　平成19年6月29日、前訴が山口地裁に起訴され、この事件と追起訴された被告人による他2件の窃盗罪等との弁論が併合され、この間に3回の公判が開かれた。同年11月8日、本件が山口地裁に起訴され、審理が先行していた前訴との弁論併合が決定された。しかし、同年12月26日（本件に関しては初回）の公判において、両事件を担当していた弁護人が、前訴と異なり本件については公訴事実を否認するとの趣旨で両事件の弁論を分離するよう請求したところ、山口地裁は、検察官の反対意見を斥けて弁論分離を決定した（検察官はその後も弁論併合を請求したが、地裁はこれを却下した）。平成20年2月18日、前訴について有罪判決が下され（懲役1年2月・執行猶予3年）、これが同年3月4日に確定した。その後、本件審理は弁論分離後に5回の公判が開かれた上でいったん結審したが、山口地裁は、前訴確定判決による一事不再理効の成否を判断する必要があるとして、同年9月2日に職権で弁論再開を決定した。同年10月9日、一事不再理効に関して補充する趣旨で双方の論告・弁論が行われたが、その際、弁護人は、前訴確定判決による一事不再理効を理由に本件について免訴判決が下されるべきであると主張した。山口地裁は、同年10月31日、弁護人の右主張を斥けて、被告人を有罪とした（懲役3年6月）。被告人側が控訴したが、広島高裁も、結論において一事不再理効を否定し、控訴を棄却した。

　このように、1審と控訴審は、前訴確定判決による一事不再理効を否定するという結論は共通するのであるが、その論拠は異なっている。

1審[230]は、前訴公訴事実における初回の侵入行為と本件放火行為に際しての2回目の侵入行為とは、「同一建造物に対し、近接した時間に行われている上、それらの目的は同一又は類似のもので（放火行為自体が不正行為の証拠隠滅でもある）、2個の侵入行為は被告人の一連の犯意に基づくものとして、1個の建造物侵入罪として包括評価する余地は存在する」としつつ、「訴因制度を採る訴訟手続の本旨に従えば、前訴及び後訴の各訴因との間の公訴事実の単一性の判断は、基本的には、前訴及び後訴の各訴因のみを基準としてこれらを比較対照することにより行うのが相当である（その限りにおいて、訴因を捨象した実体上の罪数関係を基礎とする単一性評価との乖離はありうべきところである）」、「本件にあっても、前訴訴因である初回侵入行為と非訴因である再侵入行為の関連性を考慮して初めて包括一罪であるとの評価がなしうる」にとどまるのであって、「犯行の手段となった再侵入行為は、両訴因を通じて訴訟手続に上程されていないから、公訴事実の単一性を判断するにあたってこの事実を基礎とすることは相当でない」として、前訴確定判決における公訴事実と本件公訴事実との間に公訴事実の単一性は認められないとの理由で、一事不再理効を否定した。

これに対し、控訴審[231]は、放火行為は2回目の侵入行為に際して行われたとする1審の事実認定を事実誤認であるとした上で、一事不再理効の判断にあたっては被告人に有利に、つまり、放火行為が1回目の侵入に際して行われたとすべきであるとし、そうすると、前訴の公訴事実である建造物侵入罪と本件の公訴事実である非現住建造物放火罪との間には手段と結果（牽連犯）の関係が認められることから、公訴事実の同一性（単一性）が認められるとした。しかし、控訴審は、弁護人の本件訴訟活動（本件起訴後以来、前訴との弁論分離を請求し、本件審理に際して判決による有罪無罪の判断を求めており、当初の結審まではおよそ一事不再理効による免訴判決の主張は考えていなかったことが明らかであること）を踏まえて、「前訴の確定判決の一事不再理の効力を主張して免訴を求めるのは、権利の濫用というほかなく、弁論の分離を請求した弁護人の意図がどのようなものであったかにかかわらず、刑事訴訟規則1条2項の法意

---

230) 山口地判平20・10・31判タ1335号96頁。
231) 広島高判平21・4・28判タ1335号91頁。

228 第3編 審判対象論

に照らして許されない」として、一事不再理効による免訴判決の主張を斥けた（控訴審は、建造物侵入罪と非現住建造物放火罪とは牽連犯の関係にあるとはいえ、本来的には別罪であることも、その理由として付け加えている）。

被告人側が上告し、一事不再理効による免訴判決を主張した。最高裁は、次のとおり判示して上告を棄却した。

（2）判　　旨

最高裁は、まず、事実認定について、「第1審判決の上記認定は、記録に照らし、十分首肯できるから、この認定に事実誤認があるとした原判断は誤りであるといわざるを得ない。したがって、本件について検討するに当たっては、本件放火が行われたのは2回目の侵入の際であって、初回の侵入の際ではなかったことを前提とすべきである」とした上で、「第1審判決の認定するところによれば、被告人は、初回の侵入において、現金等のほか、自らの不正行為に関連する文書が入った段ボール箱を持ち出した上、事務所を出る際、出入口の施錠をしつつ退去したというのであるから、その後に行われた2回目の侵入が時間的に接着したもので、初回の侵入と同様、証拠隠滅の目的によるとしても、新たな犯意によるものと認めることが相当であり、初回及び2回目の各侵入行為を包括一罪と評価すべきものとはいえない」として、弁護人の一事不再理効による免訴の主張を斥けた。

2 研　　究

（1）形式裁判と訴因の関係

本件1審判決は、放火行為の手段として行われた2回目の侵入行為について、前訴公訴事実における1回目の侵入行為との間で包括評価する余地、すなわち、包括一罪を構成する可能性を認めつつ、2回目の侵入行為は訴因として訴訟手続に上程されていないから、公訴事実の単一性の判断においてこの事実を基礎とすることはできないと判断した。他方、本決定は、単に、2回目の侵入行為は1回目の侵入行為との間で包括一罪と評価すべきものとはいえないとして、公訴事実の単一性を否定した。このように、訴因に記載されていない事実を訴訟条件（本件では一事不再理効の否定）の判断に取り込むことについて違いが認められる。

第12章　事例研究　*229*

　訴訟条件の判断は、検察官が設定構成した訴因に記載された犯罪を基準とすべきか（訴因基準説）、又は、証拠調べを経た結果として形成された裁判所の心証を基準とすべきか（心証基準説）。審判対象に関する訴因対象説を前提にして、訴訟条件の判断についても訴因基準説が通説である[232]。前述のとおり（第11章）、本書も、訴因基準説を支持するものである。もっとも、その審査資料については、検討を要する。刑事裁判において、訴訟条件の存否は職権探知事項であり、裁判所は実体裁判と異なり自身の主導で審査すべきであると、一般的に理解されている。これは、「ことがらの重要性と公益的性質」[233]、すなわち、「訴訟条件は単に当事者（特に被告人）の利益に関する問題ではなく、公益的な性質をもつもの」[234]でもあることが、理由とされている。やはり、前述のとおり（第11章）、本書は、形式裁判の審判対象は実体裁判とは異なるとの理解から、訴因を基準としつつ、その審査資料は訴因外事実まで含まれるものと理解している。

　もっとも、このような発想は大陸法系の考え方に基づくものであり、手続打切りを被告人側の申立てに条件付ける英米法系の考え方によれば、訴訟条件の持つ公益性の程度によって、職権調査によるべき場合と、そうではない場合とが区別されるべきとの見解も主張されている[235]。また、訴訟条件の審査は「公訴権の有無の審査、つまり検察官の訴追行為の抑制たる本質をもつ」との考え方から、非法定の訴訟条件（迅速裁判違反や公訴権濫用の問題）に関しては、被告人の申立てを待ってその審査を行うべき、との見解も見られる[236]。

　訴訟条件は、いうまでもなく、実体裁判やそれによる処罰の条件であるだけでなく、訴訟を追行するための条件でもある。形式裁判は、公訴提起という検察官の訴訟行為が有効であるかを、その審判対象とする。訴訟条件の判断は、確かに、公益性を否定することはできないが、それは、実体裁判、す

---

232)　平野152頁、古城敏雄「訴因と訴訟条件」熊谷他編『公判法体系Ⅱ』（1975年）274頁。
233)　田宮231頁。
234)　高田134頁。
235)　青柳文雄「当事者主義訴訟における訴訟条件」曹時29巻8号1頁。
236)　田宮（前掲注109）131頁。

なわち、検察官の起訴における理由の有無を判断する場面でも同様であろう。従って、訴訟条件存否に関して、裁判所は、常に積極的にその判断を要求されるというわけではなく、その性質に応じて、個別具体的事案に即して審査すれば足りる。

以上から、訴訟条件存否の審査にあたり、特に、被告人側に有利な事情については、その相手側である検察官が主張した訴因の記載に拘束を受けることなく、裁判所は、あらゆる事実を基に判断することができる。本決定も、1審のように訴因外事実は除外して判断するという方法をとらず、訴因外の（かつ、依然として可罰性が残る）侵入行為を前訴確定判決による一事不再理効の成否を審査するにあたり、その判断資料に取り込んでいる。この点について、平成15年判決との関係には言及されていないが、その整合性については議論の余地を残す[237]。

（2）一事不再理効の客観的範囲

判例・通説によると、一事不再理効の及ぶ範囲は、「公訴事実の同一性」の及ぶ範囲と一致する[238]。すなわち、公訴事実の同一性は、訴因変更手続を経て1回（1個）の手続で同時に解決することが可能な範囲を画する基準であるが、一事不再理効の範囲もこれによって画されるということは、訴追機関は、同時訴追・処理が可能な範囲においては、その反面において、同時訴追・処理を果たすべき義務を負うというわけである。前述のとおり（第7章）、本書も、この見解を支持する。

もっとも、公訴事実の単一性に関して、実体法上の罪数論に従属すべきか否かについて、見解の対立がある。判例・通説は、罪数への従属性を肯定する（従属説）[239]。本決定も、前訴判決における初回の侵入行為と、後訴の放火行為の手段として行われた（訴因外の）2回目の侵入行為との間に包括一罪の関係が認められないとの理由で、一事不再理効の成立を否定した。この見解によると、本件では、初回の侵入行為と2回目の侵入行為との間に一罪

---

237) 関口和徳・法時84巻3号116, 118頁は、「15年判決の射程は常習窃盗罪のような犯罪類型（常習一罪）の事案に相当程度限定されることになろう」として、本決定により、「本件のような事案には15年判決の射程が及ばない」ことが示されたと分析している。
238) 最判昭43・3・29刑集22巻3号153頁、最判平15・10・7刑集57巻9号1002頁など。
239) 平野134頁、同・訴因156頁、田宮202頁、鈴木・構造214頁。

性、すなわち、包括一罪の関係が認められるかが決定的な問題となる。前述のとおり、本最高裁決定は、両者の間に一罪性を否定したが、その主たる理由として、両事実において犯行動機の共通性が認められるとしても、被告人の犯行時の行動の分析から、2回目の侵入行為は初回の侵入行為とは異なる「新たな犯意」によるものであることが強調されている。包括一罪が認められる基準は、従来から客観、主観の両面に多様な見解が主張されてきた。判例は、街頭募金詐欺罪の事案[240]で、「被告人の1個の意思、企図に基づき継続して行われた活動であった」という点が一罪性の根拠の1つとして挙げられているように、被告人の主観面を重視する傾向にある。

　これに対し、学理上、公訴事実の単一性と実体法上の罪数との結合性を否定し、単一性の判断にあたっては訴訟法上独自の考察を要するとの見解が有力に主張されている（非従属説）。この見解は、さらに、実体法上の一罪性を単一性の最小単位と考えるか否かで分かれる。すなわち、実体法上の一罪性と完全に決別して、併合罪の関係にある複数の犯罪の間で単一性が認められる場合があれば、逆に一罪の関係にある犯罪の間で単一性を否定し、これを分割して起訴することも許されるとする見解（純粋非従属説）[241]と、併合罪の関係にある複数の犯罪の間で単一性が認められる場合はあるが、逆に一罪の関係にある犯罪は訴訟においても最小単位としてこれを分割して起訴することは許されないとする見解（片面的従属説）[242]とに分かれる。前述（第6章）のとおり、本書は、片面的従属説を支持する。ドイツの学理上も、この見解が通説である[243]。すなわち、1回の訴訟で解決すべき範囲は、社会事象としての単一性（事実的側面）と、1個の手続で統一的に評価・処理されるべき要請（規範的側面）との両者から考察されるべきであり、それは、実体法上の一罪性を最小単位として、そこから社会事象としてみた場合の事件としての単一性が認められる範囲に及ぶのである。例えば、1個の強盗罪を暴行罪と窃盗罪とに分割して起訴することは許されないが、逆に、時間的・場所的に近

---

240)　最決平22・3・17刑集64巻2号111頁。
241)　只木（前掲注161）221頁以下。
242)　辻本⑤215頁。
243)　*Meyer-Goßner*, StPO 57 Auf., 2014, § 264 Rn. 6.

接した暴行罪と窃盗罪を1個の手続の審判対象とすることは許されるのである。なぜなら、前者の場合はなおのこと、後者の場合も、審判の過程で両事実間に因果性が肯定されると、強盗罪一罪として処罰されることになるが、そのような因果性の存否をも含めて両事実が統一的に評価・処理されるべき要請が働くからである。

このように、実体法との従属性を否定する見解からは、いずれにせよ、本件では併合罪の関係とされた複数の犯罪事実の間になおも単一性が認められるかという問題が残される。すなわち、本件では、2回目の侵入行為が前訴訴因との結合点となりうるかという問題ではなく、端的に、前訴の住居侵入窃盗と後訴の住居侵入を伴う放火との間に、事実的側面及び規範的側面からみて統一的な評価・処理を必要とするかという点が問題となるのである。この点、両事実間の時間的・場所的接着性に加えて、その犯行動機（被告人自身の会社内における不正行為の証拠を隠滅するため）を併せて考えると、規範的観点からも統一的な評価・処理が要請される事案であった。それゆえ、前訴の訴因と本件のそれとの間に公訴事実の単一性が肯定され、本件は、前訴確定判決の一事不再理効によって遮断されるべきであった。

（3）訴訟関係人の権利濫用と形式裁判の成否

本件控訴審は、放火行為が初回の侵入行為の時点で行われたとの事実認定を前提にして、前訴訴因との間に公訴事実の単一性が肯定されるとしても、弁護人の具体的訴訟活動において一事不再理効を主張することは権利の濫用に当たるとして、免訴判決の主張を斥けた。本決定は、控訴審の事実認定（1審事実認定を不当とした判断）自体を誤りであるとし[244]、この問題を検討するには至らなかった。しかし、控訴審の前判示部分は、重要な問題を提起するものである。

従来、公訴権濫用論など、訴追側の権利濫用を問題とする場面はしばしば見られたが[245]、被告人側の権利濫用が訴訟で直接にその帰結を左右した事

---

244) 松代剛枝・関法62巻2号294頁，309頁は、本件認定に表れた事実関係から、「火炎の高さからの放火時間逆算」に基づく詳細な「鑑定」を行い、「1度目の侵入時に放火した可能性はなお排斥しがた〔く、〕2審のように被告人に有利に、1度目の侵入時に放火した前提をとるべきであった」と分析している。

例はあまり見られない。形式裁判との関係では、被告人が死亡したとの証明書類を偽造して公訴棄却決定を得た場合の既判力が問題となった大阪地裁昭和49年判決[246]と、それに関連する学理上の見解が目にとまる程度である。

この事件では、前訴において、被告人が１審で有罪判決を受け、控訴中に、戸籍上死亡したことにして受刑を免れようと企て、自身の死亡診断書を偽造・行使し、戸籍に不実の記載をさせるなどした上で、担当弁護士を通じて、内容虚偽の死亡を原因とする除籍謄本を提出するなどしたため、裁判所は、被告人死亡を理由に公訴棄却を決定した。その裁判が確定した後、被告人の生存と証明書の偽造等が発覚したため、検察官が、前訴の公訴事実に加えて私文書偽造罪等について公訴提起した。弁護人は、前訴公訴棄却決定の既判力により本件起訴は無効であると主張したが、大阪地裁は、公訴棄却決定は形式裁判であって一事不再理効は生じないこと、被告人死亡の認定事実が内容虚偽の証拠に基づくものであったことが後の証拠によって明白となった場合にまで、前訴公訴棄却決定の拘束性により再訴が遮断されるとはとうてい解することはできないことを挙げて、弁護人の主張を斥けた。この判示に対して、強い批判がある。すなわち、本判決の判断によると、拘束力・既判力の制度は少なくとも形式裁判に関していえば全面的な否定につながるというわけである。その上で、本判決の結論を肯定するためには、「被告人の重大な偽装工作が、被告人の拘束力の要求資格を失わせた」、すなわち、拘束力制度は本来検察官側の禁反言たる性質を持つものであり、被告人側がそれを援用して利益を得るためには自身にそれに見合ったクリーンさが要求される[247]、或いは、「信義則上、例外的に内容的拘束力が破れることがありえよう」[248]、といった見解も見られる[249]。

本件控訴審は、前述のとおり、弁護人の訴訟活動に鑑みて、本件における

---

245) 最判昭41・7・21刑集20巻6号696頁、最決昭55・12・17刑集34巻7号672頁、最判昭56・6・26刑集35巻4号426頁。
246) 大阪地判昭49・5・2判時745号40頁。
247) 田口446頁。光藤(2)291頁も同旨。
248) 鈴木239頁。
249) これに対して、田宮443頁は、不利益再審の否定は被告人の偽装の有無にかかわらないはずであると批判する。

234　第3編　審判対象論

一事不再理効の主張は権利濫用に当たると判断した[250]。すなわち、本件弁護人は、前訴と本件とが弁論併合されたことに対して、当初からこれを分離するよう請求し、自ら個別の審判を要求したにもかかわらず、前訴が確定するや、それを前提に一事不再理効の成立を主張することは、両訴訟活動に矛盾があることから、これをいわば非違的行為と認めて、自身に利益な帰結を求めることはできないと判断されたわけである。

　これに対して、学理上、厳しい批判が向けられている。すなわち、本件1審が弁論を分離したのは、検察官が併合罪として起訴したことに起因し、裁判所も併合罪の判断を前提に弁論分離を肯定したのであるから、重視されるべきは検察官の訴訟活動である、弁護人が弁論再開後に免訴を主張したことは、弁論再開が裁判所の職権によるものであり、弁護人として従前の無罪主張に加えて免訴を主張することは弁護活動としておよそ正当である[251]、本件では被告人側に免訴の主張を封じるだけの理由はない、弁論分離は裁判所の責任であり、弁護人として一事不再理を主張することは当然の弁護活動である[252]、権利濫用における禁反言色彩の強調は被告人に過大な要求を強いるものであり、権利濫用という表現はそもそも具体的内容を想定しがたく、実務上も使いにくい[253]、というのである。

　確かに、被告人側、特に、弁護人の訴訟活動に関して、違法又は非違的な行為が先行する場合、その訴訟上の地位において以後の訴訟活動に一定の制限が加えられることは、一般論としては否定できない。もっとも、そのような帰結は、被告人に不利な帰結をもたらすものであることに留意しなければならない。弁護人の訴訟活動における瑕疵を、直ちに、全て被告人に負担させてよいということにはならない。そのためには、弁護人自身が証拠の偽造や偽証の教唆等、訴訟の本質を揺るがせるような活動を行い、かかる違法・非違行為により被告人が不当に（適法に得られなかったはずの）利益を得たというような、不当な弁護活動との因果性が要求されるべきである[254]。本件弁

250）　関口（前掲注237）119頁は、これによって、「防御活動の方法次第で一事不再理効の範囲に制限を加えうるとするものである」という。
251）　豊崎七絵・法セ658号120頁。
252）　岡田悦典・刑ジャ21号91頁。
253）　松代（前掲注244）307頁。

第12章　事例研究　*235*

護人による弁論分離請求は、争いのある事件とない事件とでその訴訟戦略が異なり、検察官が本来併合罪として起訴したことを前提になされたものである。それゆえ、かかる訴訟活動は、訴訟の本質を揺るがせるようなものではなく、また、それによって被告人が得るべき利益は必ずしも不当なものではない。そうすると、控訴審の判断は、本件への適用において誤りであった。

Ⅲ．訴因の明示・特定性、不適正訴因の補正 （大津石油会社過重労働事件）

1　事件の概要

（1）事案の内容

　本件は、週単位の時間外労働規制違反に係る訴因の特定が不十分で、その記載に瑕疵があると判断される場合に、訴因変更と同様の手続を採ってこれを補正しようとした検察官の予備的訴因変更請求について、裁判所の採るべき措置が問題となった事案である。事案の内容は、次のとおりである。

　2006年2月13日早朝、京都府宇治市内で、Aが運転する石油運搬を業とする甲社のタンクローリーが玉突き事故を起こし、3人が死亡、6人が重軽傷を負った。Aは、眠気を催したため前方をよく見ていなかったと供述し、業務上過失致死傷罪等で懲役4年6月の有罪判決を受けた。

　京都府警は、甲社がAに過剰な労働をさせていたとの嫌疑で捜査を開始したところ、同社は、本件事故の10日前に、近畿運輸局滋賀運輸支局から、運転手の勤務時間が長いとの警告を受けていたことが判明した。また、Aに至っては、事故当日までの1か月間で、420時間勤務し、3日間（3か月間では5日間）しか休んでいなかったことも分かった。本件被告人（甲社社長）は、道交法違反（過労運転容認罪＝道交旧117条の4第6号・現行117条の2）及び労基法違反（119条1号、32条1項）により起訴された。後者の公訴事実（特に、本件上告に関連する部分）は、「被告人は、石油製品の保管及び運送等を営む甲社の代表取締役としてその業務全般を統括していたものであるが、同社の統括

254）　辻本典央「弁護活動における瑕疵の被疑者・被告人への帰属」立命327＝328号550頁。

236　第3編　審判対象論

運行管理者Ｙと共謀の上、同社の業務に関し、同社が、同社の労働者の過半数を代表する者との間で、書面により、平成17年4月16日から平成18年4月15日までの時間外労働及び休日労働に関する協定を締結し、自動車運転者に対して、法定労働時間を超えて延長することができる時間は、1日につき7時間、1か月につき130時間などと定め、平成17年4月15日、大津労働基準監督署長に届け出ていたのであるから、上記各協定時間の範囲を超えて労働させてはならないのに、労働者Ａをして、同社の事務所等において、1か月130時間を超えて、同年11月16日から同年12月15日までの間に15時間30分、同月16日から平成18年1月15日までの間に38時間15分の合計53時間45分の時間外労働をさせた」というものであった。

　1審[255]は、公訴事実どおり認定し（上記公訴事実以外に、6件の1日当たりの時間外労働違反、過労運転容認罪も認定）、被告人を懲役1年2月に処した（甲社に対し罰金60万円、共同被告人Ｙに対し懲役1年・執行猶予3年）。

　被告人が控訴したところ、控訴審[256]は、上記公訴事実部分について、「被告人は、原判示……のとおり、月単位の時間外労働協定に違反しているのであるから、免責事由が認められず、したがって、その月に含まれる週について、同法32条1項違反が成立し得ることになる。しかし、同法32条1項は、あくまで週単位の時間外労働を規制するものなのであるから、それらの事実は、月単位の時間外労働協定違反の事実としてではなく、週単位の時間外労働の事実として構成されなければならないことはいうまでもない。……労働基準法は、週単位又は日単位の時間外労働を罰則をもって規制し、月単位の時間外労働については直接の規制を設けず、また36協定違反については罰則を設けていないところ、上記のような〔1か月単位の規制へと修正する〕見解は、時間外労働規制に関する同法の基本的な立場を逸脱するものである上に、解釈によって新たな構成要件を創設するものといわざるを得ず、採用できないことが明らかである」と判示し、「被告事件が罪とならないとき」（刑訴336条）に該当するとして、無罪とした（その余の部分は有罪を維持し、懲役1年に減刑）。

---

255)　京都地判平18・11・15刑集63巻6号687頁。
256)　大阪高判平19・9・12刑集63巻6号698頁。

第12章　事例研究　*237*

　なお、検察官は、控訴審において、「平成17年12月 7 日から同月13日までの週及び同月 9 日から同月15日までの週を通じた週、並びに、平成18年 1 月 6 日から同月12日までの週及び同月 9 日から同月15日までの週を通じた週において、それぞれ、 1 週間の法定労働時間を超え、上記協定による延長時間 1 か月130時間を除く15時間30分及び38時間15分の合計53時間45分の時間外労働をさせた」との訴因に予備的変更を請求したが、裁判所は、「旧訴因は、月単位の時間外労働協定違反を内容とするものであるから、週単位の時間外労働を内容とする新訴因とは、基本的事実関係を異にする」として、請求不許可とした。

　これに対して、検察官及び被告人側双方が上告した。最高裁[257]は、次のとおり判示し、検察官の予備的訴因変更請求を却下して被告人に一部無罪判決を下した原判決を破棄し、差し戻した。

（2）判　　旨

　「(1) 労働基準法32条 1 項違反に係る上記公訴事実は、その記載だけからみると、月単位の時間外労働を示す内容となっており、当該月の特定はされているものの、週の特定はもとより週という言葉さえ出てきておらず、これを直ちに週単位の時間外労働の規制違反を記載したとみることはできない。しかし、労働基準法に月単位の時間外労働の規制違反の規定はないこと、起訴状には罰条として週単位の時間外労働を規制している労働基準法32条 1 項が記載されていることを合理的に解釈すると、週単位の時間外労働の規制違反の事実を摘示しその処罰を求めようとした趣旨ではあったが、結果として、違反に係る週の特定に欠けるという不備が生じてしまったと解するのが相当である。したがって、本件は、訴因の特定が不十分でその記載に瑕疵がある場合に当たり、その瑕疵の内容にかんがみると、訴因変更と同様の手続を採って訴因を補正すべき場合である。

　(2) ところで、いわゆる36協定で 1 か月につき延長することができる時間外労働時間が定められている場合における労働基準法32条 1 項違反の罪に関して検討すると、同条項の文理、36協定の趣旨等に照らすと、原則的な労

---

257)　最判平21・7・16刑集63巻 6 号641頁。

238 第3編 審判対象論

時間制の場合であれば、始期から順次1週間について40時間の法定労働時間
を超えて労働させた時間を計算し、これを最初の週から順次積算し、上記延
長することができる時間に至るまでは36協定の効力によって時間外労働の違
法性が阻却されるものの、これを超えた時点以後は、36協定の効力は及ば
ず、週40時間の法定労働時間を超える時間外労働として違法となり、その週
以降の週につき、上記時間外労働があれば、それぞれ同条項違反の罪が成立
し、各違反の罪は併合罪の関係に立つものと解すべきである。そして、36協
定における次の新たな1か月が始まれば、その日以降は再び延長することが
できる時間に至るまで、時間外労働が許容されるが、これによると、1週間
が、単位となる月をまたぎ、週の途中の日までは週40時間の法定労働時間を
超える違法な時間外労働であり、その翌日からは新たな1か月が始まり、時
間外労働が許容される場合も生じる（端数日は生じない）。この場合も、その
週について上記違法な時間外労働に係る同条項違反の罪が成立することとな
る。そして、1週間の始期に関しては、問題となる事業場において就業規則
等に別段の定めがあればこれによるが、これがない場合には、労働基準法32
条1項が「1週間について40時間」とのみ規定するものであることなどにか
んがみると、その始期を36協定における特定の月の起算日に合わせて訴因を
構成することも許されると解される。

　(3)　本件につき、検察官のした予備的訴因変更請求についてみると、「平
成17年12月7日から同月13日までの週及び同月9日から同月15日までの週を
通じた週」などとし、15日から逆算して1週間を構成している点及び本件に
つき時間外労働の罪が1罪として成立するとして「通じた週」としている点
については、(2)で述べたところから明らかなとおり、適正を欠くものであ
り、上記関係についていえば、「平成17年12月7日から同月13日までの週に
つき15分の、同月14日から同月20日までの週につき15時間15分のそれぞれ時
間外労働をさせた」とすべきである。しかし、検察官の上記予備的訴因変更
請求は、週を特定し、週単位の時間外労働の規制違反の罪を明示して瑕疵を
補正しようとしたものと理解できるから、原審は、上記適正な訴因となるよ
うに措置した上、予備的訴因変更を許可すべきであったと解される。」

　なお、金築裁判官の意見は、旧訴因（本位的訴因）のままでも（但し、一定の

第12章　事例研究　*239*

補正をした上で）有罪判決ができたと述べている。

2　研　究
（1）訴因の明示・特定性
（i）訴因の明示・特定性の意義

　本件は、労基法違反、つまり、使用者が１週間の法定時間（40時間）を超えて労働者に労働させた罪（労基119条１項・32条１項）の公訴事実について、訴因の特定性が問題となった事案である。原判決及び本判決ともに、当初の公訴事実は訴因の特定性が欠けていると判断している。

　検察官は、起訴状作成にあたり、「公訴事実」を記載しなければならず、その記載は「訴因を明示」し、「できる限り日時、場所、方法を以て罪となるべき事実を特定して」行わなければならない（刑訴256条２項・３項）。訴因は、訴追側原告である検察官の主張であり、一般に審判対象であると理解されるが（第11章）、それが起訴状において明示・特定されていなければ、審判対象としての機能を果たし得ない。

　従来、訴因の特定性として問題が設定され、これを審判対象確定の観点から理解する「識別説」と、被告人の防御保障の観点から構成する「防御権説」とが対立していた。近時は、訴因の特定性以前に、その明示が要求される趣旨について、新たな視点も提示されている（第２章）。本書は、これらを踏まえて、訴因を請求原因事実と理解し、①「罪となるべき事実」の特定性は、他の犯罪事実との識別として必要であり、かつ、それで足りる、②「罪となるべき事実」は、刑事訴訟における請求原因事実であり、原告（検察官）の主張及び裁判所のそれに対する応答として、民事訴訟と共通のルールに服する、特に、法律要件である犯罪構成要件を充足することを根拠付ける事実は、訴訟の具体的進展にかかわらず、最低限度の具体性を以て明示されなければならない、との見解を提示している（第３章）。

　このような理解からは、公訴事実における罪となるべき事実の記載については、訴因の明示性及び特定性の両側面から、構成要件ごとに、訴因の趣旨を考慮して検討されなければならない。

240　第3編　審判対象論

（ⅱ）時間外労働をさせる罪の構成要件

　労基法119条１項は、同法32条違反を犯罪としている。同法32条は、１項で週単位（40時間）、２項で日単位（8時間）の制限時間を定め、それぞれについて、使用者が労働者に時間外労働をさせることを禁止している。現行規定は、昭和62年改正によるものであるが、従前は、１日8時間、１週48時間と規定されていた。現行規定の趣旨は、労働省（当時）通達[258]によると、「労働時間の規制は１週間単位の規制を基本として１週間の労働時間を短縮し、１日の労働時間は１週間の労働時間を各日に振り分ける場合の上限として考える」ものである。つまり、旧法は１日単位の規制が原則とされていたのに対して、現行法は１週単位の規制を原則とするものであり、これは、週休２日制や変形労働時間制の浸透に対応することを目的とする[259]。

　このように、時間外労働をさせる罪については、１日単位規制と１週単位規制の２つの構成要件が予定されているが、両罪の関係について見解の対立がある。第１説は、１週単位の規制をするにあたり、１日単位の規制も同時に考慮する考え方であり、これは、１日あたりの上限8時間に週休２日制を考慮した労働日数５日を乗じた40時間が１週単位規制であると理解するものである。これに対し、第２説は、１週単位の規制をするにあたり、１日単位の規制を考慮に入れるのではなく、両規制はおよそ別個の規制と理解する考え方である。第１説の方が現行法の趣旨に合致しているとも思われる[260]。しかし、裁判実務では、１日単位規制と１週単位規制はそれが共通する期間の間に行われた場合でも別個に成立し（さらに、労働者ごとに１罪が成立する）、両者は併合罪になると解されていることから、第２説が支配的となっている[261]。

　さらに、時間外労働をさせる罪に関しては、労基法36条に基づく労使間協定（いわゆる「36協定」）により、32条所定の時間を超えて労働させることの協

---

258)　改正労働基準法の施行について（昭和63年１月１日基発第１号）。
259)　都甲雅俊「労働時間をめぐる問題」藤永幸治編『刑事裁判実務大系・第７巻・労働者保護』（1998年）146, 149頁。
260)　都甲（前掲注259）156頁。
261)　本件第２次上告審決定（最決平22・12・20刑集64巻8号1312頁）は、併合罪説に立つことを明らかにした。これを支持する見解として、只木誠・刑ジャ34号117, 121頁。

定が締結された場合、協定範囲内で法所定の時間を超えて労働させたとしても、その行為の違法性が阻却される。この協定の単位期間については法定されていないが、厚労大臣所定の基準[262]によると、1日以上3か月以内で任意に選択することができる（多くの企業は1日単位と1か月単位とを併用しているようである）。もっとも、労働時間の延長は、右基準により、1週単位で15時間、1か月単位で45時間の制限が定められており、これを超えて協定を締結することはできない。但し、建設、自動車交通、研究・開発の職種については本基準が適用されないため[263]、本件甲社のように1日あたり7時間、1か月あたり130時間の労働時間延長を締結することも適法である。

　このうち、1日単位の延長協定は1日単位規制の構成要件との関係において、特段問題は生じないが、1か月単位の延長協定が締結されたときに、さらにこれを超えて労働者に労働させた場合の規律については、見解の対立がある。第1説は、1か月を単位期間として（それのみの）犯罪が成立するとし、第2説は、1週単位ないし1日単位での犯罪成否を先に検討し、さらに1か月単位の犯罪成否も別途検討すべきとし、第3説は、1週単位ないし1日単位での犯罪だけが成立すると理解する。本件1審判決は、第2説の立場から、1日単位規制違反と、さらに1か月単位規制違反の罪を認めたが、原判決及び本判決は、第3説の立場に立っている（金築意見は、後述のとおり第2説に近い）。第1説及び第2説は、いずれも規定なき処罰として罪刑法定原則に反することから、第3説が支持されなければならない。この見解によると、本判決も述べるとおり、1か月単位の労働時間延長の協定は、その範囲に満つるまで各週単位規制違反の行為を免責させ、それを超えた時点から犯罪が成立すると解すべきことになる（積算時間超過時点説[264]）。

（iii）時間外労働をさせる罪の訴因

　本件検察官は、起訴状記載の公訴事実を、「11月16日から同年12月15日までの間に15時間30分、同月16日から［翌］平成18年1月15日までの間に38時

---

262)　労働基準法第36条第1項の協定で定める労働時間の延長の限度等に関する基準（平10労告1154号）。
263)　西谷敏『労働法・第2版』（2013年）304頁。
264)　入江猛・平21最判解刑262, 275頁。

242　第3編　審判対象論

間15分の合計53時間45分の時間外労働をさせた」と記載していた。前述のと
おり、法定されていない月単位の超過労働は犯罪にならない以上、訴因はあ
くまで1週単位の規制違反を構成要件として構成されなければならない。1
週単位の規制違反を定めた構成要件に関する訴因として、かかる記載は適法
であるかが問題となる。

　前述したとおり、この点について、1審判決はともかく、原判決及び本判
決ともに、かかる訴因は1週単位の規制違反にかかるものとしては不適法で
あると判断している。もっとも、原判決は、これを1週単位規制違反として
適切なものとなるべく修正しようとした訴因変更請求を却下したのに対し、
本判決は、後述のとおり「訴因変更と同様の手続を採って訴因を補正」する
ことを認めている。これは、両者の間に、当初の訴因によってもなお1週単
位の規制違反に対するものと認めうるか否かの判断に違いがあることによ
る。すなわち、原判決は、検察官が週単位規制違反として適正な訴因となる
よう行った変更請求について、請求にかかる訴因は当初公訴事実に記載され
た訴因との間で両立しうる関係にある、つまり、両事実は「基本的事実関係
を異にする」ものと評価して請求を却下した上で、結局、本件訴因について
「被告事件が罪とならないとき」（刑訴336条）に当たるとして無罪判決を下し
ている。これは、そもそも、当初の公訴事実において、1週単位規制違反の
罪に関する訴因は明示されていなかったと判断されたものである。他方、本
判決は、当初の訴因は「直ちに週単位の時間外労働の規制違反を記載したと
みることはできない」としつつ、規定の構造や起訴状における罰条記載から
「合理的に解釈」して、「週単位の時間外労働の規制違反の事実を摘示しその
処罰を求めようとした趣旨であったが、結果として、違反に係る週の特定に
欠ける不備が生じてしまった」として、訴因の補正を行った上で、1週単位
の規制違反に関する実体審判を行う可能性を認めた。これは、やはり当初の
公訴事実において、1週単位規制違反の罪に関する訴因として明示されてい
たとの評価を前提に、ただこれには訴因としての特定性が欠けていたものと
評価したものである。

　上記に対して、金築意見は、当初の訴因のままでも有罪判決を下すことが
可能であったとの見解を述べている。すなわち、同意見は、36協定により1

か月単位の超過労働時間が合意された場合、その範囲内で週ごとに違反行為が認められるが、これらはその協定期間（1か月）を単位として包括一罪の関係にあることから、各週の始期と終期の特定及び超過時間数の記載は必ずしも要求されないというわけである。この見解は、労基法32条1項による労働時間規制は、「単位期間当たりの割合的なもの」とみること、つまり、同条項にある「1週間について」との規定を「1週間当たり」と読み替えることを前提とする（割合的認定説）。このような見解は、本件検察官の上告趣意にも見られるところであるが、これを見る限り、実務では従来から本件公訴事実のような記載によって有罪判決が得られていたことが容易に推測される。

　まず、金築意見は、前述のとおり、従来の実務の見解を反映するものであり、また、労使間で1か月単位の超過労働時間の協定が結ばれている場合、実質的に1か月単位で可罰性を検討するものであって、企業における労働時間規制の実体に適合しているといえる。また、この見解は、超過労働時間の協定の効果について1週間あたりの違法阻却の範囲も割合的単位と見るものであり、法廷意見のように協定時間を超えた週から犯罪が成立するとする見解に比べて労働者の保護に資するものである（但し、この見解からも、総量規制が無視されるわけではなく、全体として超過しなければ、協定単位期間全体に違法阻却を認める）。しかし、超過労働時間の協定は労使間交渉に委ねられており、期間の一部についてのみ労働時間が大幅に増えることも認められてよいはずであり、単純に割合的単位と評価することは必ずしも妥当とはいえない。また、総量規制も単位期間における各週の犯罪成否に影響を与えるとするならば、各週の犯罪の成否が犯罪後の事情である1か月全体の結果を待たなければ決定されないという不都合も生じる。さらに、この見解は、たとえ期間を共通する場合であっても1日単位規制及び1週単位規制の違反ごとに一罪が成立し、それぞれが併合罪として処罰されるべきとする通説的見解と適合しない。労基法は、1日単位と1週単位とでそれぞれ別個に規制することで、多重的な労働者保護を図ろうとしていることを考えると、1か月単位で包括一罪として評価することは、法の趣旨に反するように思われる。この点、金築意見は、「1週間について」との法律文言を「1週間当たり」と読み替える

244　第3編　審判対象論

ことで解決を図ろうとするが、そのような読み替え自体が法の趣旨に反する
ものであれば、類推解釈の批判を免れない。さらにいうと、訴因との関係に
おいても、包括一罪であれば構成要件ごとの特定性が不明確とされてよいわ
けでもない（第3章）[265]。

　それゆえ、本件における当初の公訴事実は、やはりそのままでは実体審判
を許さない不適法なものであった。その上で、これは、原判決のように、も
はや1週単位規制の訴因としては明示性がなく、如何なる補正も許さないも
のであるか、又は、本判決のように、明示性は認められるが、1週単位規制
としての期間及び時間の特定性が欠けていたのであり、この点について補正
を許すものであるかが問題となる。確かに、公訴事実記載の文理上からは、
原判決がいうとおり、これは1週単位規制違反ではなく、1か月単位での時
間外労働協定に違反した行為を追及するものであり、それゆえ、前者の訴因
として明示性が欠けているという評価が合理的であるとも思われる。原判決
は、検察官の訴因変更請求についても、原訴因を1週単位規制違反にかかる
ものであったとする検察官の主張を斥け、「旧訴因には違反に係る週が全く
示されていない」との理由で1週単位規制違反の訴因と見ることはできない
と判断している。

　しかし、訴因の特定性はともかく、明示性に関しては、本判決のいうとお
り、規定の構造や罰条等の記載を考慮した合理的解釈が許されてよい。すな
わち、訴因の明示性は、検察官の特定の犯罪事実に対する訴追意思の表れで
あるが、これは、起訴状記載の時点で決定されるべきものであって、後の釈
明により補足できるものではない（それは、特定性の場面でのみ問題となりうる）。
そう解さなければ、例えば、「被告人は被害者を殺害した」との記載につい
て、後に（より入念な補充捜査を尽くした上で）釈明によって個別の事実を付け
加えることが可能となりかねず、これは、法が起訴状記載の時点で審判対象
の提示である訴因の明示を求めた趣旨に反する。もっとも、それだけに、訴
因の明示性に関しては、あくまで公訴事実の記載が重要であるが、罪名・罰
条等起訴状全体の記載や各刑罰規定の趣旨を考慮して検察官の訴追意思が認

265）　辻本①203頁。田宮（前掲注109）312頁参照。

められる限りで肯定されてよい。これを本件にみれば、罰条として労基法32条1項が掲記されていることを見ると、公訴事実として記載された各月の期間内において、36協定を超える労働時間についてこれを1週単位規制違反として処罰を求めるという検察官の訴追意思が認められる。それゆえ、本件は、当初の公訴事実の記載は訴因としての明示性は認められることを前提に、ただ、どの週についてどの程度の超過労働を行わせたのかその特定性が欠けていた事案であるというべきである。

　もちろん、この程度の特定性の欠如は、被告人の防御の観点からはなおのこと、審判対象識別の観点からも捨象できるものではなく、何らかの修正が必要であった。

（2）訴因の修正手段

　本件検察官は、控訴審において、「12月7日から同月13日までの週及び同月9日から同月15日までの週を通じた週、並びに、平成18年1月6日から同月12日までの週及び同月9日から同月15日までの週を通じた週」において各々1週間の法定労働時間を超えたとして、当初の訴因を予備的に変更する（実質は、週単位規制違反として特定する趣旨）請求を行った。検察官は、この請求について、当初訴因のように1か月幅での包括的記載であるか、又は、変更後の訴因のように1週幅で格別に記載するかの違いに過ぎず、そもそも訴因としては同一のものであると述べている（金築意見も、本質的に訴因変更は不要であったとしており、同旨の見解である）。これに対し、控訴審は、当初の訴因は1か月単位の時間外労働協定違反（これ自体は罪にならない）を訴追するものであるとして、両訴因の間に公訴事実の同一性を否定した。控訴審は、その理由として、期間を共通にする1週単位規制違反と1日単位規制違反とは併合罪関係にあること、つまり、事実として両立する関係にあることを挙げ、このことは、犯罪を構成する1週単位規制違反と犯罪を構成しない1か月単位の時間外労働協定違反との両事実の間にも妥当することを判示している。

　このように、当初の訴因に1週単位規制違反としての明示性が認められないとの判断を前提にすると、両訴因間に公訴事実の同一性が否定され、そもそも訴因変更が許される余地はない。控訴審は、この判断に際して、特に、「それぞれの違反の持つ社会的ないし規範的な意味合いは具体的場合によっ

246 第3編 審判対象論

て様々」であることを挙げている。そこからは、問題となる規範の違いが決定的であると解されているように思える。しかし、この見解は、例えば、枉法収賄罪と贈賄罪との間に公訴事実の同一性を認める判例[266]など、公訴事実の同一性判断に際して基本的事実関係の共通性を問う支配的見解に反する。また、前述したとおり、当初訴因を1週単位規制違反とは見ないその前提自体が妥当ではない。

　これに対し、本判決のように、当初の公訴事実に1週単位規制違反の訴因としての明示性を認める見解からは、訴因変更を認める余地が生じる。もっとも、本判決は、単純に訴因変更を認めるのではなく、「訴因変更と同様の手続を採って訴因を補正すべき場合」に当たるとしている。すなわち、あくまで、本判決は、本件において当初の公訴事実を実体審判可能なものに修正する方法としては、訴因変更ではなく、訴因補正を要求するのである。これを少なくとも形式的に読む限り、当初の訴因と修正後の訴因とはあくまで訴因としての同一性があり、ただその記載方法として不適切な点を改める必要があったものと解される。つまり、この場合、当然ながら、当初の不特定訴因と修正後の特定訴因（但し、法解釈としてなお誤った訴因構成であるが）との間に、公訴事実の同一性は認められるのである。

　このようにして、確かに、当初の不特定訴因と修正後の特定訴因との間には、前述したとおり事実の共通性は否定できないことから、公訴事実の同一性を認めることは可能である。しかし、両訴因の比較において、事実自体に変化が生じていることに着目されなければならない。つまり、罪となるべき事実として問題となる日時について、当初の訴因では1か月間（＝30日乃至31日間）がその対象となるのに対し、修正後の訴因では通算して9乃至10日間となり、事実の変化を伴った修正である。当初訴因の1か月の期間に5週間、つまり、5個の1週単位規制違反の行為が含まれており、そのうち、36協定の効果によって前3週のみが違法阻却されることにより残り2週のみが罪となりうることを考えると、分析的にみれば、当初訴因には併合罪関係にある5罪が含まれていたが、そのうち3罪が撤回され、残り2罪のみ訴追を

---

266)　最決昭53・3・6刑集32巻2号218頁。

継続するという趣旨での「訴因変更」（正確には3罪に関する起訴取消し）が必要であった[267]。

　これによって、本判決の示した結論は支持されるが、その理論的説明には不十分（又は、不正確）な点が認められる。

267）　鈴木119頁参照。

著者略歴

辻 本 典 央（つじもとのりお）
2000年　司法試験合格
2004年　京都大学大学院法学研究科博士後期課程中退
現　在　近畿大学法学部教授

刑事手続における審判対象

2015年3月18日　初版第1刷発行

著　者　辻　本　典　央

発行者　阿　部　耕　一

〒162-0041　東京都新宿区早稲田鶴巻町514番地

発行所　株式会社　成　文　堂

電話 03(3203)9201　Fax 03(3203)9206
http://www.seibundoh.co.jp

製版・印刷　藤原印刷　　　　　　　製本　弘伸製本
©2015　N. Tsujimoto　　　　　　Printed in Japan
☆落丁・乱丁本はおとりかえいたします☆　**検印省略**
ISBN978-4-7923-5151-9　C3032

定価（本体5,200円＋税）